21세기 교사를 위한
교육철학 특강

전지전능 판타지와 교육의 길

우정길 지음

Farewell to Omnipotence-Fantasy in Education

박영story

머리말

대한민국의 모든 예비교사들은 소정의 교원양성과정을 거친 후에 교사가 된다. 이 과정을 통해 예비교사들은 다양한 분야의 교육학자들로부터 교육학의 이론들을 소개받고, 이 이론들이 함의하는 바를 학습하고 성찰하면서 내면화하게 된다. 이 과정의 프로그램들은 일반적으로 교육의 가능성과 필연성을 적극적으로 긍정하고 지지하는 이론들로 구성된다. 교육의 난점과 한계에 대하여 회의와 푸념을 전달하는 이론들을 굳이 교원양성 단계에서 예비교사들에게 소개할 필요는 없기 때문이다. 그래서 교원양성과정에서는 대부분의 경우 교육에 관한 낙관적 신념을 전제로 수립된 이론들이 채택되어 교수된다. 교육철학의 경우도 마찬가지이다.

긍정적·낙관적 신념으로 가득찬 교육학 이론들은 대부분 진취적이며 희망적이다. 그리고 이 진취와 희망은 교원임용고사라는 관문을 통과할 동력이 되어준다. 그리고 이 문을 통과할 무렵, 즉 예비교사가 교사가 될 즈음, 낙관적 교육관의 내면화는 정점에 다다른다. 잘 가르치면 잘 배울 것이고, 정성들여 기르면 반듯하게 길러질 것이고, 최선을 다하여 만들면 그만큼 훌륭한 작품들이 만들어질 것이라는 낙관적 교육관을 실어나르는 교육 이론들은 초임 교사들을 긍정의 기운으로 무장시킨다. 이 낙관의 전투복을 갖춰 입은 초임교사들은 어쩌면 당분간은 이론과 현실이 상응한다고 느낄 수도 있다.

그러나 일반적인 경우 초임교사 특유의 호연지기가 오래 지속되지는 않는다. 어디서부터인지 그리고 언제부터인지는 각기 다르겠지만, 자신이 알고 있던 교육의 기제가 의도하고 계획한 그대로 작동하지는 않는다는 것을 인지하게 된다. 의문이 조금씩 누적되어 갈 즈음, 학교 현장실습 시절 멘토교사가 했던 말이 뇌리에 스치기도 한다. "대학에서 공부했던 교육학 이론은 다 잊어버리세요. 진짜 교육학은 학교 현장에서 배우셔야 합니다." 그래서 교육학 서적과 임용고사 자료는 책장 한 켠으로 제쳐두고, 때로는 선배 교사들에게 조언을 구하거나 혹은 교사 연구공동체의 문을 두드려 보면서, 실전에서 교육과 교직을 다시 배우고 그것을 교직 활동의 원료로 활용하기 위하여 추가적인 노력을 기울이게 된다. 때로는 활용가치가 있어 보이는 최신 교수법의 아이템들을 새롭게 장착하여 활용해 보기도 한다. 물론 이 최신 교수법이 내년에도 최신이라는 보장은 없다. 그리고 이러한 노력의 일환으로 누군가는 이름 있는 교육대학원의 교사 재교육 과정에 등록하기도 한다. 그 과정에서 자신이 갖고 있던 근본적인 물음에 대한 해답을 찾을 수 있으면 다행이겠지만, 모두에게 그런 행운이 허락되는 것은 아니다. 그래서 때로는 교육과 관련된 본질적 질문을 억누르는 방식으로, 또 때로는 답답함을 그저 외면하는 방식으로 내적 평온을 유지해 나가기도 한다.

이러한 내적 갈등과는 무관하게 우리 사회는 교사들에게 언제나 평균 이상의 책무성을 요구한다. 즉, 교직은 신성한 직분이라는 고전적인 생각에 근거하여, 혹은 적어도 교직이 전문직이라는 현대적 인식에 근거하여, 사회는 교사에게 무한의 혹은 상당한 정도의 윤리의식과 사회적 책무성을 요구한다. 교사는 마음가짐에서 몸가짐에 이르도록 매사에 흠이 없어야 하며 본이 되어야 한다고 요구받는다. 동일한 선행이라도 교사에게는 당연한 의무이지만, 경미한 범죄의 경우에 교사에게는 상대적으로 무거운 윤리적 비판이 가해진다.

사회적 인식만 그런 것이 아니다. 이 책에서 그 전모를 확인하게 되겠지만, 전통적 교육이론은 교사에게 절대에 가까운 권능을 부여한다. 한때 교사는 신의 형상이라는 은유를 통해 신의 완전성을 모방하여야 하는 책무성을 강요받았으며, 또 한때 교사는 동물보다 더 고등한 인간 존재를 교육하는 더욱 고등한 존재가 되어야 한다는 요구를 받기도 하였다. 그리고 이제 교사는 멀지 않은 미래에 AI와 경쟁하여야 한다는 압박을 전방위적으로 받고 있다. 인공지능의 수준이 인간의 지적 능력을 이미 추월하였다는 사실을 고려해 보건대, 현대의 예비교사 즉 근미래의 교사는 중세의 신에 이어 또 하나의 신을 마주하게 될 것이다. 이 둘 사이의 차이점이라면, 과거의 신은 생명을 바쳐 인간을 사랑하였고 교사는 그의 자비로움에 대한 믿음을 토대로 그의 빛을 교육적으로 대리하여야 한다는 계시라도 제시하였던 반면, 이제 새롭게 등장하는 기계신은 아직은 그 정체가 불분명하다는 점이다. 이 AI가 인간교사의 조력자가 될지 혹은 경쟁이 도무지 불가능한 차가운 경쟁 상대가 될지는 여전히 미지수이다.

우선 여기까지만 하여도 교직은 참 힘들다. 그런데 여기서 끝나는 것이 아니다. 위와 같은 일반적 상황에 더하여 대한민국의 교사들이 처한 그들만의 사회적 맥락도 교사들을 긴장하게 하는 요인으로 작용한다. 그것은 바로 강요된 중립성의 요구이다. 교사는 객관적이어야 하고, 중립적이야 하며, 따라서 표현과 활동의 자유도 상당 부분 제한된다. 이것은 교육이라는 과업이 사회적으로 대단히 중요하고 민감한 사안이라는 사실을 감안할 때 어쩌면 지극히 당연한 일일 수도 있다. 그러나, 정치적 참여의 권리가 보장되지 않는 현실은 논외로 하더라도, 교육과 교직 여건의 제도적 개선을 위한 정책적 제안의 통로마저 묘연한 경우라면, 객관성과 중립성의 의무는 때로 견디기 힘든 침묵의 강요와 동의어가 된다. 교육적으로만 생각하고 교육적으로만 행위하면 충분히 자유로울 수 있다고는 하지만, 이 '교육적'의 경계는 언제나 그리고 여전히 논란의 여지가 많다. 적극적으로 표출하여 제도로 승화해 내지 못한 개선의 아이디어는 망각의 대상이 되기 쉽다. 그리고 망각은 개선의 밑거름이 되지 못한다는 것도 주지의 사실이다. 그럼에도 불구하고 오늘의 학교 현장은 열심히 진행 중이다. 그래서 교사는 아쉬우나마 오늘의 그리고 매일의 교육에 집중하기로 한다.

이에 더하여 교사에 대한 교육사회의 인식과 행위가 호의적이지 않거나 혹은 폭력적이라면, 그리고 심지어 그것이 폭력적인지를 분간하지 못할 정도의 무딘 감수성이 팽배한 사회적 분위기 속에서라면, 교사는 무방비의 가장자리로 내몰리게 된다. 이 경우 교사가 선택할 수 있는 태도는 하나밖에 없다. 즉 교사로서의 역할을 최소한으로 설정하고, 그것마저도 행정적 오점을 남기지 않는 방어적인 방식으로 자신의 역할을 무난하게 수행해 내는 것이다.

근래에 한국의 학교교육에서 포착되는 생활지도의 외주화 경향은 작금의 교사들이 처한 곤란하고 심란한 상황을 여실히 보여준다. 이른바 교육적 교육을 훌륭하게 수행하고자 결심하였던 임용 초기의 마음을 자유롭게 펼칠 수 없다면, 그나마 교수자의 역할이라도 충실히 해

내고자 하는 가장 적극적인 소극성의 모드로 전환하는 것이다. 물론 이마저도 용이하지는 않다. 근래 들어 대중 매체는 부쩍 사교육계 일타강사들을 부각시키고, 이들을 학교 교사들보다 더욱 전문적이고 더욱 교육적이며 더욱 매력적인 교육자로 홍보하는 데 일조하고 있기 때문이다. 그리고 이러한 경향은 대학 입시 결과를 학교교육의 제1목적으로 여기는 풍조가 짙어질수록 더욱 심화된다.

그래서 교사들은 이래저래 애매한 위치에 서게 되었다. 즉, 교사는 내적으로는 이론과 현실의 괴리를 감내하고 극복해야 하는 과제를 안고 있으며, 외적으로는 국가와 사회가 부여한 교육적 책무성의 요구에 성실히 부응하여야 하는 과제를 안고 있다. 아울러 교사는 사회적으로 강요된 침묵의 압박과 반지성주의적 폭력성에도 노출되어 있다. 그 와중에 교사는 시시각각 딥러닝을 통해 자가 업그레이드를 거듭하는 인공지능의 산물을 교실 현장에 적극 활용하여야 한다는 사회적 요청에도, 그리고 심지어는 아직 그 실체가 불명확한 디지털교과서의 전문가가 이미 되어 있어야 한다는 정책적 요청에도 부응하지 않을 도리가 없다. AI교사와도 그리고 사교육계 일타강사와도 본의 아니게 경쟁의 구도에 들어서게 되었지만, 정작 그런 경쟁의 구도 속으로 교사를 등 떠미는 주체가 누구인지를 특정하는 일은 가능하지 않다. 문명에게, 시대에게, 국가와 사회에게 따져 묻는 일은 헛헛한 감상만 더할 뿐이다. 그래서 오늘날 대한민국의 교사들은 심란하고 외롭다.

이 책의 서두에서 미리 인정하여야 할 것은, 감히 교사의 정치·정책 참여의 문제를 논하거나 혹은 교사에 대한 사회적 인식의 개선과 더 안정적인 교직의 제도화를 위하여 직접적으로 투신하는 데까지는 필자의 능력이 미치지 못한다는 점이다. 이 일은 필자보다 더욱 전문성을 갖춘 학자들의 식견에 기대어 유능한 교사들의 교육 활동을 지지하고 조력하는 방식으로 진척시켜 나갈 것이다. 다만 위와 같은 복잡다단하고 심란한 와중에, 그나마 교사들을 위한다는 의도를 담아 필자가 이 책에서 다루고자 하는 내용은 머리말의 서두에서 지적한 낙관적 교육관, 특히 "전지전능 교사관"으로 명명될 만한 특별한 형태의 교육관의 명明과 암暗이다.

"전지전능 교사관"이라는 명명이 특이하기는 하지만, 실제로 이 교육관의 생성 과정을 톺아보면 이것이 전통적 교육학 내에서 대단히 일반적으로 통용되어 온 주류적 교육관의 집약체라는 점을 확인할 수 있다. 필자는 이 유형의 교육관의 이론적 토대가 불안정하고, 그럼에도 불구하고 교육의 효능 및 교사의 권능에 대한 과장을 부추긴다고 판단한다. 그 결과 이 이론과 관점을 교육의 주요 이론으로 내면화한 교사가 자신이 도달할 수 없는 정도의 전문성과 윤리 의식을 스스로에게 주문해야 하는 상황에 처하게 되는 현실을 필자는 염려한다. 아울러 필자는 이러한 관점이 주류를 이루는 사회가 교사들에게 감당하기 힘든 정도의 과도한 책무성을 요구하는 것을 당연하게 여기는 풍조를 걱정스럽게 바라보고 있다. 왜냐하면, 이러한 경향이 만연할 경우, 교사 개인의 노력 유무와 무관하게, 혹은 노력할수록 더욱 더 교사의 소진 가능성은 높아질 것이고, 그럴수록 교실 역동성은 저하될 것이기 때문이다.

혹자는 위와 같은 거대담론의 흐름이 세기전환기에 이미 종결되었다고 지적할 수도 있다. 그도 그럴 것이, 이른바 인간의 보편이성 담론에 근거하여 교육의 가능성과 필연성을 이론적으로 극대화하였던 근대 교육학의 근대성을 극복하자는 목소리가 세기전환기에 한 차례 큰 파동을 이룬 바 있고, 이로 인하여 교육학 연구의 방향 전환이 이루어진 지도 이미 사반세기의 시간이 흘렀기 때문이다. 심지어 근래 학계의 일각에서는 오랫동안 교육의 이상이자 목표로 여겨져온 휴머니티와 휴머니즘을 텅빈 개념이라고까지 비판하면서, 이제 포스트-휴머니티를 교육의 목적으로 새롭게 옹립하여야 한다는 주장이 제기되고 있는 실정이다. 새로운 담론의 파고들이 연속적으로 솟아오르다 보니, 이것이 교육사의 심해를 통째로 밀어낸 듯한 착시현상이 발생하기도 한다. 그러나 현실은 그렇지 않다. 교원 양성과정과 재교육 과정에서 교수학습되는 교육학 이론의 형국과 내용을 보자면, 그 심해는 여전히 굳건히 자리하고 있으며, 지금 이 시간에도 예비교사들의 내면에 큰 영향을 미치고 있다. 심해의 표면에서 발생하는 거품들은 단기간 성쇠를 거듭하다가 결국 스러지기 다반사이다.

그래서 필자는 다시 이 심해의 주류적 담론을 화두로 삼아 교육과 교직과 교사를 논하고자 한다. 이 논의는 유럽 중세를 시작점으로 하며, 르네상스의 인문주의 사상가들과 종교개혁기의 대표적 사상가들의 삶과 사유의 궤적을 좇는 방식으로 진행될 것이다. 아울러 이 책에서 필자는 플라톤과 코메니우스와 칸트 등 전통적 교육학의 주류적 이론가들의 사유를 전지전능 교육관이라는 줄로 꿰어서 일상의 관점에서 그리고 교직의 관점에서 논단과 교단에 올리고자 한다. 이 여정을 통해 도달하고자 하는 목적지는 바로 전지전능 교육관과 과감하게 결별하라는 권면이다. 그리고 그 과정에서 교육철학의 관점을 견지하는 것은 물론이거니와, 때로는 교육사상사적·교육문화사적 방법, 예술문화사적 방법, 도상학적 방법, 비교문화학적 방법 등이 추가적으로 동원될 것이다.

이 책의 내용은 기성의 교육철학·교육사학 강의의 내용에서 상당 부분 가감이 가해졌기에, 백과사전적 형식의 교재와는 거리가 멀다.

그리고 이 책은 학술논고에서와 같은 내용적·형식적 엄밀성을 견지함과 동시에 학술논고에서와는 다른 대화적 문체로 작성되었기에, 내용적으로는 학문탐구와 지적 유희를 위한 연구서로 활용이 가능하지만, 동시에 교육문화사적, 기독교예술문화사적, 인문학적 교양을 위한 독서의 대상으로도 이용될 수 있다. 희망하기로는 이 책이 교직 경력의 시작점에 있는 예비교사와 초임교사들의 마음에 가닿기를 원하며, 전지전능의 짐을 과감히 내려놓으려는 교육자들 사이에서 긍정적 공명을 이룰 수 있기를 기대한다.

이 책의 내용이 구성되는 과정 중에 기여해 주신 수많은 예비교사들께 진심으로 감사드린다. 그들은 필자의 말과 글에 관심의 눈빛을 담아 경청해 주었으며, 긍정적·비판적·구성적 피드백을 통해 의미와 균형을 찾도록 도와주었다. 모쪼록 필자의 말과 글이 그들의 교직생활에 긍정적인 의미가 되었기를 희망한다. 일상과 학문과 미래를 공유하는 주영에게도 사랑의 마음을 전한다. 그리고 그해 늦은 가을 이래로 꾸준히 빛나고 있는 햇살 현晛. 매 학기 필자의 강의록에 등장하는 그의 얼굴은 이 책 속에서도 갓난 아기의 모습으로 여전히 빛나고 있다. 사후적으로나마 초상권을 허락해 준 그에게 고마운 마음을 전하며, 세상의 모든 행복이 그에게 있기를 기원한다. 끝으로 항상 좋은 책이 제작되도록 힘써 주시는 박영스토리 관계자들께 깊이 감사드리며, 새 생명의 탄생의 과정에 신의 축복이 가득하기를 기원한다.

2025년 봄
우정길

차 례

제1장

교육의 은유와
전지전능 교사관

제1장
교육의 은유와
전지전능 교사관

　저는 이 책을 교직의 현장과 교사의 일상에 관한 이야기로 시작하고자 합니다. 이를 위해 『교사는 어떻게 성장하는가?』2008라는 제목으로 출판된 교단 일기를 참고하겠습니다. 이 책은 두 분의 초등학교 교사가 집필한 교단 일기를 담고 있습니다. 그중 한 분은 교직 생활의 출발점에 서 있는 새내기 교사이고, 또 다른 한 분은 교직 경력이 20년 이상인 베테랑 교사입니다. 이 두 분의 교직 경력이 어떤 유의미한 차이를 보이는가에 대해서도 주목해 보면서, 교단 일기를 함께 읽어보겠습니다. 미리 밝혀 둘 것은, 이 강의의 목적이 두 교사의 교육관과 교직 생활을 평가하는 데 있지 않다는 점입니다. 다만 우리는 이 교단 일기 속에 묘사된 내용들을 예시로 삼아 교실의 모습을 공유하고, 교직과 교육에 관한 그리고 교사의 정체성에 관련된 교육학적 관점들에 관하여 성찰을 이어가고자 합니다. 자신의 교단 일기를 통하여 학교 현장의 이야기를 공유해 주신 두 분 교사께 존경과 감사의 마음을 표합니다.

교육의 은유들

"오늘은 아이들에게 '두 얼굴의 선생님'이라는 말을 들었다. 흐트러진 아이를 혼낼 때는 너무나도 무서운 얼굴이었다가 순식간에 웃는 얼굴로 바뀌어 수업을 하기 때문이란다. 수업시간 40분 동안에도 몇 번씩 바뀐다고 한다. … 누군가 이런 내 얼굴을 본다면 영락없는 미치광이라고 생각할지도 모르겠다. 미치광이로 보면 어떠랴! 결국 나는 한 교실에서 여럿을 상대해야 하는 교사가 아닌가. 교사는 아이들을 좌지우지하는 노련한 광대가 되어야 한다."1

우리는 초등학교부터 중학교, 그리고 고등학교와 대학교를 거치면서 수많은 교사를 경험합니다. 그리고 그들에 대해 우리가 기억하고 있는 모습은 참 다양할 것입니다. 진지하고 자상한 모습부터 수다스럽고 유머러스한 모습에 이르기까지, 그리고 때로는 신경질적이거나 심지어 학생들에게 무관심한 모습들도 분명 있을 것입니다.

위 인용문에 나타난 "두 얼굴의 선생님" 캐릭터도 어쩌면 우리 모두가 경험한 바 있는 익숙한 종류의 교사상일 것입니다. 수시로 달라지는 교사의 모습은 실제로 교사가 그와 같은 변덕스러운 성품을 지녔기 때문이라기 보다는 상황에 따른 교사의 교육적 노력의 일환일 경우가 대부분일 것입니다. 교사1 역시 교실에서 수업하는 동안 상당히 다양한 캐릭터를 선보입니다. 때로는 학생들을 웃기기도 하고, 또 때로는 의도적으로 무서운 모습을 보이면서, 본인이 추구하는 수업의 목표를 이루기 위해 굉장히 노력하는 분이라는 점을 확인할 수 있습니

---

1 박남기·박점숙·문지현 (2008). 『교사는 어떻게 성장하는가』. 우리교육. p. 13. 저자를 구분하여 표기할 필요가 있을 경우 본문에서는 새내기 교사를 "교사1"로, 베테랑 교사를 "교사2"로 표기하고자 한다.

다. 심지어 교사1은 "미치광이"로 오해받는 것도 두려워하지 않을 정도로 교육적 열정이 넘치는 분입니다. 교육을 위하여 자신의 모든 모습을 보여줄 준비가 되어 있어야 한다는 의미에서 교사1은 이렇게 말합니다. "교사는 아이들을 좌지우지하는 노련한 광대이다." 여기서 교사1은 "교사는"이라고 주어를 설정하였지만, 사실은 "교사인 '내가' 노련한 광대이다"라고 말하고 있는지도 모릅니다.

"교사는 노련한 광대이다." - 이것은 교육과 교직에 관한 일종의 은유입니다. 마당놀이를 연상시키는 이 은유에서 교사가 "노련한 광대"라면 교사 앞에 있는 학생들은 참여적 관객이라 할 수 있습니다. 그리고 교사가 하는 일은 광대짓입니다. 교사를 광대에 비유함으로써 학생들은 관객이 되는 것이고, 가르침교수은 광대짓으로 그리고 배움학습은 참여적 관람으로 규정될 수 있습니다. 이 은유 속에서 교육은 광대짓과 참여적 관람의 조합인 것입니다.

물론 원격수업 또는 온라인 강의의 경우는 이러한 은유가 적용되기 어려울 것입니다. 원격수업이나 온라인 강의에서 교사들은 현장성에 기반한 반응을 얻을 수 없기 때문입니다. 온라인 공간 또는 교육을 위해 마련된 특별한 종류의 랜선 공간을 확장된 의미의 교육의 장場이라고 규정하는 것도 이제 더 이상 낯설지 않게 되었습니다. 그러나 실시간성과 대면성이라는 조건이 충족되어야만 가능한 그 무엇도 분명 있을 것입니다. 2020년 인류에게 갑자기 들이닥친 Covid-19, 그리고 이로 인해 사회 곳곳에서 촉진된 비대면성은 일정 부분 교육의 장을 확장하는 데 기여한 것이 사실입니다. 그러나 동시에 이로 인하여 오히려 역설적으로 교육에 있어서 대면성의 의미와 의의가 재발견된 것도 사실입니다.

다시 "광대로서 교사"라는 은유로 돌아오자면, 위 인용문에는 노련한 광대가 하는 일에 대한 설명이 "노련한 광대"라는 표현과 함께 제시되어 있습니다. 즉, "아이들을 좌지우지하는"이라는 표현입니다. 좌지우지左之右之는 '왼쪽으로'라고 표하면 왼쪽으로 기울고, '오른쪽으로'라고 표하면 오른쪽으로 기우는 형상을 의미합니다. 즉, 이것은 광대가 요구하는 대로 관객의 모습이 이루어지는 상황, 광대가 의도하는 대로 관객의 모습이 형성되는 풍경을 나타냅니다. 그래서 "교사는 아이들을 좌지우지하는 노련한 광대이다"라고 규정할 때, 교사1은 모종의 교육학적 확신을 피력하는 것입니다. 즉, 교육이라는 기제 또는 교육적 행위를 통하여 교사는 자신이 의도하는 방향으로 피교육자를 만들 수 있다는 생각이 바로 그것입니다.

이러한 확신 또는 신념을 교육학에서는 가소성plasticity 또는 만들수있음Machbarkeit/makability이라는 용어로 개념화하여 왔습니다. 그런데 전통적 교육학에서는 가소성과 만들수있음이라는 개념만을 언급하여 왔다면, 현대에 와서는 가소성과 만들수있음이라는 단어에 믿음·신념Glauben/belief이라는 단어를 추가하는 방식의 조어도 종종 눈에 띕니다.[2] 이것이 의미하는 바는 다음과 같습니다. 즉, 전통적 교육학에서는 가소성과 만들수있음이 이론적으로 의심할 수 없는 공리의 위치에 있었지만, 근래에 들어 이러한 공리에 대한 회의가 제기고 있다는 것입니다. 심지어 이러한 믿음·신념에 대하여 환상Phantasie이라는 표현을 사용하여 그 의미를 평가절하하는 학자들도 등장하였습니다. 즉, 기존의 가소성과 만들수있음이 이제는 가소성의 판타지, 만들수있음의 환상

---

2 Woo, J.-G. (2014). Teaching the unknowable Other: humanism of the Other by E. Levinas and pedagogy of responsivity. Asia Pacific Education Review 15(1), 82.

Machbarkeitsphantasie3이라는 것입니다. 이들의 주장에 따르면, 인간은 공산품처럼 만들어지는 존재가 아니기에 만들다로서 교육education as making은 교육의 실재에 부합하지 않으며, 따라서 인간과 교육에 대한 이전과는 다른 새로운 이해와 접근법이 필요하다는 것입니다.

교육의 전통적 은유들

여러분들은 인간이, 교육적 인간이, 그리고 교육자와 피교육자가 어떤 존재라고 생각하십니까? 그리고 이에 따라 교육과 교직이 어떤 특성을 띄는 행위라고 규정하시는지요? 여러분의 이러한 생각에 근거하여 교육과 교직을 은유적으로 표현한다면, 그 은유는 어떤 모습인가요? 전통적 교육학에서 가장 많이 언급되어 온 교육의 주요 은유를 정리해 보자면, 〈표 I-1〉과 같습니다.

교육행위	교육관	교육자/교사	피교육자/학생
만들다 (Machen)	공학적 교육관	만드는 이	만들어지는 이 공산품
	창작적 교육관	예술가(조각가)	예술작품(조각품)
기르다 · 자라게하다 (Wachsenlassen)	낭만적-유기체적 교육관	사육사/조련사	동물
		원예사/정원사	식물

<표 I-1> 교육의 전통적 은유4

3 Wimmer, M. & Schäfer, A. (Hrsg.)(2003). Machbarkeitsphantasie. Springer.
4 Nohl, H. (1933). Die Theorie und die Entwicklung des Bildungswesens. In: Nohl, H., Pallat, L. (Hg.). Handbuch der Pädagogik. Bd.I. (pp. 3-30). Beltz; Litt, T. (1927). Führen oder Wachsenlassen. Ernst Klett Verlag; Spranger, E. (1957). Vom Wissenschaftscharakter der Pädagogik. Gesammelte Schriften Bd. II. (pp. 367-368); Bollnow, O.F. (1959). Existenzphilosophie und

〈표 I-1〉에서와 같이, 우리가 교육을 '만들다'로 이해할 경우, 교사는 '만드는 사람'으로, 그리고 피교육자는 '만들어지는 이'로 규정됩니다. 그리고 이것은 두 가지 유형으로 나뉩니다. 그 첫째는 공학적 교육관입니다. 이것은 객관적 목적을 이루기 위해 인과율에 따라 통제할 수 있는 특정한 조건을 조성하고, 그에 따라 성과를 도출하려는 방식입니다. 피교육자라는 존재 또는 피교육자의 삶은 마치 공장에서 기계를 가동하여 물품이 만들어지는 과정에서처럼 만들어진다는 것입니다. 이런 유형의 교육관은 피교육자 및 그(녀)의 삶을 부모와 교육자로 대표되는 사회의 희망과 요청에 따라 형성·조형하려 할 때, 혹은 심지어 교육을 국가의 정치적·교조적 이데올로기 실현을 위한 도구나 선전 매체로 이용하려 할 때 강조됩니다. 이 경우 피교육자는 수동적·중성적 존재로 규정됩니다. 물론 후자의 경우, 즉 교육을 정치적·교조적 이데올로기 실현을 위한 도구나 선전 매체로 이용하려는 경우는 아예 교육이라는 범주로부터 제외될 수도 있습니다. 이것은 교육이라기보다는 조작과 가스라이팅에 가깝습니다. 여하튼 공학적 교육관은 교육계에서 통용되어 온 가장 일반적인 은유이며, 일상적으로도 교육이라는 용어로부터 가장 우선적으로 연상되는 은유이기도 합니다.

근래에는 이런 사례가 거의 발생하지 않지만, 한국인이라면 공감이 가능한 전통적이고 직관적인 예시를 들어보겠습니다. 만약 어느 부모님이 말썽꾸러기 자녀의 손을 잡고 교무실이나 교실로 찾아와서 당신

Pädagogik. Kohlhammer; Kron, W.F. (1996). Grundwissen Pädagogik. UTB; Krüger, H.-H. & Helsper, W. (2000). Einführung in Grundbegriffe und Grundfragen der Erziehungswissenschaft. UTB; 송순재(2024). Eduard Spranger의 교육학적 깨우침 개념. 한국교육사상학회·한국교육철학학회 2024 하계연합학술대회 자료집(pp. 3-21).

의 자녀를 교사에게 인계하면서 "이 아이를 어떻게 혼내서도 좋으니 인간 좀 만들어 주십시오"라고 말한다면, 이때 '인간을 만든다'는 표현을 우리는 낯설게 받아들이지는 않을 것입니다. 사실상 이미 부모가 임신과 출산을 통해 완전한 인간으로 만들어 놓은 이 사람을 또 어떻게 인간으로 만들어 달라고 하냐며 반문하는 사람은 아마 없을 것입니다. 왜냐하면 이때 '만들다'라는 표현은 '교육하다'의 은유로 사용되고 있다는 사실을 우리는 알고 있기 때문입니다.

'만들다'로서 교육의 두 번째 유형은 '예술하다·창작하다'입니다. 그리고 '조각하다'가 가장 대표적인 사례일 것입니다. 예술가의 특성은 자신의 창조적 정신을 특정한 소재에 실현시키는 데 있습니다. 그러므로 이 은유에서 중요한 것은 소재의 종류가 아니라 예술가의 의도입니다. 이 예술적 의도의 실현 과정에서 피교육자는 마치 어떤 재료 뭉치가 조각가에 의해 깎여서 만들어지는 것일 뿐, 결코 재료 뭉치의 희망사항이 비중 있게 반영되거나 재료 뭉치의 의사가 개입될 가능성은 낮습니다. 예술 작품의 완성도는 예술가의 예술적 의도의 실현 여부에 따라 결정되고, 이 작품의 예술성 역시 철저히 외부적 관점에 의해 판단됩니다. 즉, 재료 본연의 고유한 가능성이나 혹은 재료가 스스로에 대해 갖는 가치관은 중요한 고려 대상이 아닙니다.

교육학의 전통에서 '만들다'만큼 빈번하고 오래된 은유는 '기르다·자라게하다'입니다. '기르다·자라게하다'는 동물과 식물에 해당하는 용어입니다. 동물의 경우라면 교육자는 사육사·조련사로, 식물의 경우에 교육자는 원예사·정원사로 이해됩니다. 기르다·자라게하다로서 교육에서 중요한 것은 본성입니다. 이때 본성은 변경불가능한 실체를 의미한다기보다는 각 개인에게 고유한 무엇을 가리킵니다. 동물의 경우에는 보다 적극적 의미의 '기르다·자라게하다'로 이해될 것이며, 식물의 경우에는 동물의 경우보다는 소극적인 의미가 될 것입니다. 특히 후자의 경우, 즉 소극적 의미의 기르다·자라게하다는 루소J.J. Rousseau에서 그 이론적 시작점을 확인하게 됩니다. 그의 교육론을 소극교육론이라고 칭하고, 이로부터 아동을 교육적 탐구의 중심에 놓으려는 이론적 흐름이 생성된 것 역시 이러한 맥락에서입니다.5 '기르다·자라게하다로서 교육', 즉 유기체적 교육관의 관점에서 교육은 모든 개인에게 고유한 나름의 본성이 잘 발현되도록 조력하는 체계적 노력의 총체입니다.

교사1이 사용하였던 '광대짓하다로서 교육'의 경우에 교육자는 광대로, 피교육자는 관객 또는 참여적 관객으로 이해됩니다. 이렇듯 교육의 다양한 은유들은 교육의 보조개념 또는 하위개념들을 이루었습니다. 만들다Machen, 창작하다, 생산하다, 기르다·자라게하다Wachsenlassen 등이 그 전통적인 범주들이고, 20세기 교육학계에서 이들은 도야 Bildung, 사회화, 인도와 지도, 교수와 학습, 진단과 상담과 조력 등의 다양한 개념으로 전문화·세분화되어 왔습니다.6

---

5 "사람들은 어린이를 전혀 알지 못했다. 어린이에 대한 생각이 잘못되었기 때문에 나아가면 갈수록 점점 정도를 벗어나게 된다. 가장 현명하다는 사람들까지도 어린이가 무엇을 배울 수 있을까에 대해 생각하지 않고,어른들이 알아야 할 것에 대해서만 열중하고 있다. … 신이 만물을 창조할 때에는 모든 것이 선하지만, 인간의 손에 건네지면 모두가 타락한다. … 그의 신체, 그의 기관, 그의 감각, 그의 체력을 단련시켜라. 그러나 그의 정신은 될 수 있는 한 오래 한가하게 놓아두어라."(Rousseau(1762). 민희식 옮김 (2000). 『에밀』. 육문사. 서문 및 제1장에서 발췌)

6 Kron, F.W. (1996). Grundwissen Pädagogik. (p. 195f.) UTB; Krüger, H.-H. & Helsper, W. (2000). Einführung in Grundbegriffe und Grundfragen der Erziehungswissenschaft. UTB.

볼노 ― "비연속적 형식의 교육가능성"

이러한 개념적 분류에 한 가지 더하여 추가할 제안은 바로 볼노^{O.F.} Bollnow의 "비연속적 형식의 교육가능성"[7]이라는 개념입니다. 그는 전통적 교육관을 다음 두 가지, 즉 공학적 교육관"만들다"로서 교육과 유기체적 교육관"기르다"로서 교육으로 정리하였습니다. 그에 따르면, 이들 두 가지 교육관은 피교육자의 지속적 성장과 성숙을 전제로 한다는 점에서는 유사합니다. 즉, 이 두 교육관은 교육이라는 수단을 동원하여 인간을 만들고자 하면 만들어지고 기르고자 하면 길러진다는 신념을 전제로 한다는 것입니다. 그리고 여기에는 인간은 지속적으로 성장하고 성숙하는 존재라는 낙관적 기대가 전제되어 있습니다. 달리 표현하자면, 우상향 직선의 그래프를 연상시키는 이 교육적 전제의 바탕에는 교육의 효능에 대한 낙관적 믿음이 깔려 있습니다.

그런데 볼노는 여기서 한 가지 의문을 제기합니다. "과연 인간은 지속적이고 연속적으로 성장하고 성숙하는 존재인가?" 인간의 삶이라는 일반화된 개념은 잠시 접어두고, 우리 각자의 삶의 궤적을 돌이켜 본다면, 지속적 성장과 성숙이라는 전제가 흔쾌히 동의가 될까요? 즉, 우리 각자의 성장과 성숙의 그래프는, 완만하든 가파르든, 우상향 직선의 그래프로 표현될 수 있는 성격의 것인가요? 혹은 볼노가 지적하고 있듯이, 성장과 정체가 무작위로 번갈아 가면서 나타나지는 않는지 혹은 심지어 위기와 퇴보의 순간이나 기간은 없었던가요? 그리고 어쩌

---

7 Bollnow, O.F. (1959). Existenzphilisophie und Pädagogik. Kohlhammer; Bollnow, O.F. (1965). Anthropologische Betrachtungsweise in der Pädagogik. Neue deutsche Schule Verlagsgesellschaft. 오인탁·정혜영 옮김 (1971). 『교육학에 있어서 인간학적 고찰 방식』. 형설출판사.

면 성장과 정체와 위기와 퇴보의 순간들을 거치던 어느 날 어느 순간에 비약적 성숙을 이룬 적도 있지는 않았던가요? 오랜 기간을 두고 평균적으로 보자면 완만한 우상향 직선의 그래프를 그렸을 법한 개인의 성장과 성숙의 여정에는 곧게 솟은 우상향 직선 그래프 하나로 표현되기 어려운 다양한 계기와 모습이 포함되기 마련입니다.

이런 관점에서 볼노는 이른바 "비연속적 형식의 교육가능성"이라는 개념을 제안하였습니다. 인간이 지속적으로 성장과 성숙의 도상에 있는 것은 아니기에, 교육 역시 지속적 성장과 성숙을 전제로 하는 '만들다'와 '기르다·자라게하다'로만 표현되기는 어렵다는 것이 그의 문제의식이었습니다. 이에 근거하여 그가 '만들다'로 대변되는 공학적 교육관과 '기르다·자라게하다'로 대변되는 유기체적 교육관에 더하여 제안한 것이 바로 "비연속적 형식의 교육가능성"입니다. 이것은 모든 인간적 삶에 정체와 위기와 퇴보와 비약적 성장의 계기들이 무작위로 포함되어 있고, 따라서 교육 역시 실존의 다양하고 다층적인 양상에 대한 이해를 전제로 이루어져야 한다는 것입니다. 위기의 순간에는 대화화 상담을 통하여, 그리고 정체의 순간에는 충고와 각성을 통하여 피교육자가 다시 성장과 성숙의 길로 접어들도록 안내하는 것도 교육의 이론 속에 포함하여야 한다는 것이 그의 견해입니다.

몰렌하우어 － "부러진 의도성"

더 큰 틀에서 보자면, 이것은 교육적 의도의 실현 가능성과 관련한 전통적 교육학의 낙관적 믿음에 대한 현대적 회의 제기의 일부라고 볼 수 있습니다. 교육의 경험을 공유하는 모든 이들이 공감하듯이, 교육적 의도가 늘 성공적 실현으로 귀결되는 것은 아닙니다. 교육자가 만들고자 하는 의도대로 피교육자가 항상 만들어지는 것은 아니며, 기르려고 하는 방향으로 항상 길러지는 것도 아닙니다. 교육적 의도성은 교육적 성공을 위한 필요조건이지 충분조건은 아닙니다. 교육은, 강의실의 전등 스위치처럼 켜면 켜지고 끄면 꺼지는 인과율의 형식으로 이루어지는 것도 아니며, 레이저 포인터로 한 지점을 가리키면 붉은 한 점이 레이저 직선을 타고 목표점에 가서 꽂히는 시원스러운 방식으로 이루어지는 것도 아닙니다. 교육은 사람이 하는 일이고, 사람을 대상으로 하며, 사람과 함께 하는 일이기 때문입니다. 그리고 사람은 전등 스위치나 레이저포인터의 작동방식과는 다른 기제의 존재이기 때문입니다. 이런 의미에서 몰렌하우어K. Mollenhauer는 "부러진 의도성"gebrochene Intentionaität8이라는 개념을 제안한 바 있습니다. 비유적으로 표현하자면, 직선으로 달려가 벽에 꽂히는 레이저 포인터의 붉은 점이 여러 가지 요인으로 인하여 휘어지거나, 전혀 다른 지점에 가 닿거나 혹은 갑자기 증발하는 현상이 발생할 수도 있다는 것입니다. 이러한 일이 물리의 세계에서는, 여타 요인들이 완벽히 통제된다면, 원칙적으로 가능하지 않을 것이지만, 교육적 상황에서는 충분히 발생가능하다는 사실을 우리 모두는 알고 있습니다. 이것이 바로 공산품과 인간의 차이입니다.

어쩌면 볼노의 "비연속적 형식의 교육가능성"과 몰렌하우어의 "부러진 의도성"은 오늘날의 교사들이 한번 쯤 주목해 보아야 할 교육 일상의 진리를 담고 있는 것일 수도 있습니다. 교육이 성장과 성숙을 지향하는 활동이라는 점에는 의문의 여지가 없습니다. 그러나 이러한 의도성이 곧 교육적 성공을 보장하는 것이 아니라면, 그 안에 담겨 있는 다

---

8 Mollenhauer, K. (1976). Theorien zum Erziehungsprozess. (p. 15) Juventa.

양한 종류의 실패 가능성에 대하여도 열린 자세를 취하는 것이 필요합니다. 또한, 비록 교육적 의도의 실패 가능성은 의도성의 측면에서는 분명 좌절을 의미하는 것이지만, 이것 역시 현재로서는 알 수 없는 비약적 성장과 성숙의 계기가 될 수 있다는 가능성도 열어둘 필요가 있습니다. 그래서 교육은 어쩌면, 리피츠W. Lippitz의 표현처럼, "성공적 실패의 연속적 과정"일 수도 있습니다.9 '만들다'와 '기르다·자라게하다'의 대상이 기계나 동식물이 아니라 사람이라면, 그리고 "비형식적 형식의 교육가능성"을 수용한다면, 교육의 공간은 더욱 자유롭고 자연스럽게 펼쳐질 것이고, 교사의 역할 역시 보다 복합적이고 다면적 의미를 띠게 될 것입니다.

교육의 은유에 대한 이해는 교직의 수행을 위해서 중요합니다. 교육에 대한 이해는 교사의 정체성과 교직의 성격 규정과도 직결되기 때문입니다. 교사인 나는 어떤 정체성의 존재인가? 그 정체성은 하나의 확정적 실체인가 또는 가변적·복합적인 성격의 것인가? 그리고 지금 이 교육의 현장에서 교사는 자신이 마주한 학생들에게 어떤 존재이고 어떤 의미이며, 또 어떤 역할을 수행하여야 하는가? 이와 같은 일련의 질문들은 교직을 수행하는 교사들이 일상적으로 그리고 이와 동시에 최종적으로 마주하게 되는 가장 중요한 질문들이기도 합니다.

이해의 벽 — 물리적 한계와 실존적 한계

앞서 소개한 "학생들을 좌지우지하는 노련한 광대로서 교사"는 단적으로 표현하자면 교육적 낙관론과 자신감의 표현입니다. 즉, 이것은 의도한 대로 인간은 만들어질 것이라는 낙관론, 계획한 대로 인간을

---

9 Lippitz, W. (2003). Differenz und Fremdheit. Peter Lang.

기를 수 있다는 자신감의 표현입니다. 이것은 초임 교사의 첫 학기에 어울릴 만한 진취와 포부라 할 수 있습니다. 일반적으로 교원양성 과정에서 예비교사들은 계획과 수행과 평가로 이어지는 성공적 환류 모형에 의거하여 교육받습니다. 그러므로 대부분의 초임교사는 자신이 가르치는 대로 학생들이 가르쳐지고, 교육하는 대로 학생들이 교육될 것이라는 교육적 신념 또는 교육적 소망을 품고 교직에 입문합니다. 참고로, 앞서 인용된 교사1의 교단 일기는 학기 초3월의 일기입니다.

그런데 우리는 시간의 흐름과 함께 교단 일기의 분위기가 조금씩 달라진다는 사실을 확인할 수 있습니다. 아래 일기는 학기가 시작되고 3개월이 지난 시점의 것입니다.

"내가 5학년 때도 그랬나? 일기장을 뒤져봐야겠다. 아무리 생각을 해 봐도 나는 이러지 않았던 것 같은데 … 어쩌면 벌써 나도 아이들을 이해하지 못하는 어른이 되어 버렸나? … 난 할 수 있을 것 같다."10

이 일기의 마지막 문장은 긍정의 다짐의 형식을 띠고는 있지만, 독자에게 전달되는 느낌은 오히려 그 반대입니다. 즉, 회의적 여운이 가득합니다. "노련한 광대"를 자처하였던 교사1로 하여금 한 학기가 채 마감되기도 전에 심각한 고민에 이르게 한 문제는 무엇이었을까요? 교사1은 독백합니다. "내가 5학년 때도 그랬나?" 그렇습니다. 교사1은 자신이 마주한 5학년 학생들이 잘 이해되지 않기 시작한 것입니다. "좌지우지"라고 말했던 때만 하더라도 자신감이 가득했었지만, 교사1 자신도 지나온 적 있던 그 연령의 학생들이 이제 이해되지 않기 시작한

10 박남기·박점숙·문지현 (2008). 『교사는 어떻게 성장하는가』. (p. 73) 우리교육.

것입니다.

그런데 여기서 한 가지 중요한 질문을 드리겠습니다. 어른은 어린이를 충분히 이해할 수 있을까요? 교사1에게는 확고한 믿음이 있는 것 같습니다. 즉, 교사1은 자신이 이렇게 하면 학생들이 이렇게 될 것이고, 저렇게 하면 저렇게 될 것이라는 교육적 기대를 갖고 있었던 것 같습니다. 그리고 이 계획은 자신이 마주한 학생들을 속속들이 잘 안다는 전제 위에 세워진 것입니다. 그러나 이제 교사1은 이제 예상치 못했던 문제에 봉착하게 되었습니다. 한 학기라는 시간을 공유하였던 그 어린이들이 어쩌면 이해와 앎의 범주 밖에 있다는 현실을 교사1은 점차 자각하게 된 것입니다. 어쩌면 늘 마주하였던 일상이었지만, 이제야 그 현실에 대한 자각이 시작된 것일 수도 있습니다. 즉, 이 어린이들을 다 알 것 같고 이해할 수 있을 것 같다고 생각했었던 자신의 믿음에 대하여 진지한 성찰의 필요를 이제 절감하기 시작한 것입니다.

과연 교사는 학생을, 어른은 어린이를 이해할 수 있을까요? 보다 근본적으로는, 사람이 타인을 이해한다는 것이 가능한가요? 아마도 개인적 경험에 따라 그리고 개인적 신념에 따라 이 질문에 대한 대답은 달라질 것입니다. 때로 우리는 내가 타인을 이해하였다고 혹은 나의 의사가 타인에게 완전히 이해되었을 것이라고 믿습니다. 그러나 우리는 이러한 믿음이 단지 자신만의 착각이었다는 사실을 사후적으로 경험하기도 합니다. 사람이 타인을 이해하는 것은 얼마나 어려운 일인지를 말입니다. 유의미한 타자들, 즉 가족과 친지 또는 여러분과 소중한 경험을 공유하는 사람들과의 관계를 상기해 보시기를 바랍니다. 여러분은 그들이 다 이해되시는지요? 우리는 타인들과의 관계 속에서 오해와 갈등을 겪기도 합니다. 시간이 지나 반추해 보면, 그 오해와 갈등은 이해의 부족 혹은 오해에서 비롯되었을 가능성이 높습니다. 내가 타인을 이해하는 일이 그리고 타인이 나를 이해하는 일이 얼마나 어려운 일인지가 분명히 드러나는 순간들이 있습니다.[11] 그리고 그 요인에는 기본적으로 아래의 내용들이 포함될 것입니다.

그 첫 번째 요인은 물리적 한계입니다. 이것의 의미는 사실 간단합니다. 즉, 내가 나의 과거로 돌아갈 수 없다는 의미의 물리적 한계입니다. 교사1은 자신이 마주하고 있는 초등학교 5학년으로 결코 돌아갈 수 없습니다. 과거로 돌아갈 수 없는 이 한계로 인하여 교사1은 자신의 과거를 있는 그대로 이해할 수 없을 뿐만 아니라, 자신의 과거와 유사한 경험을 하고 있을 것으로 추정되는 이 어린이들의 현재를 이해하기도 어렵습니다. 만약 이 어린이들의 현재 속으로 들어갈 수 있다 하더라도, 교사1은 자신의 과거의 관점을 그대로 가지고 갈 수 없다면, 이해의 벽은 여전히 존재할 것입니다. 어른이 되는 과정에서 축적된 경험을 가진 채 그리고 이만큼 달라진 시선으로는 그들의 있는 그대로의 현재를 그 시절 나의 관점으로는 경험하기 어려울 것입니다. 그러므로 시간적 한계라는 이 물리적 한계는 타인의 이해를 가로막는 커다란 장벽인 것입니다. 이로 인하여 나는 내 앞에 생생히 존재하는 이 어린이들을 근본적으로 이해할 수 없습니다.

두 번째 한계는 실존적 한계입니다. 이것 역시 너무나도 간단한 사실에 근거합니다. 즉, 내가 내 앞에 있는 타인이 아니고, 그 타인 역시 나일 수 없다는 의미의 한계입니다. 흔한 표현과 같이, 나는 언제나 나만의 육체 속에 갇혀 있습니다. 즉, 자신의 육체를 벗어날 수 있는

11 Wintersteiner, W. (2022). Von der Unmöglichkeit des Verstehens und der Notwendigkeit der Verständigung: Philosophie, Politik, Literatur. Zagreber germanistische Beiträge 31(1), 29-48.

사람은 없습니다. 초인적 경험의 가능성이 전제되지 않는다면, 그리고 인지와 지능과 육체와 마음의 분리가 가능하리라는 미래공학적 기술이 전제되지 않는다면, 이러한 경우는 발생하지 않습니다. 심지어 우리는 몸적 존재로서, 자신의 온전한 뒷모습조차도 자신의 눈으로 직접 본 적이 없습니다. 사람은 거울을 통해서, 촬영된 영상 등의 제2의 시선을 통해서, 혹은 타자의 시선을 통해서만 자신의 모습을 확인할 수 있는 제한적인 존재입니다. 이런 실존적인 한계를 갖고 있기에, 내가 남을 이해한다는 것은, 그 사람이 내가 아닌 것처럼 또는 내가 그 사람이 아닌 것처럼, 근본적으로 불가능하거나 아주 제한적으로만 가능합니다.

이와 같은 물리적 한계와 실존적 한계는 학생에 대한 교사의 이해에도 여지없이 적용됩니다. 그리고 이 한계의 의미는 교육적 관계 및 교사의 교육활동에 있어서 더욱 선명한 결과를 낳습니다. 왜냐하면 교육을 한다는 것은 상대방을 이해하고, 이를 바탕으로 피교육자가 필요로 하는 것 또는 피교육자에게 이로울만한 어떤 것들을 해 주는 것, 그것도 심지어 현재의 필요뿐만 아니라 미래 어느 시점에 필요할 것으로 예상되는 무엇을 해 주는 활동이기 때문입니다. 지금 여기서 피교육자를 이해할 수 없다면, 사실상 교육의 기반은 불안정하게 느껴집니다. 그래서 흡사 망망대해를 표류하는 작은 배 위에 혼자서 두 발을 딛고 서 있는 것과 같은 막연함을 교사들은 종종 경험하곤 합니다.

기억과 기록

이해의 한계를 극복하기 위하여 인류는 그리고 교사는 일반적으로 두 가지 우회적인 방법을 활용합니다. 즉, 기억과 기록입니다. 첫째,

우리는 자신의 기억을 소환합니다. 우리 모두가 그러하겠지만, 교육의 현장에서 교사는 교사1과 유사한 질문을 스스로에게 던질 것입니다. "나도 저랬었나? 나는 좀 다르지 않았었던가?" 교사1 역시 자신의 기억을 더듬어 보고 있습니다. 그러나 기억도 그리 확실한 수단은 되지 못합니다.

우리가 기억하는 최초의 기억은 언제일까요? 여러분은 자신의 초등학교 입학식 당일의 상황을 또렷하게 기억하고 계시는지요? 그리고 초등학교의 첫 1년 동안의 선생님과 친구들 그리고 교실의 일상적 풍경을 생생히 기억하고 있는지요? 기억은 늘 파편적이고, 제한적이고, 심지어는 주관적이고 자기중심적일 가능성이 농후합니다. 그리고 자신이 기억하는 특정한 장면 또는 상황이 있다면, 그것은 어쩌면 시각 자료에 정기적으로 노출되었거나 혹은 반복적 스토리텔링을 활용하여 나 스스로 나의 관점 속에서 박제해 둔 선택적·주관적 사실일 가능성이 높습니다. 기억은 제한적이며, 매개와 반복을 통해서 생기와 의미를 얻습니다.

기억이라는 수단의 제한성으로 인하여 사람들은 두 번째 추가적 방법도 활용합니다. 즉, 인류는 기록합니다. 기억은 제한적·가변적이지만, 기록은 기억의 제한성을 상당 정도 보완해 줍니다. 수기에서 디지털 기록에 이르는 다양한 기록의 방법을 통해 우리는 더 많은 양의 정보를 축적할 수 있게 되었고, 수시로 그 정보에 접근할 수 있게 되었습니다. 위 인용문의 경우 자신이 초등학생 시절 유지하였던 일기가 바로 이러한 기록에 해당합니다.

그러나 우리는 기록이라는 방법도 여전히 완전하지는 않다는 사실을 인정할 수밖에 없습니다. 우선 기록된 세계는 문자 그대로 기록된 내용에 국한됩니다. 아울러 모든 기록에는 기록자의 주관적 관점이 개입되어 있습니다. 즉, 기록이라는 수단 역시 제한적이고 주관적입니다. 기억과 기록이 인간의 제한적 이해와 기억을 보조하기는 하지만, 이것 역시 대단히 불완전한 매체이자 매개입니다.

그럼에도 불구하고 인류는 기억과 기록에 의존하여 사물과 현상을 관찰하고, 그 제한적 결과에 근거하여 가설을 설정하고 관련 사례를 더 수집한 후, 그 속에서 모종의 체계를 발견합니다. 그리고 이러한 체계들을 선별하여 이론화하고, 이러한 이론들을 모으고 엮어서 학문으로 발전시켜 나갑니다.

교육학의 탄생 과정도 이와 다르지 않았을 것입니다. 최초의 누군가는 어린이를 마주하여 개인적 이해를 시도하였고, 이 어린이의 유익을 위해 무엇인가를 해 주고자 하는 교육적 의도를 실천해 나갔을 것입니다. 그 과정에서 앞서 언급한 물리적 한계와 실존적 한계를 극복하기 위하여 기억과 기록의 수단들을 동원하였을 것입니다. 이를 위해 관찰과 기록과 비교와 비판과 분석과 분류와 체계화와 사변이 필요했을 것입니다. 이 모든 과정의 반복과 집적을 통해 결국 교육학 이론과 교육학이 탄생하였을 것입니다. 그리고 이러한 과정은 사실상 오늘날의 교육연구 활동에도 동일하게 적용됩니다. 물론 그 방법은 타당성과 신뢰도가 높아지도록 정밀화·전문화되었고, 연구의 범위와 깊이도 더욱 확대되었습니다.

이런 관점에서 보자면 교육학도 일차적으로는 교사를 위한 기억과 기록의 집적이라 할 수도 있습니다. 사람들은 교육학이 어린이와 피교육자를 위한 것이라고 주장할 수도 있습니다. 틀린 주장은 아닙니다만, 교육학의 일차적 목적은 교육자의 교육 활동을 조력하는 것입니다. 교육의 현장에서 인간의 물리적 한계와 실존적 한계로 인하여 교사들이 타인을 향한 높은 이해의 벽 앞에 서는 순간, 개인적 기억과 기록의 소환으로는 넘어설 수 없는 이 장벽에 부딪힐 때, 교육학은 교사의 교육적 행위를 조력할 수 있는 보다 객관적이고 타당화된 자료의 뭉치를 제공해 줍니다. 즉, 교육학을 통해 교사들은 자신의 주관적 기억과 기록의 한계를 극복하기 위하여 다각도로 검증된 학술적 안경을 갖게 되는 것입니다. 단적으로 말하자면, 피교육자는 교육학이 없어도 일상을 영위하는 데 큰 문제가 없고, 어쩌면 그것이 없어야 더 행복한 일상을 영위할 수 있을지도 모릅니다. 그러나 교사는 교육학의 도움이 없이는 교육과 교직에 대한 네비게이션을 갖기 어려우며, 교직 수행의 난점들을 극복해 나가는 과정에서 시행착오를 더 많이 경험하게 될 것입니다. 이런 의미에서 교육철학을 비롯하여 교원 양성과정에서 권고되는 교육학의 분과 학문들은 교사를 위한 교직 수행의 길라잡이이자 교육 현상의 본질과 구조를 이해하기 위한 맞춤형 안경이라 할 수 있습니다. 이것은 교직의 입문자들에게는 물론이거니와 베테랑 교사들에게도 동일하게 필요한 유용한 도구입니다. 교직은 교육적 경험의 연속이며, 교육학은 교육적 사례와 관점의 종합이기 때문입니다.

인용문 속의 교사1도 동일한 과정을 거치고 있습니다. 기억의 한계를 마주하여 자신의 일기장이라는 기록을 참조해 봅니다. 그리고 기억과 기록은 제한된 정도로만 참조의 자료가 되어 줍니다. 아마도 많은 사람들은 자신의 어린 시절 일기장을 성인이 된 후 읽어 본 경험이 있을 것입니다. 이만큼 성장한 후 읽는 일기는 과거의 기억을 소환하는 데 일정 부분 도움은 될 것입니다. 그럼에도 불구하고 과거의 일기를 읽는 일은 일종의 낯섦의 체험이기도 합니다. 과거 자신이 직접 쓴 일기임에도 불구하고 타인의 이야기를 읽는 듯한 감상을 느낄 수도 있습니다. 이러한 느낌은 비단 일기장뿐 아니라 시간이 많이 지난 사진과 편지 그리고 동영상들을 볼 때도 갖게 되는 감상입니다. 심지어 늦은 밤에 누군가에게 보냈던 장문의 문자 메시지를 다음날 아침 다시 읽을 때도 우리는 나의 의도와는 달리 표현되었던 나의 낯선 목소리를 확인하기도 합니다. 그렇다면 왜 우리는 우리 자신의 기억과 기록을 낯설게 경험하게 되는 것일까요? 이것은 우리가 멈춰 있는 존재가 아니기 때문입니다. 즉, 인간은 시시각각 변화를 거듭합니다. 어제의 내가 오늘의 나와 다르듯, 과거의 나는 현재의 나와 현저히 다른 존재로 변해 있을 가능성이 큽니다.[12] 하물며 초등학생 시절의 나는 성인이 된 지금의 나와는 아주 다른 사람이 되어 있을 것입니다. 그래서 교사1의 경우, 자신이 직접 붙잡아 두었던 기억과 직접 작성하였던 기

---

12 철학자 메를로-퐁티는 이것을 "완전한 환원의 불가능성"이라고 표현한 바 있다. 이것은 비단 나를 둘러싼 세계와 타인에게만 해당되는 것은 아니고, 자기 자신에 대한 이해라는 문제에도 해당된다. 그래서 그는 다음과 같이 말한다. "나는 세계를 향해 열려 있다. 그리고 물론 나는 세계와 소통한다. 그러나 세계는 나의 완전한 소유물이 아니다. 세계는 소진되지 않는다." 동일한 맥락에서 마이어-드라베는 "가면들의 차이"라는 개념을 제안한 바 있고, 발덴펠스는 "우리는 우리라는 그 존재인 적이 한 번도 없다."(We are never completely what we are.)라고 말한다. 그것의 대상이 타인이 되었든 혹은 자기 자신이 되었든, 이해의 확실성에 관한 우리의 신념이 확고할수록 어쩌면 그 이면의 그림자 역시 클 수 있다는 점에도 유의할 필요가 있다. 참고: Merleau-Ponty, M. (1966). Phänomenologie der Wahrnehmung(p. 14). De Gruyter; Meyer-Drawe, K. (1991). Das "Ich als die Differenz der Masken". Zur Problematik autonomer Subjektivität. Vierteljahrschrift für wissenschaftliche Pädagogik 67, 390-400; Waldenfels, B. (1998). Antwort auf das Fremde. Grundzüge einer responsiven Phänomenologie. Waldenfels, B. & Därmann, I. (Hrsg.). Der Anspruch des Anderen. Perspektiven phänomenologischer Ethik(p. 37). Fink.

록은 타자의 이해는 커녕 자기 자신을 이해하기에도 부족한 수단인 것입니다.

이런 의미에서 교육학이 교육의 제 현상들을 이해하기 위한 마스터 키라고 믿는 것은 순진한 발상일 수 있습니다. 교육학은 교육자들을 위한 네비게이션의 역할을 할 수 있을 뿐이고, 피교육자가 포함된 교육적 상황을 이해하고 판단하고 행위하는 것은 교육자들의 몫입니다. 그러므로 교사와 교육자들은 전문가적 지식과 안목과 경험을 구비하여야 합니다. 모든 사람이 교사가 될 수는 있지만, 교사라고 하여 모두가 자동적으로 훌륭한 교사인 것은 아닙니다. 아울러 사회적 맥락과 교육적 상황은 지속적으로 변하는 것이기에 그리고 타인은 물론이거니와 자신의 모습 역시 그러하기에, 교육학이라는 네비게이션도 정기적으로 점검하고 업데이트해 나갈 필요가 있습니다. 교육학자뿐 아니라 교사들 역시 연구를 거듭할 뿐만 아니라 정기적 연구모임과 학술모임에 참여하여야 하는 것도 바로 이러한 이유에서입니다.

어른과 어린이 — 교육학의 오래된 인(간)종(류)주의

위 인용문의 교사1은 자신의 학생들이 잘 이해되지 않는 이 상황에 대해 자신만의 해석을 내어놓습니다. 즉, 교사1은 "내가 벌써 어른이 되어버렸기 때문"이라고 말합니다. 달리 표현하자면, 내 앞에 있는 5학년 학생들이 이해가 잘 되지 않는 이유가, 저들 5학년 학생들은 아직 어린 반면 나는 어른이라서 그렇다는 진단입니다. 교대를 졸업한 1년차 교사와 초등학교 5학년 학생들의 나이 차이는 약 12년입니다. 이 12년의 차이에 근거하여 교사1은 어른과 아이를 나누고, 이에 의거하여 이해의 불가능성을 설명하고 있습니다.

이러한 설명법, 즉 어른과 아이의 구분은 교육학의 역사에서 가장 빈번하게 등장하는 인간구분법이기도 합니다. 이것은 인간을 두 가지 종류로 나누는, 즉 피교육자는 어린이 또는 미성숙인으로, 그리고 교육자는 그 반대의 자질을 갖춘 것으로 분류하는 관점입니다. 만약 인(간)종(류)주의라는 단어를 여기에 사용할 수 있다면, 그리고 정치적 부적절성의 논란을 고려하지 않고 그렇게 부를 수 있다면, 이것도 일종의 교육학적 인종주의라고 부를 수 있을 것입니다. 어떤 기준에 따라 인간의 종류를 나누고, 종류별로 특성을 부여하여서, 각각의 특성에 맞추어 대응하고 상호작용하는 방식이라는 점에서 그러합니다. 교육학 내부에서는 이런 유형의 인종주의가 상당히 오랫동안 용인되고 활용되어 왔습니다. 물론 교육학 내부에서 상존해 온 이 인종주의는 그것의 선한 취지가 사회적으로 용인될 필요가 있다는 암묵적인 합의 하에 사회적으로도 그리고 정치적으로도 거의 문제시되지 않았습니다. 그러나 만약 교육적으로 선한 취지가 전제되지 않는 상황에서라면, 어른과 어린이를 굳이 구분하려는 의도와 관행과 문화는 불필요하거나 무의미하거나 혹은 부적절할 수도 있다는 점도 간과되어서는 안 될 것입니다.

교사의 성장

"대책은 없고 걱정만 한가득 이다. / 땀 범벅으로 눈물을 흘리는 OO이는 정말 뉘우치고 있었을까? 내가 그렇게 만들 수가 있을까? / 나만 다른 세상에서 꿈을 꾸고 있었던 것 같다."13

---

13 박남기·박점숙·문지현 (2008). 『교사는 어떻게 성장하는가』(pp. 83, 94, 102). 우리교육.

앞서도 언급하였듯이 교사1의 교단 일기에서는 시간의 흐름과 함께 분위기의 변화가 감지됩니다. 학기초 교사1은 진취적이고 낙관적이었던 반면, 시간이 지날수록 회의적 질문과 고민의 빈도가 높아집니다. "내가 그렇게 만들 수 있을까?"라는 자문은 "학생을 좌지우지하는 노련한 광대"라는 표현과는 사뭇 다른 심상을 드러냅니다.

'만들다'라는 은유가 등장하였으니, 이와 관련하여 부연하겠습니다. 물론 위 인용문의 맥락은 조금 다르지만, 기본적으로 '만들다'라는 은유는 교육학적 관점에서는 주목을 요합니다. 왜냐하면 '만들다'라는 표현은 교육의 현장에서뿐 아니라 교육학의 전통에서 가장 빈번하게 사용되어 온 교육의 은유이기 때문입니다. 〈표 I-1〉에서 보인 바와 같이, 교육의 은유는 다양합니다. 그런데 교사1은 "내가 그렇게 만들 수 있을까"라고 얘기하고 또 다른 글에서는 "나만 다른 세상에서 꿈을 꾸고 있었던 것만 같다"라고 독백합니다. 여기서 "다른 세상에서 꿈을 꾸었던"은 무엇을 의미하는 것일까요? 교단 일기의 전체 맥락상 이것은 '학생을 좌지우지할 수 있는 교직의 세계 또는 만들 수 있음에 대한 확신'이라고 해석해 볼 수 있습니다. 이것은 곧 교사1이 가졌던 교육의 확신이자 교직의 비전입니다.

그런데 문제는 그 신념이 이제 흔들리고 있고, 확신은 회의로 물들어가고 있다는 점입니다. 이런 맥락에서 교사2의 교단일기의 일부를 옮긴 아래 인용문은 눈여겨 볼 필요가 있습니다. 교사2는 교직 경력이 20년 이상인 베테랑 교사입니다. 즉, 상당히 오랜 기간 교실 현장에서 학생들과 호흡한 경험의 소유자입니다. 그런데 교사2는 약간은 뜻밖의 고백을 하고 있습니다.

"교육이 아이들에게 미치는 힘은 어느 정도일까? 아이들은 늘 그렇다. … 그래서 어떨 땐 회의감이 들기도 한다. / 아, 아이들은 가르친다고 배우는 것이 아니라 스스로 배우는 것이구나. / 사랑은 골고루 전해졌을까? 내가 뱉은 한 마디의 말로 상처를 받은 아이는 없었을까? 꿈을 꺾어 버리진 않았을까? … 아, 언제쯤 뿌듯함을 느낄 수 있을까?"14

아이들이 스스로 배우는 것이라면, 교사는 무엇을 하는 존재일까요? 위 인용문에서 우리는 "교사의 성장"이라는 문구 아래 통상적으로 생각하는 그것과는 다른 성격의 성장을 보게 됩니다. 어쩌면 이것은 경험을 통해서만 도달하게 되는 질적 성장 또는 성숙일 것입니다. 혹자는 "교육이 아이들에게 미치는 힘"을 고민하는 교사를 선호하지 않을 수도 있습니다. 교육을 성적 향상을 위한 기술과 기능이라고만 이해할 경우, 이런 고민의 여지가 적을수록 단기적·가시적 학업성취도는 높아질 확률이 크기 때문입니다. 또 혹자는 "아이들은 스스로 배운다"라는 표현이 게으른 교사의 자기합리화라고 비난할 수도 있습니다. 그러나 이 교단 일기의 전체 맥락상 이것은 교직 경력 20년 이상의 베테랑 교사, 그것도 굳이 교단 일기를 작성하여 수많은 독자들 앞에 기꺼이 내어 보이고자 하는 교육자의 옹색한 변명과는 거리가 멀 것입니다. 아울러 이것은 성장이 멈춘 교사의 고백도, 더더욱 퇴보의 증거도 결코 아닐 것입니다.

다만 위 인용문들을 통해 확인하게 되는 흥미로운 점 한 가지는 교사1과 교사2의 관점의 차이입니다. 부임 첫 학기에 "아이들을 좌지우지하는 노련한 광대가 바로 나, 교사이다"라고 자신있게 말하는 초임

---

14 박남기·박점숙·문지현 (2008). 『교사는 어떻게 성장하는가』(pp. 177, 214, 229). 우리교육.

교사, 그리고 "교육이 아이들에게 미치는 힘은 어느 정도일까. 아이들은 가르친다고 배우는 것이 아니라 스스로 배우는 것이구나"라고 말하는 베테랑 교사의 차이는 과연 무엇일까요? 그 교육적 온도의 차이는 어떻게 이해되어야 하는 것일까요? 어떤 교사가 성장하는 교사이고, 어떤 교직관이 성숙한 교직관이라 할 수 있을까요?

모든 교사들은 각자의 축적된 경험과 전문성을 바탕으로 교육에 임합니다. 그래서 교사의 성장과 성숙도 한 가지 기준으로 일반화하기는 어렵습니다. 분명한 것은 교사의 성숙성을 어떻게 규정하는가에 따라 교육적 상호작용의 양상이, 교실의 풍경이, 그리고 교사의 행복감이 달라질 것이라는 점입니다. 그 일 예로 이른바 "전지전능 교사관"이 교직과 교육에 어떤 영향을 미치는지 아래에서 확인해 보겠습니다.

전지전능 교사관

"나는 내 학생들에게 전지전능한 교사가 아니었나 보다. 전지전능한 교사가 되고 싶어 노력하는 교사는 되었을까? 지금은 씁쓸하지만 언젠가는 전지전능한 교사가 될 수 있겠지? 될 수 있을까?"[15]

다시 교사1의 교단 일기로 돌아옵니다. 이 인용문의 열쇠어는 단연 "전지전능한 교사"입니다. 그러나 전체적인 분위기는 이 열쇠어와는 거리가 있어 보입니다. 교직에 입문한 지 이제 만 1년, 전지전능한 교사가 되고 싶고 그렇게 되기 위해 열심히 노력해 왔지만, 이제 자신이 없어지고 있습니다. 임용초기에 지녔던 교육의 가능성과 교직의 영향력에 대한 확고한 신념은 시나브로 희미해져 가고 있고, 그렇게 되고

---

15 박남기·박점숙·문지현 (2008). 『교사는 어떻게 성장하는가』(p. 106). 우리교육.

자 노력하였던 열정이 앙상해져 가고 있습니다. "지금은 씁쓸하지만"이라는 교사1의 심상에는 외로움마저 묻어나고 있고, 심심한 위로가 필요해 보입니다. 지금껏 최선을 다해 꾸었던 교직의 꿈과 노력과 실천이 충분히 의미가 있었고, 그것이 아름다운 결실로 이어질 것이라는 격려가 필요해 보입니다.

그런데 이 위로와 격려와 무관하게, "전지전능한 교사"라는 표현은 참으로 눈에 띕니다. 그리고 "전지전능한 교사"라는 표현은, 필자의 식견에 국한하여 보자면, 교육학 사전에는 등장하지 않을 법한 표현입니다. 일반적으로 기독교 신의 속성을 나타내는 '전지전능'과 '교사'의 조합은 대단히 낯설고, 그 사례를 찾아보기 어렵습니다. 교육학 저서의 어디에도 명시적으로 등장하지 않는 이 "전지전능 교사관"은 교사1의 교원양성 과정의 이력을 감안하여 보더라도 그 지적 배경과 경로가 쉽게 유추되지 않습니다. 그렇다면 교사1은 이 특별한 교직관을 어떤 경로로 체득하게 되었을까요? '전지전능'이라는 강력한 개념의 교육학적 근거는 과연 무엇일까요?

이것이 단순히 어느 이론가의 일회성 제안이었다면 그저 지나칠 수도 있습니다. 그러나 초등학교의 초임교사가 이 교육관을 내면화하고, 이를 바탕으로 자신의 교사적 정체성을 고민하고, 교실 속 교육적 상호작용을 성찰하면서 외로움에 힘들어하고 있다면, 이것은 함께 고민해 볼 필요가 있는 주제일 것입니다. 그리고 어쩌면 우리의 교육 현장에는 부지불식 중에 교사1의 경우와 유사한 교육관을 마음에 품고 노력하는 더 많은 교사들이 있을 수 있습니다. 학문적 관심과 규명도 중요하겠거니와, 이들의 교육적 노력이 유의미한 결실로 이어지기 위한 논의의 장을 열기 위하여서라도 "전지전능 교사관"의 출처와 성격 그리고 가능성과 한계를 탐색해 볼 필요가 있습니다.

　이 강의의 서두에서 우리는 "만들수있음에 대한 신념 또는 환상"을 잠시 언급하였습니다. "전지전능 교육관"은 교육학의 주류적 개념 중 하나인 '만들다로서 교육'이나 '만들수있음에 대한 확신'보다 더욱 강력한, 아니 어쩌면 교육의 가장 강력한 은유라고 할 수 있습니다. 그래서 이제 "전지전능 교사관"이라는 은유의 출처를 확인하고 그 성격과 의미를 규정하는 교육철학적·교육문화사적 여정을 떠나보고자 합니다. 이 여정은 중세와 르네상스와 종교개혁의 토대로 작용하였던 교육사상사의 큰 물줄기에 대한 탐구, 그리고 플라톤과 코메니우스와 칸트로 대표되는 전통적 교육학의 주류적 사유의 흐름에 대한 탐구를 포함하게 될 것입니다.

시대의 균열과
여명의 계기들

시대의 균열과
여명의 계기들

제1장에서 우리는 "전지전능 교육관"이라는 은유의 출처를 확인하고 그 성격과 의미를 규정하는 여정에 오르려 한다는 예고를 한 바 있습니다. 그 여정의 시작은 유럽의 중세 말기와 르네상스 그리고 종교개혁에 이르는 역사의 시공간이 될 것입니다.

중세의 교육

다양한 견해들이 존재합니다만, 중세는 통상적으로 476년 서로마제국이 멸망한 이후부터 동로마가 멸망하는 1453년까지 약 1000년의 시대를 지칭합니다. 이 시기는 암흑기라고 표현되곤 합니다. 이것은 한편으로는 민족 이동기 전후로 혼란의 상황이 오랫동안 지속된 결과 유럽 전체가 비잔틴 문화권에 비해 문화적으로 열세에 있었기 때문이기도 하고, 또 다른 측면에서는 이 시기가 교황을 중심으로 하는 기독교 권력이 지나치게 비대한 나머지 인본주의 문화가 번성하지 못했기 때문이기도 합니다. 물론 이 시기를 암흑기로 규정하는 데 동의하지 않는 관점도 있습니다.

중세는 교황과 봉건제로 특징지워지는 시대이기도 합니다. 즉, 로마 교황청 중심의 기독교 체제는 유럽 전역을 기독교 문화로 물들여 그것이 사회의 운영 원리로 자리잡도록 하였고, 그 바탕 위에 봉건 영주들은 로마 교황청과의 결속을 통해 사회 전반의 움직임을 주도하였습니다. 이와 같은 시대적 특징을 반영하듯, 이 시대의 교육 역시 두 갈래로 진행되었습니다.[1]

첫째, 기독교 교육입니다. 중세 시대 교육은 종교와 교회에 의해 규정되었고, 학교를 이끌어 나간 계층 역시 전적으로 성직자들이었습니다. 교육의 첫째 목표는 신학자와 성직자의 양성이었습니다. 기독교 교육의 본산이라 할 수 있는 수도원 학교를 비롯하여, 각 지역의 교회에서 성직자와 교회 지도자와 교사를 양성하기 위해 대성당학교_{본산학교,} _{감독학교}와 고급문답학교가 운영되었습니다. 아울러 민중의 세례나 이교도의 개종을 위해서 문답학교가 운영되기도 하였습니다.

둘째, 기사교육입니다. 봉건적 주종관계의 편성이 진행되는 과정에서 기사의 신분이 확립되어 갔고, 따라서 기사교육은 봉건 사회의 유지와 존속을 위해 중요했습니다. 특히 십자군 원정 이후 기사 계급의 사회적 지위와 의미는 더욱 특별해졌으며, 이를 통해 기사 계급은 고유의 문화와 교육을 발달시켜 나갔습니다. 기사교육을 위한 별도의 학교가 있었던 것은 아닙니다. 그러나 기사 가문 출신이라는 세습적 신분제를 바탕으로 가정교육_{신앙심, 예의범절}, 궁정교육_{종교의식, 기초교양 및 무예}, 기예교육_{승마, 수영, 궁술, 검술, 수렵, 체스, 시짓기} 등으로 구성된 교육 과정을 통해

---

1 Reble, A. (1952). Geschichte der Pädagogik. Klett-Cotta. 정영근·임상록·김미환·최종인 옮김 (2002). 『서양교육사』(pp. 63-83). 문음사.

기사가 양성되었습니다. 그러나 기사교육을 받는 소년이 학식을 습득해야 하는 경우에는 성직자를 양성하는 학교로 보내졌습니다.

중세 대학의 탄생

기독교 교육과 기사교육에 더하여, 중세가 진행되면서 교육에도 큰 변화의 물결이 등장하였습니다. 즉, 약 200년¹⁰⁹⁵⁻¹²⁹¹ 동안 지속되었던 십자군 전쟁은 일차적으로는 종교적 목적으로 수행된 전쟁이었지만, 이를 통해 문화와 상업의 교류도 활발하게 이루어지게 되었습니다. 유럽의 입장에서 십자군 전쟁의 잇단 패배는 교황권 및 이와 연관된 정치세력의 약화로 귀결됩니다. 이에 따라 상대적으로 국왕권이 강화되고 무역이 활성화함에 따라 이전에 없던 시민계급이 등장하고 성장하게 됩니다. 이른바 길드guild라고 부르는 조합이 탄생하게 되는데, 이 길드가 경제문화적 측면에서뿐 아니라 교육적 측면에서도 큰 변화를 추동하게 됩니다.

교육의 영역에서 이 시기에 나타난 대표적인 변화는 바로 대학의 탄생입니다. 십자군 원정과 동서 문화교류를 통해서, 상공업과 세속학문의 발달을 통해서, 그리고 실용적 필요에 의해서도 대학의 탄생은 자연스러운 결과였습니다. 초기 대학은 국가나 교회의 제약을 받지 않고 순수한 학문단체나 조합의 성격을 지니고 자연스럽게 발달하였습니다. 그리고 그 출발은 학자와 학생의 조합universitas이었으며, 교육기관은 슈투디움 게네랄에Studium Generale라고 불렸습니다. 칼리지college 역시 학생들이 숙식하고 연구하는 학사Kollegien: 學舍에서 유래한 용어입니다. 당시 학생들은 사회적 제약 없이 누구나 어디서든 각 지역을 편력하면서 '학자와 학생의 조합'에 가입할 수 있었습니다. 중세 대학생을 가리켜 편력 학생이라고 부르는 것도 이러한 이유에서였습니다.[2] 중세 대학은 연구와 교수와 활동의 자율성이 상당 정도 보장되었으며, 심지어 학생 자치의 취지에서 학생감옥Studentenkrazer이 운영된 대학도 있습니다.[3]

무역이 번성하였던 볼로냐의 경우 국제통상에 따른 법률적 분쟁의 해소를 위하여 법과대학이 생겨났습니다. 1060년에 설립되고 1023년에 공인된 살레르노 대학은 의과대학을 중심으로 설립·운영되었습니다. 이를 이어 각 지역의 전통과 사회적 필요에 따라 중세 대학들이 탄생하였습니다.

설립/공인연도	대학명	설립연도	대학명
1088	볼로냐 대학	1343	피사 대학
1060/1023	살레르노 대학	1348	카렐 대학
1150	파리 대학	1364	야기엘론스키 대학
1167	옥스퍼드 대학	1365	빈 대학
1209	캠브리지 대학	1379	에르푸르트 대학
1218	살라망카 대학	1386	하이델베르크 대학
1222	파두아 대학	1388	쾰른 대학
1224	나폴리 대학	1396	페치 대학
1235	코임브라 대학	1402	뷔르츠부르크 대학
1240	시에나 대학	1409	라이프치히 대학
1241	바야돌리드 대학	*1398	성균관(대한민국)

<표 II-1> 유럽 중세대학

---

2 주영흠 (1995). 『서양교육사상사』(pp. 66f.). 양서원; Reble, A. (1952). Geschichte der Pädagogik. Klett-Cotta. 정영근·임상록·김미환·최종인 옮김 (2002). 『서양교육사』(pp. 63-83). 문음사.

3 https://www.uni-heidelberg.de/de/einrichtungen/museen-und-sammlungen/studentenkarzer

중세 유럽 대학의 특징

1. 유럽의 중세 대학사에서 도드라지는 특징 중 하나는 법학부의 설립입니다. 법학부의 설립에는 몇 가지 사회적 배경이 작용하였다고 볼 수 있습니다.

   ① **로마법의 영향:** 1088년 볼로냐 대학에 법학과가 설립된 것은 중세 초기 로마법의 연구와 보존이 중요한 요인이라고 할 수 있습니다. 로마의 법적 원리는 통치와 행정에 관심이 있는 학자들에게 중요한 기본 틀을 제공하였기 때문입니다.

   ② **십자군 전쟁과 문화 교류:** 11세기부터 시작된 십자군 전쟁은 유럽과 이슬람 세계 간의 문화 및 지적 교류를 촉진했습니다. 이를 통해 아랍어 법률 문서, 그리스어 법률 문서, 라틴어 법률 문서 등의 공유와 비교가 이루어졌으며, 결과적으로 유럽의 법률 교육의 내용과 관점이 풍부해졌습니다. 또한 지식의 교류를 통해 지식 르네상스가 촉발되기도 하였습니다.

   ③ **상업 발달로 인한 실용적 필요:** 중세 유럽의 도시가 성장하고 십자군 원정으로 인한 무역과 상업이 활발해지면서, 상업·무역의 분쟁을 처리하기 위한 전문적 법률 지식에 대한 수요가 발생하였습니다. 법학은 행정과 상업 분야의 전문 인력들에게는 필수 과목이 되었습니다.

   ④ **대학 발전의 토대:** 초기 대학들은 법학부와 신학부를 중심으로 커리큘럼을 구성하여 사회적 요구에 부응하였고, 이를 바탕으로 이후 대학들은 학부와 제도의 다양성을 도모하며 발전하였습니다.

2. 서양 중세대학사에서 발견되는 또 하나의 특징은 비교적 소극적으로 발전한 의학부입니다. 여기에는 다음 몇 가지 요인이 있습니다.

   ① **법학과 신학의 중시:** 중세 초기에 대학들은 주로 법학과 신학에 관련된 학문에 집중했습니다. 신학은 종교적 텍스트를 이해하고 해석하는 데

필수적인 학문으로 여겨졌고, 법학은 통치와 행정과 상업·무역을 위한 실용적 학문으로 여겨졌습니다. 의학은 신학과 법학에 비하여 부차적인 학문이라는 인식이 강했습니다.

② **신학적 세계관의 팽배:** 의학은 실용적인 기술과 윤리적 고려 사항을 포함하고 있어 초기 대학 환경에 통합되기 어려웠습니다. 특히 해부학 및 수술의 교수를 위해서는 인체에 대한 전문 지식과 시체에 대한 접근 허용이 있어야 했지만, 인간의 생명과 죽음에 관한 해석의 절대적 권한을 교회와 신학자들이 갖고 있었기에, 이것의 사회적 허용은 다소 더디게 이루어졌습니다. 의학은 중세 대학보다는 르네상스 시대와 근대의 대학에서 근대과학의 발달에 힘입어 더욱 적극적으로 이루어졌다고 볼 수 있습니다.

③ **전문적 의료 기관의 부족:** 신학은 영혼의 세계를, 그리고 법학은 제도화된 실생활의 세계를 대변하는 사회적 권위를 가졌지만, 이에 비하여 의학적 지식과 기술의 실천은 다소 비공식적 실천가들의사, 약사 등에게 분산되어 있었습니다. 공식적 의학 교육이 대학에서 이루어진 것은 신학과 법학에 비하여 소수라고 볼 수 있습니다.

3. 유럽의 여타 지역에 비해 독일에서 대학의 설립이 늦게 이루어진 것도 특징적입니다. 여기에는 다음과 같은 요인들이 작용하였습니다.

① **정치적 분열:** 중세 시대에는 현재 독일을 구성하는 지역이 통일된 국가가 아니라 서로 경쟁 관계에 있던 중소 공국들의 집합체였습니다. 이러한 분열은 대학을 설립하고 유지하는 데 필요한 자원과 정치적 지원을 모으는 것을 어렵게 만들었습니다. 종교와 정치의 권력이 강하게 작동하였던 남부 유럽의 경우, 대학의 설립이 보다 용이하였습니다.

② **경제적 요인:** 대학의 설립과 운영에는 경제적 자원이 필요합니다. 이탈리아와 프랑스의 경우 상업과 도시가 발달하여 대학의 설립과 운영과 유지에 필요한 요건들을 갖추었다고 볼 수 있습니다. 독일의 경우 상황은 이와 달랐습니다.

③ **로마 교황청과의 정치적 긴장 관계:** 종교정치적 권력이 강하게 작용하였던 남부 유럽과 달리 신성로마제국은 로마교황청과 긴장 관계를 유지하였다고 볼 수 있습니다. 이후 독일에서 종교개혁이 본격화하고 이곳이 30년 전쟁의 전쟁터가 된 것 역시 이것과 관련이 있습니다. 신성로마제국의 경우 신학 교육은 성당과 수도원학교를 중심으로 이루어졌으며, 대학의 설립은 비교적 중세 후반에 이루어졌습니다.

참고로 대한민국에도 유럽 중세대학과 비슷한 시기에 설립된 대학이 있습니다. 1398년 설립된 성균관대학입니다. 혹자는 고려시대 국자감을 고등교육기관으로 거론하기도 하지만, 일반적으로 성균관을 대한민국 최초의 고등교육기관으로 규정합니다.

교회 권력과 신 중심 문화의 균열

중세의 전통적 봉건제의 붕괴는 다양한 형태의 봉건 영주 연합체로 이어지게 되었고, 이를 통해 국민국가의 형태가 갖추어지기 시작합니다. 아울러 신흥 시민계급의 형성을 통해 사회 전반에 걸친 인식의 변화도 생겨나게 되었습니다. 물론 교황 체제의 약화는 기독교 중심 세계관이 이전보다 느슨해지는 결과로 이어지게 되었습니다. 즉, 신 중심 세계관 내부에서는 크고 작은 균열들이 발생하였고, 그 틈 사이로 인간에 대한 관심이 미약하게나마 표출되기 시작하였습니다.

물론 신 중심 세계관이 약화되었다고 해서, 이것이 신의 부정이나 인본주의의 만연으로 곧바로 이어진 것은 아닙니다. 중세 천 년을 거치는 동안, 그리고 심지어 근대를 거쳐 오늘날에 이르는 장구한 역사를 통해 유럽은 기독교를 문화적 토양으로 확립하였기에, 기독교적 세계관과 인간관을 배경으로 삼지 않고서는 그 어떤 학문과 문화와 제도를 논할 수 없습니다. 중세의 잠에서 깨어나서 이른바 르네상스의 시대로 접어들던 시기에, 그토록 확고하던 기독교적 세계관이라는 대지의 틈 사이로 인간의 존엄을 외치는 사상의 싹이 하나둘씩 움트기 시작하였습니다. 이들은 교회 권력의 권위와 형식의 구속으로부터 탈피하여 인간을 있는 그대로의 모습으로 복원하자는 인본주의적 사유를 적극적으로 표명한 사상가들입니다. 물론 인본주의의 범주에 속할 만한 사유들이 그 이전에도 없었던 것은 아닙니다. 그러나 이들은 그 이전보다는 한층 고조된 어조로 인간 존재의 고유성과 독립성을 주장하였습니다. 여기에 속하는 대표적 학자로 마네티G. Manetti. 1359-1459와 미란돌라P.D. Miradola. 1463-1494를 들 수 있습니다.

마네티 — "인간 존엄성과 탁월성"

마네티는 "인간 존엄성과 탁월성"1452/1453이라는 글을 통해 다음과 같이 말합니다.

[그림 II-1]
잔노초 마네티

"만약 신이 이 세상과 세상의 모든 것을 인간을 위해 만들었다면, 또한 신이 [이 세계의] 지배자로서 인간이 모든 것을 통제하기를 원했다면, 게다가 신이 인간에게 아름다움, 뛰어남, 지혜, 부와 자원을 그리고 그것에 더해 왕국과 지배권을 부여했다면, 그리고 신이 많은 놀랍고 변하지 않는 특권으로 인간을 탁월하게 만들었다면, 분명히 인간은 영원토록 그 어떤 저주도 받지 않을 것이다. 인간이야말로 신이 그토록 경탄을 불러일으킬 만한 높은 지위를 부여한 존재이고, 오직 인간을 위해 신이 만물을 만들었기 때문이다."4

4 Manetti, G. (1452/1453). De dignitate et excellentia hominis. 해당 인용

마네티Manetti, G.는 약 600년 전, 즉 중세가 마감되고 르네상스가 시작되는 시점에, 어쩌면 21세기의 대중들에게도 전혀 생경하지 않은 인본주의적 견해를 표명하였습니다. 그의 진술에서 가장 눈에 띄는 표현은 "오직 인간을 위해"입니다. 여러분은 세상이 인간을 위해서 만들어졌다는 생각에 동의하시는지요. 혹자는 기독교적 세계관에 기반한 마네티의 이러한 생각에 동의하지 않을 수도 있습니다. 그의 해석에 따르면, 신은 인간을 위해 세계를 창조하였습니다. 그러나 인간을 비롯한 만물이 오로지 신을 위하여 존재한다는 대전제 위해서만 이 모든 생각이 유효하다는 것이 기독교의 기본 교리입니다. 그런데 여전히 종교재판이 횡횡하던 15세기 유럽의 관점에서 보자면, 마네티의 위와 같은 표현은 대단히 급진적인 성서 해석이자 불경한 반反신본주의라고도 볼 수 있습니다. 그러나 한 가지 분명한 사실은, 신 중심의 중세적 세계관·인간관의 기조가 조금씩 변화하고 있었다는 점입니다. 즉, 오로지 신의 영광을 위하여 만물이 존재한다는 거대단일적 사유의 틈새로 "오직 인간을 위해"라는 새로운 싹이 등장한 것입니다.

미란돌라 ─ "인간 존엄성에 관한 연설"

마네티에 이어 미란돌라는 "인간 존엄성에 관한 연설"1486에서 다음과 같이 역설합니다.

"그래서 하느님은 인간을 미완의 모상의 작품으로 받아들이셨고, 세상 한가운데에 그를 자리 잡게 하고서 이렇게 말씀하셨던 것입니다. "오, 아담이여, 나는 너에게 일정한 자리도, 고유한 면모도, 특정한 임

문의 번역은 임병철(2021). 육체, 현세, 그리고 문명: 마네티와 르네상스의 세속적 인간관. 『청람사학』34, 110 참조.

무도 부여하지 않았노라! 어느 자리를 차지하고 어느 면모를 취하고 어느 임무를 맡을지는 너의 희망대로, 너의 의사대로 취하고 소유하라! 여타의 조물들에게 있는 본성은 우리가 설정한 법칙의 테두리 안에 규제되어 있다. 너는 그 어떤 장벽으로도 규제받지 않는 만큼 너의 자유의지에 따라서 (네 자유의지의 수중에 나는 너를 맡겼노라!) 네 본성을 테두리짓도록 하여라."

[그림 II-2]
피코 델라 미란돌라

"나는 너를 세상 중간존재로 자리잡게 하여 세상에 있는 것들 가운데서 무엇이든 편한 대로 살펴보게 하였노라. 나는 너를 천상존재로도 지상존재로도 만들지 않았고, 사멸할 자로도 불멸할 자로도 만들지 않았으니, 이는 자의적으로도 또 명예롭게 네가 네 자신의 조형자요, 조각가로서 네가 원하는 대로 형상을 빚어내게 하기 위함이다. 너는 네 자신을 짐승 같은 하위의 존재로 퇴화시킬 수도 있으리라. 그리고 그대 정신의 의사에 따라서는 '신적'이라 할 상위 존재로 재생시킬 수도 있으리라."5

위 인용문에서는 창조주가 인간에게 권한 위임의 지시를 하는 것처럼 묘사되어 있지만, 사실 성서에는 위와 같은 장면이 직접적으로 등장하지는 않습니다. 엄밀히 말하자면, 이것은 신이 인간에게 이와 같은 말씀을 하셨을 것이라는 미란돌라의 성서 해석입니다. 즉, 이것은 신의 섭리나 명령이라기보다는 인간을 향한 신의 섭리에 대한 미란돌라의 희망 사항의 기술이라고 할 수 있습니다. 인용문에 보이듯, 신이 인간에게 자유의지를 주셨으니 인간이 자기 스스로에 대한 책임감을 가져야 하고, 아울러 인간은 스스로의 조형자이기에 자신의 모습에 대한 의지와 책임을 져야 한다고 말하는 것이 15세기의 맥락에서는 대

5 Mirandola, P.D. (1486). Oratio de hominis dignitate. 성염 옮김 (2009). 『인간 존엄성에 관한 연설』. (p. 17f.) 경세원.

단히 급진적으로 인본주의를 주장하는 것이었습니다. 그리고 이것 때문에 미란돌라는 종교적 파문과 도피와 체포와 사면이라는 지난한 과정을 겪기도 하였습니다.

이렇듯 유럽 사회가 중세의 잠에서 깨어나고 있던 그 시기에 르네상스 인본주의자로 불리던 사상가들이 등장하였고, 이들은 놀랍게도 오늘날의 정서에나 어울릴 법한 인본주의적 기독교 해석을 선보였습니다. 이들의 성서 해석이 그렇게도 급진적인 것이라 할 수 있을까라는 의문이 드는 분들은 갈릴레오 갈릴레이의 사례를 상기해 보시기를 바랍니다. 마네티나 미란돌라보다도 수십 년 후의 인물인 갈릴레오 Galileo, G.의 천동설·지동설 논쟁이 1630년대까지도 종교 재판의 소재가 되었다는 것만으로도 이탈리아 르네상스 인본주의자들이 얼마나 시대를 앞선 사유를 감행하였었는지를 알 수 있습니다.

르네상스 시대와 교육

마네티나 미란돌라와 같은 인본주의적 사상가들의 외침을 통해 유럽 중세는 점차 르네상스에게 자리를 내어주게 됩니다. 대략적으로 표현하자면, 이 시기에는 신본주의가 인본주의로, 내세주의가 현세주의로, 금욕주의가 자연주의로, 권위주의가 이성주의로, 억압주의가 자유주의로, 교회중심에서 개인중심으로 세계관과 인간관의 변화가 이루어졌습니다. 물론 이러한 변화는 어떤 하나의 사건을 통해 혹은 특정 시기에 한꺼번에 이루어졌다고 보기는 어렵습니다. 무려 1000년에 걸쳐 형성된 문화가 일순간에 막을 내리거나 변형될 수는 없습니다. 다만 거시적 차원에서 변화의 양상이 차츰 수면 위로 드러나고 있었다는 점만은 분명합니다.

교육의 영역에서 발생한 특징 중의 하나는 자유교양교육의 강화와 고전 중심의 교육입니다. 재생·부활을 의미하는 르네상스 시대에 교육이 과거의 목적과 형식으로 회귀하는 것은 어쩌면 자연스러운 현상일 수도 있습니다. 이 시기 교육은 그리스·로마 고전을 통해서 인본주의의 정수를 재확인하고, 이것을 교육의 토양과 재료로 삼아 다음 세대에 전수하는 것을 과업으로 인식하였습니다.

물론 이와 관련된 부작용도 나타나기 시작합니다. 즉, 고전교육의 수단이었던 고전어 교육이 고전교육보다 더욱 중요한 것으로 인식되기도 하였는가 하면, 인본주의를 담고 있는 그릇, 즉 고전어 문체에 집착하는 사례들이 나타나기도 하였습니다. 이른바 키케로주의Ciceronianism 현상이 등장한 것이 바로 이때였습니다. 15세기는 중세에서 르네상스로 건너가는 시대이자 신본주의적 세계관의 틈새로 인본주의의 목소리들이 세어 나오던 시대였지만, 아직은 여전히 교회의 권력이 막강하였고 기독교적 세계관이 문화와 제도의 주춧돌로서 충실히 작동하던 시대였습니다.

마틴 루터와 종교개혁

중세에 뿌려졌던 인본주의의 씨앗이 싹이 나고 줄기를 드러낼 무렵, 즉 16세기가 시작되던 즈음에 우리가 주목하고자 하는 인물이 등장합니다. 그는 마틴 루터Martin Luther. 1483-1546입니다. 루터는 교황이 종교적 권위와 정치적 권력의 정점에 있던 당시 기독교 사제였으며, 독일 베를린 남서쪽 약 100km 지역에 위치한 작은 도시 비텐베르크Wittenberg의 교회에서 봉직하고 있었습니다.

이번 장에서 소개하고자 하는 루터의 결정적 사건은 이른바 "탑의 체험"이라고 불리는 개인적 각성입니다. 신학자이자 성직자였던 그는 수도원의 종탑방에서 자주 묵상의 시간을 가졌습니다. 그러던 어느 날, 그는 늘 접하던 성경 구절을 새삼 묵상하게 되었습니다. 그것은 바로 신약성서 로마서의 "오직 의인은 믿음으로 말미암아 살리라"라는 구절이었습니다. 어쩌면 기독교의 교리가 생소한 분들에게는 이 구절의 의미가 와닿지 않을 수도 있을 것이기에, 아래에 간략히 설명드립니다.

기독교 교리에 따르면, 모든 사람이 신에 의해서 창조되었는데, 최초의 인간인 아담과 하와가 신과의 약속을 저버리게 되었고, 이로 인하여 신이 허락한 동산에서 쫓겨나는 일이 발생합니다. 신과의 약속을 저버린 것은 곧 인간의 원죄가 되었으며, 이 원죄로 인하여 인간은 신과 동거할 수 없는 상태에 이르게 되었습니다. 이러한 인류의 상태를 회복시키고 인류를 죄로부터 구원하기 위하여 신은 자신의 하나밖에 없는 아들로 하여금 인류를 대신하여 헌신하게 합니다. 그리고 인류에게 구원에 이르기 위한 한 가지 조건을 제시합니다. 즉, 인간을 위해 신이 베푼 사랑과 헌신을 믿으면 구원을 얻을 것이라는 약속입니다. 이것이 바로 "모든 사람은 믿음을 통해 구원을 얻는다"라는 간단명료한 신의 계시입니다. 즉, 기독교의 구원은 헌금이나 헌물, 수행이나 고행, 혹은 심지어 고대에 행해졌던 동물공양이나 성전聖戰을 통해 주어지는 것이 아니라, "오직 믿음, 오직 은혜"를 통해서 이루어질 것이라고 신이 약속하였다는 것입니다. 그리고 신의 이와 같은 약속은 교회 권력이나 성직자들을 통해서가 아니라 "오직 성경"을 통해서 계시된다는 것입니다.

이것이 루터의 마음에 깊이 와닿았던 이유가 있습니다. 그 당시 교회와 사회의 상황은 자신이 묵상하였던 성경 구절 속 진리와는 아주 달랐기 때문입니다. 주지하는 바와 같이, 당시 교회는 죄에 따르는 벌을 면해주는 징표인 면벌부 또는 면죄부를 판매하였습니다. 그 수익금은 로마의 성 베드로 성당의 건축 기금으로 상납되기도 하였고, 몇몇 지역의 교회 지도자들의 개인 자금으로 유용되기도 하였습니다. 독일 마인츠 대주교 알브레히트Albrecht와 결탁하였던 도미니크회 수도사 테첼J. Tezel의 다음과 같은 문장은 면죄부 선동의 대표적 문구로 오늘날까지도 회자됩니다. "금화를 면죄부 헌금함에 넣어서 딸랑하는 소리가 나면, 죽은 자의 영혼은 천국을 향해 튀어오른다."6

탑의 체험이 있었던 1512년 가을, 루터는 비텐베르크 대학에서 신학박사 학위를 취득하였고, 그 대학의 교수로도 활동하게 되었습니다. 그리고 이후 수 년간 탑의 체험과 부조리한 현실 사이의 괴리로 괴로운 나날을 보냈습니다. 물론 면죄부 발행은 십자군 전쟁 때부터 행해지던 관습이었고, 비텐베르크 지역에서는 금지되어 있었습니다. 그러나 비텐베르크 교회로 와서 고해하여야 할 신자들이 이웃 마을에서 면죄부를 구입하고 더 이상 교회를 찾지 않는 사례들도 생겨나기 시작하였습니다. 그러던 중 루터는 1517년 2월 24일 면죄부 해악에 관한 설교를 하게 됩니다. 신성로마제국의 변방의 소도시에서 이러한 설교가 이루어졌다는 사실에 대해 교황청이 크게 주목하지는 않았지만, 루터로서는 큰 용기를 내었다는 점만은 분명해 보입니다. 일개 기독교

---

6 https://www.welt.de/geschichte/article150024642/Umtriebiger-Scharlatan-provozierte-die-Reformation.html

7 그림출처: 필자 소장 엽서(www.edition-akanthus.de: Nr. 720). 상단 좌측부터 두 번째 사진이 95개조 반박문이 게시되었던 성당 문. 하단 우측이 마틴 루터.

사제가 교황청이 공식
적으로 허용한 면죄부
의 해악에 관한 설교
를 한다는 것은 정치
적으로 위험한 일이었
기 때문입니다.

이후 루터는 마이
센, 프랑크푸르트, 차

[그림 II-3] 마틴 루터와 비텐베르크[7]

이츠, 마인츠 등의 교회 지도자들에게 면죄부의 부당함에 대한 내용을
담아 서신을 보냅니다. 그러나 그는 아무런 회신도 받지 못했습니다.
이 모든 과정이 이어지던 1517년 10월 31일, 그는 교황의 면제권, 내세
권, 성당 건축에 대한 비판을 담은 95개조 반박문을 비텐베르크 성당
의 문에 붙이게 됩니다. 이로써 루터의 종교개혁은 본격화하였습니다.

종교개혁의 선구자들 — 위클리프와 후스

물론 루터는 이 문서의 내용을 비텐베르크의 동료들에게 미리 보여

[그림 II-4]
존 위클리프(1324~1384)[8]

주며 상의하였습니다. 그리고 당시 신학적
논의가 필요한 논제를 교회 정문에 게시하
는 것은 학계의 일반적 관례이기도 하였습
니다. 아울러 루터 이전에도 종교개혁의 시
도는 여러 차례 있었습니다.

영국의 신학자 존 위클리프John Wycliffe. 1320-1384
는 당시 부패한 로마 교황청을 비판하고,

8 그림출처: https://www.shutterstock.com

일반인들이 성서를 직접 읽을 수 있도록 하기 위하여 라틴어 성경을 영어로 번역하기도 하였습니다. 그러나 그의 사후인 1415년 그는 이단 정죄를 받고, 1428년 그에 대한 부관참시형이 집행되었습니다.

위클리프의 영향을 받은 것으로 알려진 체코^{프라하}의 신학자 얀 후스 Jan Hus. 1372-1415도 동일한 죄명으로 임종을 맞게 됩니다. 평소 성서의 가르침에 입각하여 교회가 부패로부터 멀어져야 한다고 주장하였던 그는 1412년 이후 교회의 면죄부 판매를 본격적으로 비판하기 시작하였고, 이것으로 인하여 그는 1415년 콘스탄츠 공의회에 회부되어 화형을 당하게 되었습니다. 이 사건은 체코인들의 강한 반발을 불러일으켰으며, 곧이어 체코의 귀족들은 콘스탄츠 공의회의 결정을 거부하고 성경의 가르침을 수호하겠노라는 선언문을 발표하였습니다. 프라하 대학 교수들과 체코 대중들의 지지 속에 이루어진 이 선언은 곧 로마 교황청에 대한 도전과 봉기의 신호가 되었으며, 이후 30년 전쟁 발발의 계기가 됩니다.

후스는 화형당하면서 다음과 같은 말을 남겼다고 전해지고 있습니다. "오늘 당신들은 볼품없는 거위를 불태우지만, 100년의 시간이 흐른 후에는 당신들이 영원히 태워 없앨 수 없는 백조의 노래를 듣게 될 것이오!" 여기서 "볼품없는 거위"는 후스 자신을 지칭하는 것입니다.[9] 얀 후스의 성 후스^{Hus}는 거위^{Goose}를 뜻하기도 하기 때문입니다. 그리고 100년의 시간이 흐른 뒤에 나타나게 될 백조는 누구를 암시하는 것이었을까요?

후스의 예언이 성취된 것이었는지 혹은 우연의 일치인지는 알 수

---

9 김정환 저·우정길 편저(2021). 『김정환의 민족과 종교와 교육』(pp. 12-14). 박영스토리

없으나, 그로부터 102년 후인 1517년, 마틴 루터는 독일의 소도시 비텐베르크에서 종교개혁의 선구자들의 뒤를 이어 다시금 종교개혁의 닻을 올렸습니다. 그리고 그는 지금도 전 세계인의 방문이 빈번한 체코 프라하의 구시가지

[그림 II-5] 프라하 종교개혁광장 얀 후스 동상10

종교개혁광장의 한 가운데 동상으로 우뚝 서서 이렇게 말하고 있습니다. "서로 사랑하십시오. 그리고 모든 이들에게 진리를 요구하십시오."

95개조 반박문의 여파

이제 우리는 중세가 결정적으로 마감되는 역사의 지점에 도달하였습니다. 물론 역사의 모든 시대에는 이전과 이후가 그리고 심지어는 상이한 여러 개의 시대적 특징들이 공존하기도 합니다. 그러나 루터의 종교개혁은 이전과 이후의 세력들이 꽤 긴 기간 갈등하고 전쟁하였던 일정 기간을 의미하며, 이를 통해 구시대와의 결별과 새시대로의 진입이 이루어졌다고 볼 수 있습니다.

루터의 95개조 반박문은 종교와 국가의 중추를 이루고 있던 여러 세력들 사이의 해묵은 갈등을 분출하는 계기로 작동하였습니다. 신성로마제국 내 반(反)로마 교황청파들은 루터의 작은 반란을 조용히 반겼지만, 로마 교황청은 도미니크 수도회의 신학자 프리에리아스의 "교황권에 대한 마르틴 루터의 주제넘은 논제들에 대한 대화"라는 글을 통

10 그림출처: 필자 소장

해 루터를 반박하였습니다. 그의 주장은 다음 네 가지로 요약될 수 있습니다. 첫째, 보편교회란 모든 신자들의 모임이고, 모든 교회의 머리인 로마 교회에게 전권이 주어져 있으며, 로마 교회는 추기경들의 합의체이지만 그 실제는 교황이다. 둘째, 보편교회 곧 그 참된 교회에서 주어진 직위를 수행하는 교황은 오류를 행하지 않는다. 셋째, 로마 교회와 교황의 교의는 성서에서 그 권한과 권위를 부여받았으며, 이를 인정하지 않거나, 무오류를 의심하는 자는 모두 이단이다. 넷째, 로마 교회는 신앙 및 규범과 관련하여 전권을 가지며, 성경의 진리와 신앙 및 규범에 대한 교회의 가르침과 그 실행에 대해 잘못된 생각을 지닌 자는 이단이다.[11] 물론 신학자들 사이의 크고 작은 논쟁[12]은 한동안 지속되었습니다.

1518년 초에는 대주교 알브레흐트와 도미니칸 수도회가 루터를 로마교황청에 고소하였고, 그 결과 교황은 루터를 로마로 소환하였지만, 루터는 이에 불응하였습니다. 이후 추기경 카예타누스의 조정으로

---

11 Prierias, S. (1518). Dialogus in praesumptuosas Martini Luther conclusiones de potestate papae (『교황권에 대한 마르틴 루터의 주제넘은 논제들에 대한 대화』). 박흥식(2019). 루터의 95개조 논제에 대한 로마 교회의 대응. 프리에리아스를 중심으로. 『서양중세사연구』44, 309 참조.

12 대표적으로 "라이프치히 논쟁"을 들 수 있다. 1519년 6월 27일부터 7월 16일까지, 마틴 루터를 지지하는 신학자 카를슈타트(A. Kardstadt)와 멜란히톤(P. Melanchthon), 그리고 로마교황청의 입장을 대변하는 신학자 에크(J. Eck)가 라이프치히에서 연옥 교리, 면죄부 판매, 고해성사, 교황의 권위에 대해 치열한 논쟁을 벌인 역사적 사건을 말한다. 루터는 라이프치히 논쟁에서 오직 성경(sola scriptura) 사상으로 에크의 교회중심 교리를 비판함으로써 반로마교황주의자로 명성을 얻게 되었다. 에크는 종교개혁의 확산을 염려하며 교황에게 루터의 파문을 건의하였고, 1520년 6월 15일 교황 레오 10세는 "주여 다시 일어나소서(Exsurge domine)"라는 교서를 통하여 루터의 서적을 불태우고 루터의 파문을 발표하게 되었다.

1519년 9월 아우크스부르크 청문회로 루터의 소환은 연기되었는데, 그곳에 도착한 후에 상황이 불리함을 감지한 루터는 청문회에 참석하지 않고 작센의 선제후이자 비텐베르크 대학의 설립자인 프리드리히 현공의 도움으로 비텐베르크로 돌아왔습니다.

신성로마제국 역시 정치적으로 무척 분주한 상황에 놓여 있었습니다. 1519년 초 신성로마제국의 황제 막시밀리안이 사망하자, 유럽의 각국은 막시밀리안의 후계자 보위에 골몰하였습니다. 그 결과 스페인 국왕 카를 5세가 황제의 자리에 오르게 되었고, 카를 5세는 프랑스와 오랜 전쟁에 돌입하게 되었습니다. 그리고 비잔틴 제국의 콘스탄티노플현재, 이스탄불을 점령한 오스만제국은 유럽의 분열을 꾀할 목적으로 카를 5세를 성가시게 하였던 종교개혁 운동을 원조하기로 약속하였습니다.

신학적, 정치적, 외교적 혼란의 와중에 라이프치히 논쟁의 여파로 1520년 6월 15일 교황 레오 10세가 루터를 대상으로 발표하였던 파문 위협칙령의 효력발생일1521년 1월 3일이 다가오고 있었습니다. 6개월의 기간 동안 루터는 자신의 과오를 공적으로 뉘우치고 로마교황청의 처분

[그림 II-6] 교황 레오10세의 파문 교서를 불태우는 루터 (Paul Thumann, 1872)[13]

을 기다리거나 혹은 파문을 감내하여야 하는 입장에 서게 되었습니다. 그러나 루터의 선택은 개혁이었습니다. 1520년 12월 10일 루터는 비텐베르크 대학 교정에서 자신이 소유하고 있던 『천주교회법』, 『중세교서』 등의 서적들을 불

13 그림출처: https://de.wikipedia.org

태워 버립니다. 즉, 자신을 향한 파문위협칙령의 효력이 발생하기 직전 그는 이 모든 것을 불에 태워버림으로써 이른바 종교개혁을 위한 자신의 전쟁을 선포한 것입니다.

그러나 루터는 종교개혁을 향한 신학적 논쟁 또는 종교적 탄압에 대한 항변을 이미 라이프치히 논쟁 이래로 꾸준히 진행해 왔습니다. 그는 1520년 한 해에만 『선행론』, 『교회의 바벨론 포로』, 『그리스도인의 자유에 대하여』, 『독일 기독교 귀족에게 고함』이라는 네 권의 책을 출간할 정도로 격정에 휩싸여 있었습니다. 특히 『독일 기독교 귀족에게 고함』을 통해 루터는 독일 앞에 놓인 세 가지 벽에 대해 언급하였습니다. 그에 따르면 이 벽은, 첫째, 성직자의 권세가 세상의 권세보다 우위에 있다는 교리, 둘째, 교황만이 성서를 실수 없이 번역할 수 있다는 교리, 셋째, 교황만이 합법적 공의회를 소집할 수 있다는 교리를 의미합니다. 그는 이 벽을 허물어야만 독일뿐 아니라 신의 세계가 제대로 설 수 있다는 주장을 펼쳤습니다.[14]

1521년 1월 3일이 되어 루터의 파문과 출교는 공식화되었습니다. 모든 사람이 동일한 종교적 신념과 제도와 문화를 천 년 이상 지속해 온 곳에서 루터는 하루아침에 배교자이자 이방인이 된 것입니다. 성직자인 그의 신분이 백지화된 것은 물론이거니와 이제 그는 생명의 위협이 상존하는 상황에 놓이게 되었습니다. 그리고 이 상황이 신성로마제국에게도 달갑지만은 않았습니다. 로마교황청과의 외교적 관계를 고려하지 않을 수 없었기 때문입니다. 그래서 신성로마제국 의회는 내심 루터의 회심을 기대하며 의회를 보름스에서 소집하고 이곳으로 루

---

14 Luther, M. (1520). An den christlichen Adel deutscher Nation. 원당희 옮김 (2010). 『독일 기독교 귀족에게 고함』. 세창미디어.

터를 소환합니다. 신변상의 위험을 이유로 루터의 동료들이 그를 만류하였지만, 루터는 보름스로 향하는 여정에 오르게 됩니다. 그는 1521년 4월 2일 비텐베르크를 출발하여 4월 16일 보름스에 도착합니다.15

[그림 II-7] 보름스 의회에서의 루터16
(Anton von Werner, 1877)

그리고는 이제 예정된 일정에 참여합니다. 애초 그는 신학적 토론 Disputation의 장을 기대하였지만, 그러한 기회는 주어지지 않았습니다. 그보다는 루터가 지난 몇 년간 출간했던 논문과 저서들에 대하여, 그 저술들이 루터에 의해 직접 저술된 것이 맞는지, 그리고 그 내용들 일부에 대해 철회할 의사가 있는지 여부를 확인하는 문답이 오갔습니다. 이 모든 절차의 끝에 루터는 다음과 같은 기도로 자신의 확고한 입장을 다음과 같이 표명하였습니다.

15 약 400km에 달하는 이 여정은 오늘날 루터의 길(Luther-Weg)이라는 이름으로 정리 · 정비되어 있다. https://www.worms.de/de/web/luther/Tourismus/Luther-Weg/
16 그림출처: https://www.staatsgalerie.de

"내가 성경의 증언과 분명한 이성으로 확신하지 못한다면, 교황이나 공의회가 종종 오류를 범하고 스스로 모순을 일으킨다는 것이 확실하기 때문에, 나는 내가 인용한 성경 구절로 인해 양심에 사로잡히고 하나님의 말씀 속에 있는 것입니다. 양심에 어긋나는 행동은 안전하지도 유익하지도 않기 때문에 나는 어떠한 것도 철회할 수도 없으며, 또한 철회하지도 않을 것입니다. 신이여, 나를 도우소서, 아멘!"17

사흘간의 심문은 마감되었지만, 제국의회는 이후 며칠에 걸쳐 루터가 자신의 표현들을 철회하도록 유도하는 대화를 이어갔습니다. 그러나 루터는 자신의 신학적 신념과 양심의 고백을 굽히지 않았고, 그렇게 루터가 참여했던 1521년 제국의회의 일정은 종료되었습니다. 그리고 1521년 4월 26일, 루터는 자신이 왔던 길을 되돌아가기 위한 여정에 오르게 됩니다. 이 길이 루터에게는 결코 안전하거나 평화롭지 않을 것이라는 점은 모두가 짐작할 수 있었습니다. 몇몇 도시들을 거쳐 귀향하던 중 그는 1521년 5월 4일 작센의 프리드리히 현공이 그를 위해 비밀리에 계획한 대로 위장납치되어 바르트부르크 성으로 피신하였습니다. 이곳에서 그는 1522년 5월 1일까지 은거하였으며, 수염을 기른 채 융커 외르크Junker Jörg라는 가명으로 지냈습니다.

은거와 성서 번역

그가 이곳에 가명으로 은거하였다고 하여서 그가 종교개혁을 위한 행동을 멈춘 것은 아니었습니다. 바르트부르크에서 루터가 진행하였던 작업은 종교개혁사적으로나 독어사적으로 큰 의미를 지닙니다. 이곳에 은거하는 동안 그는 신약성경을 독일어로 번역하였습니다. 왜냐

---

17 Dt. Reichstagsakten. Jüngere Reihe, Band II, n. 80(pp. 581-582).

하면 당시에는 독일어로 번역된 성서가 없었으며, 따라서 고전어^{고대 그} _{리스어, 라틴어} 교육을 받은 신학자와 성직자와 소수의 엘리트만 성경을 읽을 수 있었습니다. 즉, 성경을 읽을 수 없었던 일반인들은 성직자들이 설교를 통해 해석해 주는 대로만 교리를 접할 수 있었기에, 교회의 가르침이 성경의 진리에 부합하는지 여부를 판단할 수 없었던 것입니다. 종교개혁의 과정에서 "오직 성경"을 꾸준히 외쳤던 루터가 희망하였던 것은 모두가 읽을 수 있고 누구나 이해할 수 있는 성경이었습니다. 교회사학자 샤프^{P. Schaff}의 평가와 같이, 루터는 교회 강단에 매여있거나 수도원 서고에 원고로 놓여 있던 소수를 위한 성경을 교회와 학교와 가정 어느 곳에서나 접근가능한 평범한 사람들의 책으로 만드는 데 크게 기여하였습니다. 그리고 이것은 100여 년 전 영국의 종교개혁가 위클리프가 추구했던 종교개혁의 방향과 일치하는 것이었습니다. 이후 루터는 동료들과의 협업을 통해 1934년에 성경 전체를 독일어로 번역·출간함으로써 종교개혁을 되돌이킬 수 없는 역사적 사건으로 못박았습니다.

구텐베르크 인쇄술의 아이러니 & 언어적 사회통합

루터 번역본의 보급과 확산에는 루터 번역본의 경제성도 크게 작용하였습니다. 당시 교회에서 사용하던 구텐베르크^{J. Gutenberg} 인쇄판 성경은 일반인이 소유하는 것이 불가능한 정도로 비쌌지만, 루터의 성경은 그보다 훨씬 저렴한 가격에 구입할 수 있었고, 따라서 더 많은 사람들에게 보급될 수 있었습니다. 아울러 성경의 보급에는 인쇄술의 발달, 즉 구텐베르크의 인쇄기 발명도 큰 역할을 하였습니다. 1448년 독일 마인츠에 문을 연 구텐베르크 인쇄소는 당시로는 대량 인쇄가 가능한 금속활자 인쇄술을 고안해 내었고, 이것으로 당시 교회의 공식 라틴어 불가타 성경뿐 아니라 면죄부도 함께 인쇄하였습니다. 그의 인쇄소는 앞서 언급한 알브레히트 대주교가 봉직하던 마인츠 대성당의 지근거리에 위치해 있었습니다. 종교개혁 이전의 상황에서 성경과 면죄부는 구텐베르크 인쇄소에게도 이상적인 영업 조건이 되어주었던 것입니다. 이로부터 반세기가 지나면서 구텐베르크 인쇄기도 기술적으로 확연히 개선되었고, 진보한 인쇄술은 루터 번역본 성서에 날개를 달아주어서 루터의 종교개혁이 활주할 수 있게 하였습니다. 달리 말하자면, 면죄부를 찍어내었던 구텐베르크의 인쇄술은 종교개혁이 일어날 수밖에 없는 사회적 조건의 형성을 위한 결정적 도구가 되었고, 바로 그 인쇄기는 또한 루터 번역본 성경을 인쇄함으로써 종교개혁의 핵심 동력이 된 것입니다.

참고로, 루터의 성서 번역은 이후 독일어의 표준화 및 민족통합이라는 측면에서도 큰 기여를 하게 됩니다. 루터는 당시 독일어의 큰 두 갈래의 방언들고지독일어, 저지독일어 사이의 접점에서 이른바 접점언어Ausgleichsprache를 찾기 위해 노력하였고, 많은 사람들이 쉽게 이해할 수 있는 독일어를 번역어로 채택하였습니다. 오늘날에 비하여 교통수단이나 대중매체의 여건이 일천하였던 당시, 루터 번역본은 성서의 대중화를 통해 종교개혁의 기본 동력을 확보하는 가장 중요한 수단이 되었음과 동시에 당시 독일의 곳곳에서 사용되던 독일어 방언에 통일성을 부여하는 계기로도 작용하였습니다. 즉, 16세기 독일어의 표준화에 기여한 것입니다. 이런 맥락에서 루터의 성서 번역은 1911년 주시경에 의해 편찬된 우리나라 최초의 우리말사전 『말모이』를 연상시키기도 합니다.

1522년 5월, 루터는 주변인들의 만류를 뒤로 하고 비텐베르크로 돌아옵니다. 그리고 자신의 동지들과 교회개혁 작업에 착수합니다. 그리고 1525년 그는 비텐베르크 인근 수녀원의 수녀였다가 종교개혁의 흐름을 타고 속세로 나오게 된 카타리나 폰 보라Katharina von Bora라는 이름의 여성과 결혼하고, 이후 네 명의 자녀도 낳게 됩니다. 당시 두 사람은 자신들의 결혼을 종교개혁의 상징으로 여기기도 하였습니다.

프로테스트와 전쟁들

그 사이 종교개혁금지를 위한 세 차례의 포고령1522-1526이 있었지만, 이미 종교개혁 가담자들의 프로테스트를 막을 수는 없었습니다. 오늘날 개신교도를 지칭하는 프로테스탄트라는 명칭도 이로부터 유래된 것입니다. 처음에는 루터파만을 가리키던 이 용어는 이후 카톨릭 진영을 제외한 모든 종교개혁의 분파들을 일컫는 용어로 자리잡게 되었습니다.

진리의 회복을 향한 종교개혁의 정신은 고상하였지만, 그 과정은 지난하였고 많은 희생도 따랐습니다. 프로테스탄트들의 항의와 항거는 상대 진영에게는 불편한 자극을 제공하였고, 이로 인해 곳곳에서 갈등과 대립이 격화하였습니다. 1000년 이상 공을 들여 세워 온 제도와 문화와 권력의 전통을 수호할 것인가 혹은 그 속에서 자라난 부패의 군은살을 과감히 도려낼 것인가라는 물음은 이제 진영 사이의 첨예한 대립의 화두가 되었습니다. 전통의 수호자들은 100여 년 전에는 위클리프의 유골을 템즈강에 뿌리는 방식으로, 그리고 후스를 화형하여 그 존재를 삭제해 버리는 방식으로 프로테스트를 잠재웠지만, 루터 이후의 프로테스트는 그 세력이 날로 더하여져서 더 이상 권위적 진압이 불가능한 지경에 이르게 되었습니다.

[그림 II-8]
악마의 백파이프18
(Erhard Schoen, 1535)

[그림 II-9] 루터의 승리19
(작자미상, 1520-1550)

지키려는 쪽이든 바꾸려는 쪽이든 온건함의 미덕은 설 자리를 찾지 못하였습니다. 진리를 향한 종교적 신념은 상대를 기꺼이 악마화하였으며, 승리만이 신의 영광에 부합하는 것으로 모두들 인식하였습니다. 그렇게 항의와 항거는 숱한 전투와 전쟁으로 이어졌습니다. 유럽은 이제 두 진영으로 나뉘었고, 그동안 겉으로 드러나지 않았던 다양한 정치적 주장들은 이 두 진영에 편승하여 날선 속내를 드러내었습니다.

---

18 그림출처: https://exhibits.tulane.edu/exhibit/martinluther/the-devil-with-a-bagpipe/

19 그림출처: https://www.alamy.com. 작자 미상. 1520-1550년경 제작된 것으로 추정. 교황 레오10세가 이끄는 가톨릭 군대의 맞은 편에는 루터가 언덕 위에 성경을 펼쳐 들고 서 있고, 그의 발밑에는 멜란히톤과 후스 등 종교개혁 진영의 대표자들이 서 있다. 교황의 뒤로는 예수회, 횃불을 든 수도사, 필봉을 들고 전례 도구로 무장한 졸업생들 등이 자리하고 있으며, 교황은 불안정해 보이는 교황좌에 앉아 있다. 교황의 아래에는 가톨릭으로 개종한 개신교도 스타필루스(Staphylus)가 있다. 그림 위의 제목은 판화로 제작된 이 그림이 1568년 로마 교회의 팸플릿에 카툰으로 실리면서 인쇄된 것으로 보인다.

사건	내용
기사전쟁(1522)	루터의 영향을 받은 기사들이 트리어 대주교령을 공격
독일농민전쟁 (1524-1525)	루터의 영향으로 봉기한 농노들이 영주와 기사들과 대립
카펠전투 (1529-1531)	개신교도들과 가톨릭교도들 사이에 벌어진 2차례 전투. 취리히의 종교개혁가 울리히 츠빙글리가 전사함
슈말칼덴전쟁 (1546-1547)	독일 신교파 제후 및 도시들이 신성로마제국 황제 카를5세의 신교탄압 정책에 항거해 슈말칼덴 동맹을 맺고 황제측과 전쟁
위그노 전쟁 (1562-1598)	프랑스 개신교도(위그노)에 대한 학살이 계기가 되어 지속된 전쟁. 낭트칙령(1598)으로 종전
아우구스부르크 종교화의(和議) (1555)	신성로마제국 카를5세와 제후들 사이에 맺은 강화. 지방 군주(제후)의 종교선택권은 인정되었으나, 개인의 종교적 자유는 인정되지 않음. 신성로마제국의 "하나의 제국, 하나의 신상" 노선이 포기됨. 칼뱅파들은 이 강화의 대상에서 제외되었고, 이후 베스트팔렌조약(1648)을 통해 인정됨
영국	칼뱅파를 "청교도"로 명명하고 추방하였으며, 이들은 아메리카 대륙의 뉴잉글랜드로 이주하고, 이후 미국 최초 고등교육기관인 하버드대학교(1636: 개교 당시 이름은 '뉴칼리지')를 설립

<표 II-3> 종교개혁의 여파

종교개혁과 공교육

그렇다면 종교개혁은 교육과 어떤 관련이 있을까요? 종교개혁은 일차적으로는 종교 내부의 문제였지만, 하나의 종교적 신념이 문화와 제도를 이루고 있는 곳에서는 넓은 의미에서 종교가 곧 교육의 문제이기도 했습니다. 16세기 유럽의 경우 종교개혁은 여전히 사회적 동요의 원인으로 작용하였지만, 사람들의 인식 속에서는 조금씩 변화가 생겨나기 시작하였습니다. 〈표 II-3〉에서 언급된 독일농민전쟁 역시 신 앞에서 모든 사람이 평등하다는 새로운 인식이 봇물처럼 터져 나와 기성의 제도와 빚은 마찰의 결과라고 볼 수 있습니다.

그리고 이러한 인식의 변화는 교육에도 영향을 미쳤습니다. 물론 이러한 인식의 변화가 교육제도의 급진적 개혁으로 곧바로 이어지지는 않았지만, 토대의 변화는 감지되었습니다. 즉, 신 앞의 만인평등사상은 보통교육, 의무교육, 무상교육, 남녀평등교육 등의 생각을 일깨웠고, 이것은 이후 교육사의 진행 과정에서 공교육 이념의 내용으로 자리잡게 됩니다.

17세기의 예로, 1642년 독일의 소공국 고타에서 발표된 고타교육령을 들 수 있습니다. 이것은 공교육을 법령으로 선포했던 최초의 사례입니다. 이 법령은 취학의무와 학급편성, 학교관리, 교과과정, 교수방법 등에 관한 조문들로 구성되어 있습니다. 고타 공국은 아주 작은 나라였고 그 지속 기간도 약 30년에 그쳤습니다. 두 번째 사례는 아메리카의 메사추세츠 교육령1642입니다. 이것은 신앙의 기초를 확립하기 위한 교육이 국가의 책임이라는 인식이 반영된 교육령입니다.

마틴 루터의 교육학적 기여와 한계

루터는 "아동을 취학시켜야 하는 일에 관한 설교"1530을 통해 "모든 부모는 귀천과 빈부와 남녀의 차별 없이 그들의 자녀를 학교에 보내야 하며, 정부는 그 국민들에 대하여 아이들의 취학을 강제로 규정할 수 있다"고 하였습니다. 즉, 그는 의무교육을 역설하였습니다. 그러나 그가 자신의 생각을 교육제도의 개혁으로까지 연결시켜 낸 것은 아니었습니다. 그는 신학자이자 종교개혁가였지만, 정치인이나 교육개혁가는 아니었기 때문입니다. 교육정책을 입안하고 실행하기에는 그가 처한 격변의 소용돌이가 너무나도 거셌습니다. 그럼에도 불구하고 공교육 이념의 역사적 출현을 위한 루터의 기여는 긍정적으로 평가받을 필요가 있습니다. 이 기여를 기독교 교육학자 양금희는 아래와 같이 정리하고 있습니다.[20]

① '성직자 위주의 교육'에서 '모두를 위한 교육'으로 전환하는 계기: 인간은 교육적 존재Homo Educandus라는 인식의 전환에 기여

② 교육의 장을 교회에서 가정으로 이동시킴: 성직자가 되기 위한 교육이 아닌 한 사람의 바른 피조물이 되기 위한 교육

③ 중세적 이원론 탈피: 교회와 세상, 신앙과 삶의 연결. 교회의 유지와 보존을 위해서만 교육이 필요한 것이 아니라, 세상의 질서와 평화와 정의를 위해서도 교육이 필요하다는 인식의 전환을 이룸. 학교의 주체를 기존의 교회에서 국가로 옮긴 것이 근대적 공교육 개념의 효시가 됨

④ '개인'의 가치 부각: 교회가 교인을 대신하여 신의 계시를 받고 이를 매개하여 신의 말씀을 해석해 줄 수 있는 권한을 갖고 있다는 주장을 거부하고, 진리 인식의 주체를 교회라는 기관에서 개인으로 전환시킴

공교육 또는 근대교육을 향한 루터의 상징적 기여는 중요합니다. 그러나 그가 과연 현대적 의미의 교육과 교육적 인간상을 지지하였는가라는 질문에 대해서는 긍정적 평가를 유보하여야 하겠습니다. 그는 인간을 이성적 존재로 보거나 혹은 교육을 이성적 인간의 자기실현을 위한 과정으로 보는 근대적 사유에까지는 다다르지 못했습니다. 이러한 사유는 17-18세기 계몽주의 시대에 이르러서야 본격화하게 됩니다. 이와 관련하여 레블레의 논평을 소개합니다.

20 양금희(1999). 『종교개혁과 교육사상』(pp. 17-84). 한국장로교출판사.

"신 앞에서 모든 인간은 동등하다는 루터의 가르침이 이러한 측면에서 현세와 연결되고 사회적 혁명의 투쟁구호가 되었다는 점은 실제로 그의 심층적 관심과 일치할 수 없었다. 왜냐하면 그의 궁극적 관심은 종교적 성실의 것이었지, 경제, 사회 혹은 국가정치적 성질이 아니었기 때문이다. … 루터의 종교개혁은 ― 신앙의 법칙을 더욱더 현세에 주입하려던 칼뱅 파와는 정반대로 ― 보수적 성향을 지니게 되었다. … 루터의 성서번역과 문체 그리고 교리문답과 성가집은 그 자체로 국민교육에 기여했을 뿐만 아니라 국민교육을 요구하게 되었다. 그러나 이러한 요구는 우선 종교교육에는 영향을 미쳤으나 포괄적인 국민교육에까지 이르지 못하였다. 즉, 교육에 대한 요구가 이미 중세 시대에 효능을 발휘하던 경향성만을 강화한 셈이다."21

루터에게 있어서 인간은 여전히 신의 피조물이자 신의 영광을 위한 도구이며, 교육은 신에게 예배하는 자로서 갖추어야 할 덕목을 배우는 수단일 뿐입니다. 그가 만인의 중요성과 교육의 필요성을 부정하지는 않았지만, 교육사적으로 그는 여전히 근대로 향하는 길목에 서 있었을 뿐 새로운 길을 열었다고 말할 수는 없습니다. 오히려 그의 동시대인이자 그가 종교개혁의 걸림돌로 지목하였던 에라스무스Desiderius Erasmus. 1466-1536가 인간의 교육에 관하여는 더욱 진보적인 입장을 견지하였다고 볼 수 있습니다. 이 내용은 이어지는 장에서 상세히 다루겠습니다.

21 Reble, A. (1952). Geschichte der Pädagogik. Klett-Cotta. 정영근 · 임상록 · 김미환 · 최종인 옮김 (2002). 『서양교육사』(pp. 111-113). 문음사.

제3장
갈등의 증폭과
전쟁의 비참

갈등의 증폭과
전쟁의 비참

　제2장에서 우리는 중세 말기와 르네상스 그리고 종교개혁에 이르는 기간 동안 유럽 사회에 어떤 격변이 있었는지에 대하여, 그리고 이로 인하여 교육의 이념에 어떤 변화의 단초가 마련되었는지에 대하여 살펴보았습니다. 제3장에서는 마틴 루터 그리고 그와 대립하였던 에라스무스Desiderius Erasmus. 1466-1536를 중심으로 인간과 교육에 대한 당시의 이해를 살펴 보고, 이것이 이후 시대와 갖는 연결성을 확인해 보겠습니다.

에라스무스

[그림 Ⅲ-1]
에라스무스1

　당대 유럽 최고의 지성인이자 인문주의 신학자였던 에라스무스는 1466년 네델란드 로테르담에서 태어났고 1536년 스위스 바젤에서 생을 마감하였습니다. 본명은 Geert Geerts였지만, 1492년에 수도원에 입교한 후 사제가 되어 에라스무스라는 새

1 그림출처: https://www.shutterstock.com

로운 이름을 갖게 되었습니다. 그는 파리와 런던, 토리노, 루벤 등에서 수학하고 활동하였으며, 1511년에 출간한 사회비평서 『우신예찬』을 통해 큰 명성을 얻었습니다.

그가 살았던 시대는 교황중심주의의 폐해와 교회의 부패가 심각한 수준에 이르렀었고, 이에 대해서는 순교를 감수하였던 종교개혁자들만 염려와 비판적 견해를 표명하였던 것은 아닙니다. 다수의 신학자들과 지성인들이 이 문제적 현상에 대해 우려를 표하였고, 각자의 방식으로 개혁의 필요성을 역설하였습니다. 에라스무스도 그중 한 사람이었습니다. '우신'愚神: 어리석음의 신에 빗대어 당시 카톨릭 교회의 부패와 폐습을 날카롭게 지적하였던 그는 신학적으로는 이른바 자유의지론을 지지하였고, 이로 인하여 그는 이른바 노예의지론을 주장하였던 루터와도 대립하게 되었으며, 예정론을 지지하는 칼뱅주의자들과도 마찰을 빚게 되었습니다. 그의 이러한 균형감각은 프로테스탄트와 카톨릭 양쪽 진영으로부터 배척을 당하는 계기가 되기도 하였지만, 동시에 대중으로부터 지지와 존경을 받게 된 이유가 되기도 하였습니다.

에라스무스와 루터

이제 톰린G. Tomlin의 안내에 따라 에라스무스와 루터의 만남과 대립과 헤어짐에 관하여 소개하겠습니다. 톰린은 당대의 두 인물을 이렇게 비교합니다.2

"루터의 주된 관심사와 인문주의자 집단의 관심사 사이에는 깊은 골이 존재했다. … 루터와 에라스무스의 첫 만남은 조심스러웠지만 비교

---

2 Tomlin. G. (2002). Luther and his world. 이은재 옮김 (2006). 『마르틴 루터. 정신의 자유와 평등을 주장한 종교개혁의 투사』. 즐거운 지식여행.

적 우호적이었다. 에라스무스는 루터의 개혁 의제를 위해 공정한 청문회를 보장하려고 노력했다. 1520년대 초 루터가 악명 높은 이단으로 낙인찍혔을 때, 이 네델란드인은 자신의 동포이자 새로운 교황인 아드리아누스 6세에게서 공개적으로 루터에 반박하는 글을 쓰라는 압력을 받게 되었다. 이제까지 루터에 대한 에라스무스의 감정은 무모한 아이를 향해 점차 분통이 터지는 부모의 심정과 같았다. … 그들은 기질적으로 겉은 비슷했으나 본질은 전혀 달랐다. 에라스무스는 대학의 교수 휴게실에서 담소를 나누듯이 예의 바른 방식으로 개혁에 관한 토론이 이루어지길 바랐다. 반면 루터의 언어는 선술집의 떠들썩한 분위기에 보다 익숙한 듯 보였다. 그는 버릇없고, 노골적이며, 완고한 데다가 불필요하게 공격적이고 불화를 일으켰다. … 루터가 점점 더 적을 만들어 갈수록 에라스무스는 자신이 그와 같은 결점을 지니게 될까봐 염려했다."

에라스무스와 루터는 상당히 다른 성향의 인물들이었습니다. 루터에 대하여 우리는 카톨릭 사제라는 그의 옛 신분 그리고 '탑의 체험' 이야기로부터 모종의 선입견을 갖기도 합니다. 즉, 지적이고 차분하며 명상적인 이미지의 성직자 루터입니다. 그러나 보름스 제국의회와 비텐베르크 대학 교정에서 보여준 그의 모습은 개혁적 투사이자 대중정치적 퍼포먼스를 마다하지 않았던 선동가에 가깝습니다. 오히려 첫 번째 이미지는 에라스무스에게 어울리는 것이었습니다.

톰린의 묘사와 같이, 에라스무스는 사려깊고 조심스럽고 온건한, 그러나 변화를 향해 열려 있는 지성인이었습니다. 앞서도 언급하였듯이, 그는 당시 교회의 부패한 관행에 대해서도 대단히 비판적이었으며, 기회가 닿는 대로 교회의 개혁을 강조하였습니다. 아울러 그는 수도사나 성직자들만 아니라 일반인들도 성경을 읽어야 한다고 주장하였습니다. 모든 사람은 신의 소명을 받은 사람이며, 성직자들은 이들을 돕는 교육자 역할을 하여야 한다는 탈중세적 생각, 즉 근대적 생각을 그는 이미 갖고 있었습니다. 이것의 실현을 위하여 그는 당시에 오류가 적지 않았던 라틴어 성경을 새롭게 번역하였습니다. 자신의 고전어 역량과 신학적 지식을 총동원하여 오류가 최소화된 라틴어 성서를 번역하였고, 이것은 이후 루터의 성서번역의 기초 자료가 되었습니다. 그래서 오늘날까지도 종교개혁의 알은 에라스무스가 낳았고, 이것을 루터가 부화하였다는 말이 회자되기도 합니다. 루터가 95개조 반박문을 발표했을 때 에라스무스는 그의 개혁적 사유에 동의를 표하였고, 루터역시 당대의 지성인 에라스무스를 예의와 존경을 갖추어 대우하였습니다. '오직 성경'이라는 루터의 기치는 에라스무스 역시 전적으로 동의하는 바였습니다.

그러나 종교개혁의 광풍이 몰아치면서 루터는 거칠게 변해 갔습니다. 신념의 차이가 극단적 대립의 형태로 치닫는 모습들을 목도하면서 에라스무스는 이 모든 개혁의 파도로부터 거리를 두게 되었습니다. 그리고 결정적으로 그는 신학적 인간학 논쟁을 통해 루터와 결별하게되었습니다. 이른바 "자유의지론 vs. 노예의지론" 논쟁이 그것입니다.

루터가 내걸었던 종교개혁의 기치에는 '오직 성경'만 있었던 것이아니라, '오직 은혜, 오직 믿음'도 있었습니다. 그러나 에라스무스가 전적으로 동의하기 어려웠던 지점은 은혜와 믿음의 연관성이었습니다. 과연 구원이 신의 은혜에만 전적으로 의존해야 하는 것이라면, 인간의이성과 의지는 아무런 의미가 없는 것인가? 그래서 그는 다음과 같이말하였습니다. "하나님은 선한 것과 악한 것을 보여주셨고, 생명과 죽음의 서로 다른 보상을 보여주셨고, 사람들에게 선택의 자유를 주셨습니다. … 어떤 사람이 말하는 바와 같이 선이든 악이든 이에 대한 자유가 없다면, '네가 즐겨 순종하면'과 '거절하면'이라는 말들은 어떤 의미가 있겠습니까? … 만일 당신이 명령한 것을 지킬 능력이 인간에게 전혀 없다면, 그 무수한 계명들이 무슨 소용이 있습니까?"3

[그림 III-2] Erasmus(1524). De Libero Arbitrio Diatribe Sive Collatio4 (자유의지에 대하여 - 논의와 비교)

[그림 III-3] Luther(1525). De Servo Arbitrio5 ("노예화된 의지에 대하여" 또는 "부자유한 의지에 대하여")

이에 대해 루터는 이른바 노예의지론으로 맞섰습니다. "나는 당신에게 묻겠다. 만일 하나님의 은총이 자유 선택과 무관하거나 또 그것에서 분리되어 있다면, 그렇게 하찮은 능력이 스스로 무엇을 할 수 있겠는가? … 만일 우리가 하나님의 은총은 자유 선택과 분리되어 있다고 가정한다면 자유 선택은 하나님 혹은 그의 은총이 원하시는 것을 행

3 Erasmus (1524). De Libero Arbitrio Diatribe Seu Collatio(자유의지에 관하여. 강론 혹은 담화). 이성덕·김주한 옮김 (2011). 『루터와 에라스무스: 자유의지와 구원』(pp. 92-96). 두란노아카데미.

4 Erasmus, Desiderius (1524). De Libero Arbitrio Diatribe, Sive Collatio, Desiderij Erasmi Roterodami. Apvd Ioannem Beb. 그림출처: https://books.google.co.kr

5 Luther, M. (1908). Martin Luthers Werke. Kritische Gesamtausgabe. Band 18(pp. 600-787). Böhlau. 그림출처: https://upload.wikimedia.org

할 수 없다. 그러나 하나님의 은총으로 행하지 않는 것은 선한 일이 아니다. 그러므로 하나님의 은총이 없는 자유 선택은 전혀 자유로운 것이 아니며, 오히려 그것은 악의 변함없는 포로요 노예라는 결론에 이른다. 왜냐하면 그것은 스스로 선을 행할 수 없기 때문이다."6 그래서 루터는 인간은 신의 완전한 주권을 인정하고 자신의 의지마저 신에 의해 주장되도록 하여야 한다는 신학적 견해를 펼쳤습니다.

오늘날 세속적 관점에서는 루터의 노예의지론이 다소 생소하게 들릴 수도 있지만, 루터에게는 에라스무스의 주장이야말로 신의 완전한 주권을 부정하는 불경스러운 생각으로 여겨졌을 것입니다. 그로부터 약 천 년 전에 있었던 아우구스티누스와 펠라기우스의 논쟁의 말미에 자유의지론을 주장하였던 펠라기우스가 이단으로 단죄되었었던 것7에 비하면 루터와 에라스무스 사이의 논쟁은 분명 달라진 시대상을 반영한 것만은 분명합니다. 에라스무스는 종교재판에 회부되지 않았고, 여전히 당대의 지성인으로 그리고 최고의 인문주의자로 존경받았기 때문입니다.

흥미로운 점이라면, 시대의 개혁자로 칭송받았던 루터의 인간관이 오히려 에라스무스의 그것보다 더욱 보수적이었다는 점입니다. 달리 표현하자면, 근대를 거쳐 도달한 21세기의 관점에서 인간과 교육에 대해 더욱 현대적인 사유를 보여준 인물은 당대의 개혁을 부르짖었던 루터가 아니라 오히려 그와 대립하였던 에라스무스였다는 것입니다.8

6 Luther, M. (1925). De Servo Arbitrio (노예의지에 관하여); 이성덕·김주한 옮김 (2011). 『루터와 에라스무스: 자유의지와 구원』(p. 199). 두란노아카데미.

7 김영진 (2016). 아우구스티누스와 펠라기우스의 대립과 논쟁: 자유의지를 중심으로. 『철학연구』137, 81-108.

8 Reble, A. (1952). Geschichte der Pädagogik. Klett-Cotta. 정영근·임상록·김미환·최종인 옮김 (2002). 『서양교육사』(p. 113). 문음사.

이렇듯 에라스무스는 16세기의 인물이지만, 교육학의 관점에서는 오히려 16세기와 21세기 사이에 중요한 징검다리를 놓은 인물이라 할 수 있습니다. 그리고 그의 이름은, 대단히 상징적이게도, 오늘

[그림 III-4] 유럽연합 에라스무스 장학 프로그램 로고9

날 유럽연합에서 가장 중요한 고등교육 교환학생 프로그램 및 장학 프로그램의 이름으로도 활용되고 있습니다.

에라스무스 - 계몽을 통한 인류의 진보

루터와 에라스무스의 관계에 관한 평론을 전기사가 츠바이크의 안내를 따라 이어가도록 하겠습니다.[10]

"에라스무스는 서양의 모든 저술가와 창조자 중에서 최초로 의식 있는 유럽인이었으며, 최초의 투철한 평화 애호가였고 인문주의의 이상과 세계 우호 및 우호 정신이라는 이상을 위한 달변의 변호사였다. 그는 우리가 사랑하는 많은 것, 문학과 철학, 책과 예술작품, 여러 언어와 민족을 사랑했다. 그리고 더욱 숭고한 과제인 교화를 위해 모든 인류를 차별없이 사랑했다. 그러나 그는 이 땅에서 단 한 가지만을 이성에 반하는 것이라며 증오했다. 그것은 광신이었다."

"에라스무스와 그를 추종하는 사람들은 계몽을 통한 인류의 진보가 가능하다고 여겼으며, 전체적인 교육의 능력과 마찬가지로 인간 형성,

9 그림출처: https://www.linkedin.com/pulse/erasmus-mundus-scholarship-ch idera-henry-mbanyeude

10 Zweig, S. (1958). Triumph und Tragik des Erasmus von Rotterdam; 정민영 옮김 (2006). 『에라스무스 평전』. 아롬미디어.

글, 연구 그리고 책의 대중화를 통한 개별 교육능력을 기대했다. 초기 이상주의자들은 이렇게 배움과 독서를 끊임없이 장려해 인간의 품성을 고상하게 만들 수 있다는 것을 감동적으로, 그리고 거의 종교적으로 확신하고 있었다. 책에 대한 믿음이 강한 학자였던 에라스무스는 도덕이 완전하게 가르칠 수 있고, 또 배울 수 있는 영역이라는 사실을 결코 의심하지 않았다. 그리고 삶의 완전한 조화 문제는 그 스스로가 아주 가까이 도래한 것으로 꿈꾼 인류의 조화를 통해 이미 보장된 것으로 보았다."

위 인용문에서 확인되는 특별한 점은 에라스무스가 "계몽을 통한 인류의 진보"를 주장하였다는 점입니다. 이것은 근대에 들어서야 등장하는 교육학의 구호, 즉 교육을 통해 인간과 인류의 진보를 이룬다는 생각입니다. 계몽주의 교육학의 시대였던 18세기에는 물론이었거니와 오늘날에도 친숙한 생각을 에라스무스는 시대를 앞서 했던 것입니다.

"에라스무스의 개인적 비극은 모든 인간 중에 가장 비광신적이고 반광신적인 바로 그가, 초국가적 이념이 승리를 확신하며 처음으로 유럽을 밝게 비추던 바로 그 순간에, 역사가 알고 있는 한 가장 난폭하게 터져 나온 국가 종교의 대중적인 열광 속으로 휩쓸려 들어갔다는 데 있다."

"그는 독일의 첫 번째 개혁자로서 (그리고 유일한 개혁자로서, 왜냐하면 다른 사람들은 개혁자라기보다는 차라리 혁명가였으므로) 이성의 법칙에 따라 가톨릭 교회를 개혁하고자 했다. 그러나 운명은 시야가 넓은 데다, 정신적이며 진보적인 인간인 그에게 행동하는 인간, 공허한 독일 민중의 힘으로부터 악마처럼 솟아오른 혁명가 루터를 보낸다. 마르틴 루터의 쇠주먹은, 단지 펜으로만 무장한 연약한 에라스무스의 손이 조심스럽고도 정성스럽게 조화시키고자 했던 것을 단 일격에 부숴버린다."

신학적 인간학 & 교육학적 인간학

에라스무스와 루터를 비교하여 제시하는 이유를 정리하겠습니다. 에라스무스는 종교개혁가의 범주에 드는 인물은 아니었습니다. 그러나 그는 인본주의적 사유를 바탕으로 근대적 교육인간학에 비견될 만한 진보적 사유를 보인 사상가로 평가될 만합니다. 거듭 강조하는 바이지만, 그가 살았던 시대가 여전히 중세적 사유와 문화가 만연하였던 15-16세기였다는 감안한다면, 시대를 앞선 그의 사유는 놀라운 것입니다. 아울러 그도 루터와 같은 신학자이자 카톨릭 사제였다는 점을 고려해 보아도 마찬가지입니다. 비록 종교개혁을 위한 루터의 제안이 로마교황청이라는 제도를 탈피하는 개혁적 행위였다는 점은 인정하더라도, 그의 교육적 사유는 기독교 신학의 범주를 벗어나지는 못하였습니다. 반면 에라스무스는 기존의 기독교 신학의 범주 자체에 대해 오래된 의문을 다시 제기하면서 신학과 세속적 이해가, 그리고 신학적 인간학과 교육적 인간학이 어떻게 공존할 수 있는가에 대한 근대적 해석의 토대를 제공하였다고 볼 수 있습니다. 기독교 교육학자 양금희는 이 두 인물의 인간관과 교육관을 〈표 Ⅲ-1〉과 같이 비교하여 제시하였습니다.[11]

루터와 에라스무스의 비교는 중세 이후 인간과 교육에 관한 사유가 진행된 방향을 보여줍니다. 중세와 종교개혁을 통해 종교적으로는 부패와의 결별 및 내부적 개혁이 이루어졌고, 사회적으로는 교회에서 세속으로의 권력 이동과 신 앞에서의 평등사상이 강화되었으며, 교육학

---

11 양금희(1996). 마틴루터의 교육사상. 『신학과 목회』10, 177-229; 김 철(2018). 에라스무스와 루터의 교육사상에 나타난 인간관 비교. 『교육의 이론과 실천』 23(1), 25-45 참조.

루터 - 기독교적(종교개혁적) 이해

① 교육을 통하여 인간이 완전성에 도달하고, 신적인 존재로 다시 태어난다고 하는 교육적 낙관주의에 동의하지 않는다.
② 교육은 신에 대한 봉사(Gottesdienst: 의식으로서 예배 및 생활을 통한 사회봉사)를 위한 훈련(Zucht)이다.
③ 교육은 기능주의적-도구적 성격을 지닌다.
  • 교육은 인간이 복음을 듣고 이해할 수 있기 위해 필요하다.
  • 교육은 신에게 봉사하기 위해 필요하며, 인간이 신적 존재가 되는 통로라거나 혹은 그 자체로 목적성을 갖는 것은 아니다.

에라스무스 - 인문주의적 이해

① 인간을 인간으로 만드는 것은 이성이다.
② 이성은 교육을 통해 형성되고, 인간은 교육을 통해 인간이 된다.
③ 이성의 완벽한 도야가 인간 안의 신성에 도달할 수 있는 길이며, 교육적 노력을 통해 완전성에 도달할 수 있다.
④ 교육을 통해 도달된 완전성이 인간의 이차적 본성이다.

<표 III-1> 루터와 에라스무스 - 인간관과 교육관의 비교

적으로는 인간 중심성이 대세를 이루게 되었습니다. 이 과정에서 우리는 종교적 개혁성이 교육인간학적 진보성과 동일한 것을 의미하지 않을 수도 있다는 사실을 루터와 에라스무스의 사례에서 확인할 수 있었습니다. 인간을 신을 위한 도구로 이해하려는 신학적 관점은, 그것이 신학적으로 또는 종교 내적으로는 개혁과 연관된다 하더라고, 교육사적으로는 여전히 근대 이전의 사유 유형입니다. 종교개혁 이전 시대인 13-14세기에도 인간의 존엄성을 역설하였던 인본주의적 신학자들 마네티, 미란돌라 등: 제2장 참조이 있었다는 사실을 고려할 때, 루터의 신학적 인간학은 여전히 중세적 사유의 울타리를 벗어나지 못하였다는 한계를 지닙니다.

반면 에라스무스의 사유는 르네상스 인본주의자들과 궤를 같이하며, 근대와 현대의 교육학적 인간학의 사유와 맞닿아 있습니다. 비록 온건하고 소심하였던 그가 루터로 인하여 재점화된 종교개혁의 광풍 속에서는 잠시 역사의 반동으로 여겨졌을 수도 있고, 그 여파로 인하여 당대의 역사에서 조용한 퇴장을 맞았다 하더라도, 그는 현대의 교육학이 재음미할 가치가 충분한 사상가입니다. 교육을 통한 인간의 개선, 계몽을 통한 인류의 진보 – 이것은 적어도 20세기까지는 유효하였던 문명의 진행 방향과 일치하는 것이기 때문입니다.

갈등과 긴장, 그리고 30년 전쟁

루터의 종교개혁은 단순히 신학적 논쟁만을 촉발한 것이 아니었습니다. 이것은 문자 그대로 '개혁'이었습니다. 물론 이것은 종교 내부에서는 진리를 수호하려는 종교적 순수성의 논쟁이었지만, 종교가 제도화한 교회와 국가의 차원에서는 천 년 이상 동안 누적되어 온 관습과 관행의 개혁을, 권위에 대한 도전을, 그리고 권력들 사이의 대립을 의미하였습니다. 루터로 상징되는 프로테스탄트들의 요구는 유럽 사회 곳곳에서 갈등을 촉발하였고, 〈표 Ⅲ-3〉에서 열거한 바와 같이, 대립과 전투와 전쟁이 줄을 이었습니다. 16세기 유럽은 크고 작은 갈등의 에너지가 누적되었고, 곧 끓어 넘치기 직전의 주전자와 같은 상태에 다다랐습니다. 그리고 급기야 1618년 30년 전쟁이 발발하게 됩니다.

복기해 보자면, 이것은 루터의 95개조 반박문이 게시된 1517년으로부터 약 100년, 그리고 1415년 콘스탄츠에서 화형당한 얀 후스의 "지금은 당신들이 거위를 불태우지만, 백 년 후에는 백조가 나타날 것이다"라는 예언으로부터 약 200년이 지난 시점입니다. 그러므로 30년 전쟁의 씨앗은 이미 200여 년 전에 뿌려진 것이라고 볼 수 있습니다. 즉, 30년 전쟁이라는 형태의 거대한 충돌은 지난 200여 년 동안 꾸준히 누적되어 온 사회적 갈등의 결과임을 알 수 있습니다.

주지하는 바와 같이 1517년 루터의 종교개혁은 1555년 아우구스부르크 화의和議로 일단락되었습니다. 그러나 이것은 프로테스탄트 중 루터파에 대한 공식적 인정에 국한되었으며, 더욱이 개인에 대한 종교적 관용은 아니었습니다. 각 지역의 정치 지도자의 결정에 따라 그 지역에 거주하는 개인들의 종교가 결정되는 상황이 한동안 지속되었습니다.

그러던 중 신성로마제국의 제위 계승과 연계되어 다시 문제가 발생하게 됩니다. 마인츠 대주교, 쾰른 대주교, 트리어 대주교, 보헤미아 국왕, 작센 공작, 팔츠 백작, 브란덴부르크 변경백작 등 선거권을 가진 일곱 명의 제후선제후가 다수결로 선출하던 신성로마제국의 황제의 자리에 독실한 카톨릭 교도였던 페르디난트 2세가 오르게 되었고, 그는 보헤미아의 종교를 카톨릭으로 선언하고 프로테스탄트들을 탄압하기 시작했습니다. 그는 프로테스탄트 교회를 허물거나 폐쇄하였고, 그들의 공직 진출을 막았습니다. 이에 분노한 보헤미아인들은 1618년 5월 23일 보헤미아의 수도 프라하로 몰려갔고, 페르디난트를 대신하여 보헤미아를 다스리던 공직자들과의 대화가 원만히 진행되지 않자, 그들 중 3인을 창문 밖으로 던져버리는 사건이 발생하였습니다. 이들은 다행히도 중상을 피하였지만, 이 사건에 대한 소식은 이내 전파되었습니다. 보헤미아 지역의 귀족들도 팔츠의 백작 프리드리히 5세를 보헤미아 왕으로 선출하고, 신성로마제국 내의 신교 제후들과 군사동맹을 맺으면서 전쟁에 돌입하게 됩니다. 이것을 시작으로 일차적으로는 독일이, 그리고 나아가 유럽 전역이 1648년에 베스트팔렌 조약이 체결되

기까지 30년 동안 전쟁의
소용돌이에 휘말리게 되
었습니다. 그리고 그 무대
는 유럽의 지리적 중심지
였던 신성로마제국, 즉 독
일이었습니다.

[그림 Ⅲ-5] 프라하 창문투척사건(1618)[12]
(Václav Brozik, 1889)

오늘날과 달리 당시의
독일은 유럽 내에서도
후진국에 속하는 나라였습니다. 독일은 당시 신성로마제국이라는 이
름으로 7개의 나라들이 느슨한 연합을 이루고 있었던 정치체였기에,
소속감이나 결속력이 크지 않았고, 종교와 제도와 문화의 차이로 인하
여 황제의 정치력이 발휘되기도 쉽지 않은 구조였습니다. 이러한 신성
로마제국 내에서 30년 전쟁의 도화선이 제공되었고, 이로 인하여 30
년 동안 대립과 파괴와 학살이 집중적으로 이루어졌습니다. 30년이라
는 기간은 한 세대의 삶의 터전 그리고 삶 자체를 초토화하고도 남을
만큼 긴 시간입니다. 누군가는 전쟁의 시작과 함께 태어나서 서른 살

12 1618년의 이 사건은 역사적으로 "제2차 프라하 창문 투척 사건"으로 불린다.
그로부터 200년 전에도 유사한 사건이 있었으며, 이것은 후스의 종교재판과
화형의 여파로 결속한 후스파 군중의 불만이 쌓여 1419년 7월 30일 시의원 7
명을 창문 밖으로 내던진 사건이다. 이들의 요구는 ① 성만찬식 시 성직자와
신도가 동등하게 빵과 포도주를 받도록 할 것, ② 하나님의 말씀에 대한 설교
의 권리를 모두가 가지도록 할 것, ③교회의 재산을 몰수하고 교회의 세속 정
치에 대한 영향력을 배제할 것, ④성직자든 일반인이든 용서받지 못할 죄는
엄중히 처벌할 것 등이었다. 제1차 투척사건은 후스파와 가톨릭 교회 사이의
대화 시도가 결렬되고 후스 전쟁이 촉발되는 계기가 되었다. 후스 전쟁은 제1
차 투척사건 직후 시작되어 1436년까지 지속되었다. 그림출처: https://cdn.
britannica.com

에 이르도록 전쟁의 잔혹한 폐허만을 경험하였을 것입니다. 혹자는 이후 유럽의 역사에서 연속적으로 진행되었던 정치적·산업적 혁명에서 독일이 선진적으로 참여하지 못하였던 이유 역시 30년 전쟁으로 인한 후유증 때문이라고 진단하기도 합니다. 역사가 웨지우드C. V. Wedgewood 의 저서 『30년 전쟁』의 일부를 참조하면서 이 비극적 일상을 공유해 보겠습니다.

전쟁의 일상 ― 누구도 원하지 않았던 폐허

"17세기 초는 종교개혁의 후유증이 남아있던 시절이었으므로 30년 전쟁은 종교전쟁으로 시작해서 영토전쟁으로 끝난다. … 종교개혁으로 교회가 권위를 잃고 추락한 뒤 유럽세계에는 외교적 조정자가 사라졌다. 그러자 프랑스처럼 맨 먼저 국민국가를 이루고 영토확장에 눈독을 들인 국가가 등장하는가 하면, 반대로 중세 유럽의 중심이자 종교개혁의 발원지였던 탓에 구체제의 굴레를 벗지 못하고 온갖 모순이 집약된 지역도 있었다. 그곳이 바로 독일이다. … 누가 강요해서 전쟁이 벌어진 것은 아니었다. 각 세력들이 서로 사이가 나빴던 것은 사실이지만, 그것이 전쟁으로 치닫기까지는 오랜 시간이 걸렸고, 전쟁의 불씨를 열심히 부채질하는 과정이 필요했다. 그러므로 불화가 결국 전쟁으로 비화된 데 대해서는 누구도 할 말이 없다. 전쟁은 아무런 문제도 해결하지 못했다. 직접적이든 간접적이든 전쟁의 결과는 부정적이고 처참했다. 도덕이 무너지고, 경제가 붕괴하고, 사회가 타락하고, 대의가 흔들리고, 결과가 훼손된 그 전쟁은 유럽 역사의 무의미한 분쟁을 드러내는 대표적인 사례였다. 유럽의 압도적인 다수, 독일의 압도적인 다수는 전쟁을 바라지 않았다. 하지만 힘도 목소리도 없는 다수의 사람들에 대해서는 설득할 필요조차 없었다. 모든 결정은 그들을 고려하지 않고 내려졌다. 그러나 결국에는 모두가 하나 둘씩 전쟁으로 끌려들어갔고, 모두가 진심으로 궁극적인 평화를 갈망했다. 스웨덴 왕[13]

---

13 30년 전쟁사에서 프로테스탄트 진영에 최초의 승리를 선사한 브라이텐펠트 전투(1631)를 이끌었던 스웨덴 국왕 구스타프 2세 아돌프(Gustav II Adolf).

한 사람을 제외하면 거의 모두가 정복욕이나 신앙의 열정이 아니라 두려움 때문에 전쟁에 참여했다. 그들은 평화를 원했고, 30년간 평화에 이르기 위해 싸웠다. 전쟁은 또 다른 전쟁을 부를 뿐이라는 사실을 당시 그들은 깨닫지 못했고, 그 뒤로도 알지 못했다."14

현대의 전쟁에 비하면 훨씬 미약한 화력이 동원된 전쟁이었기에 시설 파괴의 정도는 오늘날의 경우보다 덜하였을 것입니다. 그러나 약 800만 명에 달하는 사람이 유명을 달리하게 된 30년이라는 기간은 인간의 일상과 정서와 가치관을 폐허로 만들기에 충분한 기간입니다. 일상이 혹은 일생이 전쟁인 삶은 상상하기조차 힘든 비극입니다. 전쟁에 직접 참여했던 사람이든 혹은 간접적으로 영향을 받은 경우이든, 모든 사람들이 그저 불안하고 불행해야 했을 것입니다. 웨지우드의 표현처럼, 아무도 원하지 않았지만 모든 사람들이 결국에는 전쟁의 소용돌이 속으로 휘말려 들어갔고, 누구도 원하지 않았지만 경제와 도덕과 인간성이 무너지는 비참을 강제로 체험해야만 했을 것입니다. 고아와 과부가 속출하였고, 출생과 죽음이 빈번히 교차하고 공존하였을 것입니다. 그러나 더욱 서글픈 것은 전쟁의 일상이 지속될수록 그 비참마저도 더 이상 특별한 것으로 인식되지 않게 되었다는 것입니다.

1988년 우연히 발견된 어느 참전 군인의 일기15는 전쟁의 일상을

북방의 사자 또는 설왕(雪王)의 별칭으로 불리기도 했던 그는 이 승리를 통해 프로테스탄트 진영의 영웅이 되었지만, 1632년 루첸(Lutzen) 전투에서 사망하였다.

14 Wedgewood, C.V. (1938). The Thirty Years War. 남경태 옮김 (2011). 『30년 전쟁』. Humanist. p. 641; '영토전쟁, 무기전쟁, 가문전쟁'이라는 세 관점에서 보다 입체적으로 30년 전쟁을 다루고 있는 영상자료로는 다음 자료를 참조바람, "30년 전쟁"(tvN, "벌거벗은 세계사", 제179회. 2024년 11월 26일)

15 Peters, J. (2012). Peter Hagendorf - Tagebuch eines Soldners aus dem dreissigjährigen Krieg. Vandenhoeck & Ruprecht.

무척 건조하게 보고하고 있습니다. 이 일기의 기록자인 하겐도르프P. Hagendorf에 따르면, 그는 이 전쟁에 1625년부터 1648년까지 단순 용병으로 참전하였습니다. 흡사 부랑자처럼 독일 전역을 떠돌아 다녔던 그의 23년 참전 생활을 궁켈C Gunkel은 "술과 굶주림, 강도질, 20,000킬로미터가 넘는 오디세이"라고 축약하여 표현합니다.16 전쟁의 기나긴 행렬 속에서도 하겐도르프는 8명의 자녀를 출산하였습니다. 그리고 이것은 전쟁 용병이 홀로 전쟁터를 순례한 것이 아니라 연인과 가족이 전쟁의 현장에 동행하였다는 것을 의미합니다. 즉, 그들에게는 전쟁터가 곧 집이었고, 문자 그대로 일상이 전쟁이었습니다. 순차적으로 찾아온 자녀들의 죽음에 대해 그가 할 수 있었던 유일한 일은 그저 담담히 그리고 간략히 그들의 명복을 빌며 십자가 표식을 동원하여 기록을 남기는 것뿐이었습니다. 1627년, 그는 세례를 받기도 전에 그리고 이름이 채 지어지기 전에 사망한 자신의 아들에 대해 "신이 그에게 행복한 부활을 허락하소서. †1."라고 일기장에 썼습니다. 그로부터 2년 후 그는 딸 안나 마리아에 대해서도 이렇게 썼습니다. "내가 없는 동안에도 죽었다. †2 신이 그녀에게 행복한 부활을 허락하소서." 30년 전쟁의 와중에 죽음은 그에게도 그리고 그의 동시대인들에게도 그저 일상이었습니다.17 그리고 이 비참은 신을 위하고 진리를 수호한다는 명분 아래 발생한 인간의 비극이었습니다.

---

16 Gunkel, C. Stadt ausgeplündert. Habe als Beute ein hübsches Mädelein bekommen. SPIEGEL Geschichte (2023.10.17.)

17 당시 하겐도르프처럼 전쟁에 동원되었던 신성로마제국의 용병들은 란츠크네히트(Landsknecht. 직역: 땅의 시종)로 불렸다. 이들은 높은 보수를 받고 중요한 전투업무를 수행했던 스위스 용병과는 달리 전쟁 수행에 관련된 모든 일에 관여하였다.

요한 아모스 코메니우스

30년 전쟁과 관련하여 소개하고자 하는 교육사상가는 요한 아모스 코메니우스체코명: Jan Amos Komenský입니다. 그는 1592년 지금의 체코 동부지역에 해당하는 모라비아의 니브니츠에서 태어났습니다.[18] 그의 부친은 얀 후스의 후예라 할 수 있는 모라비아 형제교[19]의 신자였고, 코메니우스 역시 16세에 이 교단에 소속된 프레라우Prerau 지역 학교에 입학하여 공부하게 됩니다. 여기서 그는 라틴어에 특별한 재능을 보였고, 구약성서의 인물이기도 한 아모스Amos: 지식의 사랑라는 별칭을 얻게 됩니다. 그가 "요한 아모스"라는 이름을 사용하게 된 것도

[그림 III-6]
요한 아모스 코메니우스[20]

---

18 서기 800년대 초로 거슬러 올라가면 모라비아라는 지명의 범위는 확장된다. 907년까지 존재했던 것으로 알려진 대(大)모라비아 왕국(Veľká Morava. Great Moravia)은 그 영토가 현재의 체코, 슬로바키아, 헝가리 일대였으며, 그 중심 도시는 현재 슬로바키아의 수도 브라티슬라바였다. 본 장의 내용과 관련하여 참고할 만한 사실은 현재 브라티슬라바 대학의 공식 명칭이 브라스틸라바 코메니우스 대학교(Univerzita Komenského v Bratislave)라는 사실이다. 이를 통해 모라비아 지역 출생인 코메니우스가 현지에서 역사적으로 어떻게 평가되고 있는지를 엿볼 수 있다. 물론 체코 역시 코메니우스를 체코의 자랑스러운 교육학 전통으로 계승하고 있다. 체코는 프라하 시내 중심가에 국립 코메니우스 박물관·도서관(National Pedagogical Museum and Library of J. A. Comenius: https://www.npmk.cz/)을 운영하고 있다. [그림 III-7], [그림 III-8] 참조.
19 모라비안 형제회는 얀 후스를 따르던 사람들이 보헤미아 지역에서 성경의 원칙에 따라 교회를 세운 '연합 형제단'으로 시작되었다. 후에 그들은 보헤미안 형제회로 알려졌으며, 그들이 모라비아에 거점을 두게 되면서 모라비안 형제회(모라비아 교회)로 알려지게 되었다.
20 그림출처: https://www.shutterstock.com

이때부터입니다. 이후 1611년에는 목사 후보로 추천을 받아 독일 헤르본의 신학 아카데미에서 수학하기도 하였습니다. 그는 1613년 하이델베르크 대학에서 1년간 신학을 공부하였고, 이후 모교인 프르제로프Přerov 학교로 돌아와 교사 생활을 시작하였습니다. 그리고 1616년 24세의 나이로 모라비아 북동부에 위치한 풀네크Fulnek 지방의 목사로 부임하게 됩니다. 그리고 목회자로서 사역을 시작하려던 20대 중반에 그 사건이 발발하였습니다. 바로 30년 전쟁입니다.

30년 전쟁과 코메니우스

코메니우스에게 직접적 영향이 가해졌던 사건은 1620년 11월에 벌어진 빌라 호라Bílá hora 전투였습니다. 20,000여 명의 보헤미아 군대와 용병들이 프라하 인근의 빌라 호라에서 신성로마제국과 카톨릭 동맹군에게 패배하였습니다. 보헤미아 군대를 궤멸시킨 틸리 백작은 프라하에 입성하여 반란을 진압하였고, 보헤미아 왕 프리드리히와 그의 아내 엘리자베스는 국외로 망명하였습니다. 승자가 된 카톨릭 진영의 합스부르크 왕가는 보헤미아의 프로테스탄트 지도자 27명을 체포하여 1621년 6월 21일 구 프라하 광장현재, 구시청사 광장에서 참수하였고, 프로테스탄트 성직자들은 보헤미아에서 추방되었습니다. 나머지 프로테스탄트들 역시 로마 가톨릭교회로의 개종을 강요받거나 혹은 추방과 망명을 강요당했습니다. 이로 인하여 독일 지역에서도 프로테스탄트에 대한 위협이 급증하였으며, 이것은 앞서 언급하였던 덴마크가 전쟁에 개입하게 된 계기가 되었습니다. 보헤미아 귀족들의 영지는 신성로마제국의 가톨릭 귀족들의 소유가 되었으며, 체코 왕국은 합스부르크 왕가의 세습지로 전락하게 되었습니다. 이후 그들은 1918년 독립에 이를 때까지 약 300년 동안 민족사적 단절을 경험해야 했습니다.

빌라 호라 전투의 패배는 코메니우스에게도 박해와 피난과 망명이라는 고난을 안겨주었습니다. 그의 아내와 두 자녀는 사망하였고, 재산과 원고도 소실되었습니다. 세계의 비참 그리고 내세에 대한 동경을 대조적으로 담은 그의 소설 『세상의 미로와 마음의 낙원』1623이 집필된 것도 이러한 상황과 무관하지 않습니다. 보헤미아와 모라비아 지역에서 프로테스탄트들에 대한 박해는 더욱 심해졌고, 황제의 칙령에 따라 모두 추방되었습니다. 1628년 코메니우스도 그때까지 남아있던 형제교단 신도들과 함께 폴란드 리슈노로 망명하게 됩니다. 조국은 멸망하였고, 고향은 돌아갈 수 없는 곳이 되어 버렸습니다. 이곳에서 그는 중등학교 교사로 활동하였고, 1636년 교장이 되었으며, 모라비아 형제교단의 지도자로 선출되었습니다. 그는 이제 교육자이자 목사라는 두 개의 사회적 정체성을 지니고, 두 가지 역할을 동시에 수행해 나가게 됩니다.

코메니우스의 학문적 여정과 저작들

코메니우스는 조국의 수복이 교육을 통해서 가능하다고 믿었고, 동시에 그것이 신의 섭리일 것이라고 확신하였습니다. 이에 따라 모든 사람을 체계적이고 효과적으로 교육하기 위한 학교교육 체제를 구축하고, 이를 위한 합리적 교육 방법을 제시하는 것이 필요하다는 판단 하에 연구에 착수합니다. 이를 통해 탄생하게 된 저서가 바로 『대교수학』1632입니다. 모든 사람에게 모든 내용을 철저하게 가르친다는 교육적 신념을 담은 이 저서는, 비록 그 제목은 Didactica, 즉 교수법으로 되어 있으나, 실제로는 단순 교수법 이상의 내용으로 구성되어 있습니다. 코메니우스의 이 저서는 현대적 의미의 학문으로서 교육학이 시작된 기점으로 여겨지는 헤르바르트의 『일반교육학』Allgemeine Pädagogik, 1806이 등장하기 이전에도 교육에 관한 체계적 이론이 시도된 바 있다는 의미에서 교육학사적 의미가 큽니다. 그래서 혹자는 코메니우스를 교육학의 선구자, 근대교육학의 발명가라고 부르기도 합니다. 아울러 그는 라틴어 교육에도 큰 관심을 기울였습니다. 이미 1631년에 그는 언어와 사물에 관한 라틴어 교재인 『어학입문』을 출간하였고, 1633년에는 『어학입문』에 선행하여 학습하여야 할 초급교재 『어학현관』을 출간하였습니다.

연도	제 목
1616	라틴어 입문서Grammatical Facilioris Praecepta
1623	세상의 미로와 마음의 길Das Labyrinth der Welt des Paradies des Herzens
1631	어학 입문Janua Linuarum Reserata
1632	대교수학Didactica Magna
1633	어학 현관Vestibulum
1641	빛의 길Via Lucis
1643	최신 언어교수법Method linguarum novissima
1935 발견	범교육학Pampaedia 『인간 사물의 개선을 위한 일반적 제언』 중 제4권
1653-1658	세계도회Orbis Sensualium Pictus
1657	교수법 총론Opera Didactica Omnia

<표 III-2> 코메니우스의 저서

1641년 코메니우스는 자신의 후원자 하트리브S. Hartlib의 초청으로 영국의 왕립학술협회를 방문하였습니다. 그는 자신의 범지학Panphilosophie 사상을 토대로 모든 사람을 위한 교육기관인 범대학Universal College을 설

립하기를 원하였고, 이것을 영국 왕립학회에 제안하였습니다. 그의 저서 『빛의 길』1641이 출간된 것도 이 무렵이었습니다. 그러나 영국 내 정치적 상황으로 인하여 이 구상은 실현되지 못했습니다.

그러나 코메니우스는 영국에 체류하는 동안 많은 학자들과 교육자들에게 자신의 사상을 전할 기회를 얻었습니다. 실제로 코메니우스의 라틴어 교재 『세계도회』가 코메니우스 사후에 영국에서 학교 교재로 채택된 데도 이러한 교류가 긍정적 영향을 미쳤다고 할 수 있습니다. 영국에서 돌아오던 중 코메니우스는 데카르트R. Descartes와 짧은 만남을 갖기도 하였습니다.21 물론 이 두 사상가는 상이한 세계관과 학문관을 갖고 있었기에, 이들의 만남이 서로에게 생산적인 자극이 되지는 못하였습니다.

1643년부터 2년간 코메니우스는 스웨덴 궁정의 초정으로 당시 스웨덴령이던 지금의 폴란드 엘블롱크Elblag에 체류하였습니다. 이 기간 동안 그는 사물과 병행해서 언어를 가르쳐야 효과적인 언어 교수가 가능하다는 원리와 방법을 담은 『최신언어교수법』을 저술하였습니다. 그리고 이 시기에 그는 자신의 가장 방대한 저작이자 미완성 유작으로 남게 된 『인간 사물 개선에 관한 일반 담론』De rerum humanarum emendatione consultatio catholica의 구상에 착수하였습니다. 총 7권으로 구성된 것으로 알려져 온 이 저작은 유실되었다고 여겨져 왔지만, 1935년 독일의 슬라브학자 치쳅스키D. Tschižewskij에 의해 할레Halle 도서관에서 『범교육학』Pampaedia의 사본이 발견되면서 세상에 공개되었습니다.22

---

21 Heesakkers, C.L. 1996. Descartes and Comenius. Colloquium Comenius and Descartes 8-17. Comenius Museum.

22 Lachmann, R. (Hrsg.)(1983). Slavische Barockliteratur II. Gedenkschrift für Dmitrij Tschižewskij (1894-1977). Fink.

코메니우스는 1648년 다시 폴란드 레슈노로 돌아왔고, 곧이어 30년 전쟁의 종식을 알리는 베스트팔렌 조약이 체결되었습니다. 즉, 유럽 내 프로테스탄트들의 종교적 자유가 보장되었습니다. 그러나 보헤미아·모라비아의 해방은 이루어지지 않았고, 코메니우스가 이끌고 있던 보헤미안·모라비안 형제단의 귀국도 허락되지 않았습니다. 1650년 코메니우스는 헝가리 트란실바니아Transylvania로 이주하여 범지학 학교 Pansophy school를 설립하였습니다. 그럼에도 불구하고 자신의 교육적 이상을 펼치기에는 여건이 용이하지 않았습니다. 학교의 행정적 조력도 미미하였거니와 그를 초청한 왕자 부부가 갑자기 사망한 것이 그 결정적 원인이었습니다.

이후 코메니우스는 샤로슈퍼터크Sárospatak로 초청되어 그곳에서 4년 동안 체류하게 됩니다. 이미 1531년에 설립된 이 학교에서 그는 세 개의 학급을 열고 교육 활동을 이어 나갔습니다. 코메니우스를 초청하였던 라코치 가문은 합스부르크에 반감을 갖고 있었고, 보헤미아가 합스부르크의 지배에서 벗어날 수 있도록 돕겠노라고 코메니우스에게 약속한 바 있었기에, 코메니우스의 입장에서도 자신의 교육활동이 곧 조국의 해방을 위한 활동으로 여겨졌을 것입니다. 오늘날까지도 라코치 저택에는 코메니우스 박물관이 있으며, 샤로슈퍼터크 대학교 내 교원양성대학 역시 "코메니우스 캠퍼스"라는 이름으로 이곳에 위치하고 있습니다.[23] 이 시기 코메니우스의 가장 도드라진 업적이라면 그의 라틴어 교재의 집대성이라 할 수 있는 『세계도회』의 초기 구상이 이곳에서 이루어졌다는 사실입니다. 이에 관하여는 제4장에서 보다 상세히 다루도록 하겠습니다.

---

23 https://komensky.mjakub.cz/en

1654년, 코메니우스는 형제교단의 재건을 위하여 다시 레슈노로 돌아갑니다. 그러나 1656년 발발한 스웨덴-폴란드 전쟁으로 인하여 그는 다시 폐허를 경험하게 됩니다. 특히 그는 자신의 교육사상의 집대성이라 할 수 있는 『인간 사물 개선에 관한 일반 담론』의 원고들이 소실되는 불운을 겪게 됩니다. 그후 그는 암스테르담으로 거처를 옮겨서 그간 해 오던 작업을 지속하게 됩니다. 『교수법 총론』[1657]이 출간된 것도 이 시기입니다. 아울러 그는 1653년에 일차적 구상이 완료되었던 『세계도회』를 완성하는 일에도 전력을 기울이게 됩니다. 이 책은 몇몇 동료들의 조력을 받아 독일 뉘른베르크Nürnberg의 미하엘 엔터 출판사에서 출판되었습니다. 코메니우스는 이후 약 10년간 『인간 사물 개선에 관한 일반 담론』을 다시 저술하는 데 몰두하였습니다. 그러나 이 저작은 결국 미완성 유고가 되었습니다. 그는 1670년 11월 15일에 암스테르담에서 생을 마감하였습니다.

원대한 꿈을 안고 성직자로서 사역을 시작하려던 20대 중반, 조국과 고향을 상실한 슬픔을 가슴에 안고 고독한 행군을 평생 이어가야 했던 그의 심경을 헤아려 본다면, 그가 살아내었던 복잡다단한 여정과 결정들이 충분히 이해가 됩니다. 그는 신학자이자 목사로서, 교육사상가이자 학교운동가로서, 그리고 실향민이자 내세의 영원한 고향을 소망하는 한 영혼으로서, 교육을 통한 인간과 사회와 조국의 회복을 염원하였던 유럽의 시민이었습니다.

프라하 — 코메니우스, 얀 후스, 카를로바 대학교

다시 30년 전쟁의 시작점인 프라하로 돌아오겠습니다. 이곳에는 국립 코메니우스 박물관이 있습니다.

[그림 Ⅲ-7] [그림 Ⅲ-8] 프라하 코메니우스 박물관 외관과 내부24

물론 코메니우스 박물관은, 앞서도 소개한 바와 같이, 프라하에만 있는 것은 아닙니다. 코메니우스가 체류하였던 도시들, 즉 헝가리 샤로슈퍼터크, 체코 프로제로프, 네델란트 암스테르담 등 유럽의 곳곳에 코메니우스의 생애와 업적을 기념하는 박물관들이 있습니다. 심지어 현재 슬로바키아의 수도 브라스틸라바 대학의 공식 명칭은 "브라스틸라바 코메니우스 대학교"이기도 합니다. 참고로 코메니우스는 1654년 미국 하버드 대학교의 총장으로 초빙을 받은 적도 있습니다. 물론 그는 당시 하버드의 부름을 거절하고 스웨덴 왕실의 초청에 응하였습니다.

프라하와 관련하여 기억해야 할 이름이 하나 더 있습니다. 제2장에서 상세하게 소개하였던 얀 후스입니다. 보헤미아 남부 후시네츠 Hucinec 출신인 그는 프라하 카렐 대학교에서 공부하였고, 이후 이 대학 신학부 교수이자 카톨릭 사제로 봉직하며 체코의 민중들과 호흡하였던 인물입니다. 영국의 위클리프와 함께 루터의 종교개혁의 밑거름이 되었던 그는 라틴어가 지배적이던 당대 지식사회에서 자신의 모국어인 체코어의 개선과 정제와 보존을 위하여 노력하였습니다. 이를 통해

24 그림출처: 필자 소장
25 그림출처: 필자 소장

그는 오늘날 체코의 민족적 자긍심의 상징이 되었으며, 지금도 프라하 종교개혁광장에 거대한 동상으로 우뚝 서서 이렇게 말하고 있습니다. "서로를 사랑하라. 모든 이들 앞에서 진실혹은 정의을 부정하지 말라."[26]

[그림 III-9]
프라하 종교개혁광장 얀 후스 동상[25]

프라하와 관련하여 상기할 세 번째 것은 카렐대학입니다. 이 대학의 체코어 정식 명칭은 Univerzita Karlova이며, 1348년 4월 7일 보헤미아 왕국의 국왕이자 신성 로마 제국의 황제인 카를 4세에 의해 설립되었습니다. 이 대학은 이탈리아의 볼로냐 대학[1088]과 살레르노 대학[1060/1023], 그리고 프랑스의 파리 대학교[1150] 등을 본보기로 하여 설립된 중세 대학입니다.[28] 이 대학은 앞서 언급한 얀 후스가 1402년 총장이 된 이후 후스파의 구심점이 되었지만, 17세기 카톨릭 예수회의 영향으로 카톨릭 대학이 되었고, 1654년에는 합스부르크 제

[그림 III-10]
프라하 카를로바 대학교 교육학부 & 철학연구소[27]

---

26 얀 후스가 감옥에서 보낸 열 번째 편지의 마지막에 적었던 이 글은 종교재판에 대한 항소 이유서의 한 구절이기도 하다.
https://web.archive.org/web/20131004224352/http://www.sisainlive.com/news/articleView.html?idxno=17863

27 그림출처: 필자 소장

28 유럽 중세 대학의 설립과 역사에 관하여는 제2장의 〈표 II-1〉을 참조바람.

국의 보헤미아 국왕 페르디난트 3세가 카를 페르디난트 대학교로 개명하였습니다. 당시에는 카톨릭 신자들에게만 입학이 허용되었지만, 1784년 신성로마제국 말기에 요제프 2세가 제국 공용어를 공식적으로 라틴어에서 독일어로 대체한 후에는 개신교도와 유대인에게도 입학이 허용되었습니다.

교육적 신념의 구조화와 시각화, 그리고 도상학

교육적 신념의 구조화와 시각화, 그리고 도상학

30년 전쟁과 코메니우스의 생애 전반을 다루었던 제3장에 이어, 제4장에서는 그의 저서 『세계도회』를 자세히 조명해 보겠습니다.[1]

언어교수법과 『세계도회』

코메니우스는 라틴어의 귀재였습니다. 그리고 그는 언어 교수법에 관해서도 지대한 관심을 갖고 있었습니다. 여기에는 당시의 언어 교수법에 대해 그가 가졌던 답답함도 함께 작용하였습니다. 이와 관련하여 교육사가 보이드W. Boyd는 다음과 같이 기록하고 있습니다. "코메니우스가 보기에 그 방법은 한창 나이의 소년들에게 제대로 된 교과서도 없이 죽으라고 말을 배우도록, 그리고 뜻도 모르는 문법 규칙을 암기

---

1 제4장은 필자의 다음 두 편의 논문을 바탕으로 하고 있다. 우정길(2009). 두 개의 세계, 두 개의 인간학 그리고 하나의 교육. 코메니우스의 기독교 우주론적 보편주의에 대한 소고. 『한국교육학연구』15(2), 5-29; Woo, J.-G. (2016). Revisiting Orbis Sensualium Pictus: An Iconographical Reading in Light of the Pampaediaof J.A. Comenius. Studies in Philosophy and Education 35(2), 215-233.

하면서 시간을 허비하도록 형벌을 내리고 있었다."[2] 이와 같은 상황에서 코메니우스는 자신의 경험을 바탕으로 효율적인 라틴어 교수학습법을 일찍부터 고민하였고, 그 결과를 책으로 출간하였습니다.

제3장에서 소개하였던 코메니우스의 저서 목록에는 라틴어 교수법에 관련된 주제가 대단히 많습니다. 차례대로 열거하자면, 『라틴어 입문서』[1616], 『어학입문』[1623], 『어학현관』[1633], 『최신 언어교수법』, 『세계도회』[1658] 등입니다. 그는 20대 중반 이후부터 평생 라틴어 교수법에 매진하였다고 하여도 과언이 아닙니다. 그중에서 우리가 눈여겨 보고자 하는 저서는 『세계도회』입니다.

[그림 IV-1] 『세계도회』 표지[3]

1658년에 출간된 이 책은 코메니우스의 60대 후반에 출간된 것으로서, 그의 평생의 학문적·교수법적 노하우가 집약된 저서라고 할 수 있습니다. 『세계도회』의 원제목은 Orbis Sensualium Pictus입니다. 지구, 감각, 그림이라는 세 단어의 조합만으로도 의미가 잘 드러나지만, 이 책에는 "가시적 세계"Die sichtbare Welt라는 부제가 달려 있습니다. 이것이 이 책의 가장 큰 특징입니다. 즉, 이 책은 세계에 관하여 '읽을 수 있게' 할 목적으로 씌어진 것이 아니라 세계를 '볼 수 있게' 할 목적으로 만들어진 책입니다.

이 책의 주된 도구는 '글+그림' 조합이 아니라 '그림+글' 조합입니다. 이로써 이 책의 독자층은 글을 읽을 수 없는 사람에게로까지 확대

---

2 Boyd, W. (1964). The History of Western Education; 이홍우·박재문·유한구 옮김 (1994). 『윌리엄 보이드 – 서양교육사』(p. 304). 교육과학사.

3 그림출처: https://commons.wikimedia.org

됩니다. 달리 표현하자면, 이 책은 취학 전 아동을 포함하여 라틴어 알파벳을 모르는, 사실상 모든 사람이 이 책을 통해 라틴어를 배울 수 있도록 설계되었습니다. 글씨보다는 그림을 주된 매체로 활용한 덕에 이 책은 코메니우스 당대에 베스트셀러가 되었고, 그의 사후 오늘날까지 250회 이상 판을 거듭한 스테디셀러가 되었습니다.

세계최초의 그림교과서 — 『입학도설』과 『삼강행실도』

『세계도회』에는 "세계 최초의 그림교과서"라는 별칭이 항상 따라다녔고, 출판사들은 이 별칭을 활용하여 이 책을 홍보하기도 합니다. 그러나 『세계도회』가 세계 최초의 그림교과서라는 단정에 대해서는 이의 제기가 가능합니다.

[그림 IV-2] 『입학도설』(1390)[4]

[그림 IV-3] 『삼강행실도』(1431)[5]

[그림 IV-2]은 조선 전기 『입학도설』[1390]의 일부이고, 제목은 "천인

---

4 그림출처: 서명석 (2022). 천인심성합일지도로 본 태극도설의 의미와 교육적 함의. 『퇴계학논집』40, 173.

5 그림출처: 한국민족문화대백과사전 https://encykorea.aks.ac.kr/Article/E0075 641

심성합일지도"입니다. 이 책에는 총 27종의 도설圖說 즉 그림과 설명이 들어있습니다. 이 책의 서문에서 저자 권근이 밝히고 있듯이, 이 책의 목적은 학문에 입문하는 이들에게 성리학의 기초지식을 쉽게 소개하는 데 있으며, 이를 위하여 도해圖解, 즉 그림과 해설을 결합하는 방식을 이용하고 있습니다. 예시로 든 천인심성합일지도는 성리학의 중심 개념인 태극, 천명, 이기, 음양, 오행, 사단, 칠정 등의 문제를 하나의 도표 속에 요약하고 이들의 상호관계와 각각의 특성들을 쉽게 설명한 자료입니다. 이것을 교육기관에서 공식적으로 활용하였다면, 이것이 어쩌면 세계 최초의 그림교과서일 수도 있을 것입니다. 물론 이 시기는 아직 훈민정음이 발명되기 전이고 한자를 문자로 쓰던 시대였습니다. 주지하는 바와 같이, 한자는 그림문자이기에, 이것을 글자로 된 교과서와 차별되는 의미에서 그림교과서라고 주장하는 것이 가능할지에 대해서는 추가적 논의가 필요할 것입니다. 어찌되었든 그림이라는 매체가 동아시아 문화권에는 대단히 익숙한 교수법적 도구였다는 점만은 분명합니다.

그림교과서의 다른 사례로 [그림 IV-3]도 있습니다. 이것은 1431년에 발간된 『삼강행실도』의 일부입니다. 이 책은 1428년 진주晉州에 사는 김화金禾가 아버지를 살해한 사건에 대하여 강상죄綱常罪 : 사람이 지켜야할 도리에 어긋난 죄로 엄벌하자는 주장이 제기되었을 때, 세종이 엄벌에 앞서 세상에 효행의 풍습을 널리 알릴 수 있는 서적을 간포刊布해서 백성들이 읽을 수 있도록 하는 것이 좋겠다는 취지에서 제작되었습니다. 즉, 국민교화서적國民敎化書籍으로 만들어진 것입니다. 이러한 취지에 따라, 모든 사람이 알기 쉽도록 매편마다 그림을 넣어 사건의 내용을 한눈에 알아볼 수 있게 하였고, 본문 끝에는 원문을 시구詩句로 요약·정리하였으며, 그 가운데 몇 편에는 시구에 이어 찬贊을 달아놓기도 하였습니다. 15세기 후반에는 이 저서의 교육적 활용도를 높이기 위하여 한글 번역이 이루어졌으며, 부녀자와 어린이들의 교육에 활용하도록 장려하였습니다. 이 책 역시 그림교과서라고 볼 수 있습니다. 그것도 『세계도회』보다 무려 130여 년 앞서 만들어지고 교육적으로 활용된 책이라는 점에서 역사적 의의가 크다고 할 수 있습니다. 어쩌면 한자 문화권 어딘가에는 이외에도 더 많은 그림교과서의 사례들이 있을 것이라는 추측도 가능합니다. 향후에도 지속적으로 발굴될 필요가 있을 것입니다.

"그림교과서" 아이디어

앞서 말씀드린 바와 같이, 『세계도회』는 17세기의 베스트셀러이자 이후 스테디셀러로 자리잡았습니다. 독일의 문호 괴테J.W. Goethe. 1749-1832 가 "나의 유년기를 풍요롭게 채워 준 것은 아모스 코메니우스의 『세계도회』뿐이었다"[6]라고 말할 정도로, 이 책의 교수법적 효용성과 대중성은 세기를 거듭하여도 지속되었습니다.

이 책의 기본적 발상, 즉 그림이라는 매체를 통해 언어교수법적 효용성을 높이겠다는 생각은 교수법의 영역에서는 가히 혁명적이라 할 수 있습니다. 그래서 교육학의 역사에서 코메니우스는 교수법의 혁명가라고 불리웁니다. 물론 교수법의 효율성을 높이기 위하여 그림을 활용한다는 발상이 코메니우스만의 독창적인 생각은 아니었습니다. 토

6 Goethe, J.W. (1811). Dichtung und Wahrheit; Woo, J.-G. (2016). Revisiting Orbis Sensualium Pictus: An Iconographical Reading in Light of the Pampaedia of J. A. Comenius. Studies in Philosophy and Education 35(2), 216.

이셔의 연구에 따르면, 코메니우스는 그림교과서의 아이디어를 독일 폼메른 지역의 지도를 제작한 루빈E. Lubin. 1565-1621의 아이디어를 차용하여 실현하였습니다.7 이런 맥락에서 캡코바는 코메니우스의 이 기획을 "재발견한 발명품"8이라고 표현하기도 하였습니다.

『세계도회』의 분석 — 도상학적 방법론

『세계도회』는 분명 라틴어 교재입니다. 그럼에도 불구하고, 저는 이 책의 구체적 내용의 분석에 앞서 한 가지 가설을 제안하고자 합니다. 그것은 이 책이 라틴어 교재인 것은 맞지만, 그 이상의 목표 혹은 그보다 우선적인 목표를 수행하도록 고안되었다는 것입니다. 그 목표가 무엇인지 그리고 이것의 수행을 위하여 코메니우스가 어떤 장치들을 이 책 속에 넣어두었는지를 확인해 보도록 하겠습니다. 이를 위해 우선 『세계도회』라는 책의 구성을 살펴보고, 이어서 이 책에 활용된 그림들을 분석해 보도록 하겠습니다.

이 책 속 그림의 분석을 위해서는 도상학적 방법론을 활용해 보겠습니다. 도상학이라는 명칭이 낯설 수도 있겠습니다. 어쩌면 도상학의 영어 표기가 이해를 도울 수 있을 것입니다. 도상학은 영어로 Iconology 또는 Iconography로 표기됩니다. 이것은 기본적으로 아이콘들의 논리를 의미하는 것으로서, 그림을 이루는 아이콘들 사이의 체계와 역학에서 의미를 발견해 나가는 방법론이라 할 수 있습니다. 교

---

7 Toischer, W. (1913). Zur Entstehungsgeschichte des "Orbis pictus". Zeitschrift für Geschichte der Erziehung und des Unterrichts III(3), 169-193.

8 Capková, D. (1970). J.A. Comenius's Orbis Pictus in its conception as a textbook for the universal education of children. Paedagogica Historica 10(1), 7.

육학계에서 도상학적 방법론은 1983년 이래로 간간히 활용되어 왔습니다.[9] 물론 저도 이 방법론을 활용하는 연구자 중 한 사람입니다. 그림교과서가 전무하였던 시대에 제작된 이 책 속에 저자가 자신의 저술 목적을 도상화한 것은 시대적으로 그리고 교육사적으로 대단히 예외적인 사례입니다. 그러므로 저자의 의도를 확인하기 위하여 도상학적 분석을 활용하는 것은 유용합니다.

이 분석의 마지막에 도달하게 될 목적지와 관련하여 미리 한 가지 단서를 드립니다. 코메니우스의 철학을 한마디로 표현하자면 범철학Panphilosophie입니다. 그 속에서 그의 교육사상은 범교육학Panpädagogik으

9 Mollenhauer, K. (1983). Streifzug durch fremdes Terrain: Interpretation eines Bildes aus dem Quattrocento in bildungstheoretischer Absicht. Zeitschrift für Pädagogik 29(2), 173-194; Mollenhauer, K. (1986). Umwege. Über Bildung, Kunst und Interaktion. Juventa; Schulze, T. (1990). Das Bild als Motiv in pädagogischen Diskursen. Lenzen, D. (Hrsg.). Kunst und Pädagogik. Erziehungswissenschaft auf dem Weg zur Ästhetik? (pp. 97-119). WBG; Rittelmeyer, C. & Wiersing, E. (Hrsg.)(1991). Bild und Bildung. Harrassowitz; Wünsche, K. (1991). Das Wissen im Bild. Zur Ikonographie des Pädagogischen. Zeitschrift für Pädagogik 27, 273-290; Herrllitz, H.-G. & Rittelmeyer, C. (1993). Exakte Phantasie. Juventa; Lippitz, W. (1993). Kind und Technik. Phänomenologische Studien in der Pädagogik (pp. 144-171). DSV; Schulze, T. (1993). Ikonographische Betrachtungen zur pädagogischen Paargruppe. Herrlitz, H.-G. & Rittelmeyer, C. (Hrsg.). Exakte Phantasie(pp. 147-171). Juventa; Mollenhauer, K. (2003). Vergessene Zusammenhänge. Juventa; Woo, J.-G. (2008a). Konfuzianismus im pädagogischen Alltag Südkoreas. Zeitschrift für Erziehungswissenschaft 3, 1-17; Woo, J.-G. (2008b). Ikonographie der Interkulturalität. Lieber, G. (Hrsg.). Lehren und Lernen mit Bildern (pp. 172-182). Schneider; 우정길 (2009). 두 개의 세계, 두 개의 인간학 그리고 하나의 교육. 코메니우스의 기독교 우주론적 보편주의에 대한 소고. 『한국교육학연구』15(2), 5-29; Woo, J.-G. (2016). Revisiting Orbis Sensualium Pictus: An Iconographical Reading in Light of the Pampaediaof J.A. Comenius. Studies in Philosophy and Education 35(2), 215-233.

로 불립니다. 라틴어 Pan은 '모든, 모두'를 뜻합니다. 그에게 있어서 모두를 위한 모든 지식은 한 가지 근원에서 비롯되고, 이에 따라 그가 이해하는 지식 역시 유일의 체계로 수렴됩니다. 그래서 그는 자신의 지식론을 '일체지'라고 명명하였습니다. 단순한 라틴어 교재이자 그림 교과서라고 알려진 『세계도회』가 범교육학 체계와 어떤 관련을 맺는 지를 확인해 보는 것도 흥미로울 것입니다. 이를 위해 우리가 거치게 될 작업들은 다음과 같습니다. 첫째, 『세계도회』의 구성 및 체계 분석 을 통해 코메니우스 사상 내 범교육학의 위상과 의의를 확인하고, 둘째, 『세계도회』내 그림 분석을 통해 교육, 교직, 교육적 관계에 대한 교육학적 원형을 확인하며, 셋째, 『세계도회』라는 우회로를 통해 범교 육학의 구조를 파악할 것입니다.

『세계도회』의 목차 구성

구분	제목	내용	기능
A	창세기 2:19-20	대전제	대전제
B	독자에게 드리는 글	책 사용법	활용방법 안내
C	도입(Invitatio)	도입	도입
D	알파벳 학습	예비 학습	알파벳 학습
E	150가지 범주	150개 그림	본론
F	맺음(Clausula)	맺음	맺음

<표 IV-1> 『세계도회』 목차[10]

10 Woo, J.-G. (2016). Revisiting Orbis Sensualium Pictus: An Iconographical Reading in Light of the Pampaedia of J.A. Comenius. Studies in Philosophy and Education 35(2), 218.

A. 대전제

이 책을 열면 구약성경 창세기의 구절이 하나 등장합니다. "여호와 하나님이 각종 들짐승과 공중의 각종 새를 지으시고 아담이 어떻게 이름을 짓나 보시려고 그것들을 그에게 이끌어 이르시니, 아담이 각 생물을 일컫는 바가 그 이름이라. 아담이 모든 육축과 공중의 새와 들의 모든 짐승에게 이름을 주니라"창세기2: 19-20. 이것은 기독교 창조 신화 속에서 신이 만물과 인간을 창조한 후에 최초 인간에게 동물들의 이름을 짓도록 하는 장면을 기술한 것입니다. 그런데 책의 맨 앞에 이러한 성경 구절을 옮겨놓은 저자의 의도는 무엇일까요? 물론 이것은 명명이름짓기의 과정, 즉 사물과 낱말, 실제와 상징을 연결하는 작업이기에 언어 교육과 관련이 있다고 볼 수도 있습니다. 그럼에도 불구하고 책의 첫머리에 이 성경 구절을 적어둔 점, 그것도 주 독자층이 학령기 전후의 어린이·청소년이라는 점을 고려한다면, 이것이 효율적인 라틴어 교수만을 염두에 둔 것이라고 보기에는 무리가 있습니다. 오히려 이 대전제는 저자가 의도한 『세계도회』의 기본 목적과 방향을 제시한 것으로 이해될 필요가 있을 것입니다.

D. 알파벳 학습

이 부분은 이 책의 표면적 목적이 무엇이고 또한 주요 독자층이 누구인지를 보여주는 부분입니다. 이 책은 라틴어 알파벳을 모르는 어린이들도 독자층에 포함하고 있습니다. 즉, [그림 IV-4]을 통해 알파벳 습득도 쉽게 이루어질 수 있다는 것입니다. 이것의 기본 발상은 그림과 소리와 기호의 연결입니다. 즉, 동물의 모양그림과 소리를 매개로 하여

11 그림출처: https://www.openculture.com

[그림 IV-4]
『세계도회』- 알파벳 소개11

알파벳의 모양기호과 소리발음를 연결하여 더 쉽게 습득할 수 있도록 하는 것입니다.

E. 150가지 범주

이 책의 전체 구성 중 실질적 본론에 해당하는 것으로서, 150개 그림으로 구성되어 있습니다. 양적으로 보자면, E는 이 책의 대부분을 차지합니다. 이 본론은 '신'제1범주에서 시작하여 '최후심판'제150범주으로 마감되는 것이 특징입니다. 즉, 기독교 성경의 서사구조 또는 기독교의 직선적 역사관과 동일합니다. 시작과 끝이 있고, 그 사이의 시공간 속에 사물과 인간과 문화 등 세계의 모든 것이 담겨 있습니다.

물론 이 150개 범주에는 동아시아의 종교와 문화는 포함되어 있지 않습니다. 이것이 지면상의 한계 때문인지 혹은 당대 유럽 지식인의 한계인지는 분명하지 않습니다. 여하튼 16세기 유럽의 일상 문화와 일반 지식의 현황을 탐구하려는 경우, 이 그림 자료들은 대단히 유용한 정보들을 제공해 줄 것입니다.

[그림 IV-5] 『세계도회』 - 150범주12

---

12 그림출처: 필자 소장

150개 범주 & 150개 그림

〈표 IV-1〉에서 A, B, C, D가 넓은 의미의 도입부라면 실질적 본론은 E입니다. 여기서 의문이 하나 생길 수 있습니다. 왜 코메니우스는 세계를 굳이 150개 범주로 분류하였을까요? 참고로 코메니우스의 책을 모범으로 삼아 1835년에 "청소년을 위한 새 세계도회"라는 제목으로 출판된 가일러Gailer판 『세계도회』는 총 320개 범주로 구성되어 있습니다.13 즉, 『세계도회』의 범주 수, 즉 그림 수는 꼭 150개로 한정되어야 하는 것은 아니며, 시대와 저자에 따라 자의적 설정이 가능하다는 뜻입니다. 코메니우스의 『세계도회』가 150개 범주로 구성된 것에 대해서는 다음 두 가지 가설적 설명이 가능합니다.

첫 번째 가설은 출판사의 상업적 판단의 가능성입니다. 『세계도회』는 당시 유럽 출판업의 중심지 중 하나였던 독일 뉘른베르크의 미하엘엔터출판사Michael-Endter-Verlag에서 출판되었습니다. 이를 위해 코메니우스는 지인을 통해 출판사 대표인 미하일 엔터를 소개받고 만남을 갖습니다. 그는 이 자리에서 자신의 구상을 소개하고, 출판의 가능성과 조건들에 대하여 이야기를 나누었습니다. 그리고는 1653년에 첫 다섯 개의 그림이 포함된 시험본을 인쇄하게 됩니다. 여러 가지 맥락에 근거하여 추측해 보건대, 이 책의 저자인 코메니우스는 이 책의 내용을 더욱 풍부하고 세밀하게 만들기 위하여 더 많은 그림을 활용하고 싶어했을 것입니다. 그러나 상업성을 고려하지 않을 수 없는 출판사의 입장은 조금 달랐을 것입니다. 물론 많은 사람들이 라틴어 교수

---

13 Gailer, J.E. (1979). Neuer Orbis Pictus für die Jugend (1835). Die bibliophilen Taschenbücher.

학습의 용도로 활용하게 될 교재인 만큼 내용도 그림도 좋아야 하겠지만, 책은 단권이거나 혹은 그 부피가 지나치게 두껍지 않아야 했을 것입니다. 아울러 판화를 제작하고 찍어서 도서 속에 삽입하여야 했던 당시 도서 제작의 상황을 감안하자면, 그림의 개수를 일정 정도로 제한하는 것이 불가피하였을 것입니다. 주지하는 바와 같이 시험본이 만들어진 1653년으로부터 5년이 지난 1658년이 되어서야 『세계도회』는 정식으로 출판되었습니다. 150개 그림을 제작하고 출판하는 데 꼬박 5년이 걸렸습니다. 평균적으로 열흘에 한 개의 판화가 제작된 것입니다. 당시 코메니우스가 네델란드에 거주하고 있었다는 점을 고려하자면, 책의 전체 구상 및 그림 초안의 작성과 전달, 판화의 제작과 인쇄, 텍스트 추가 작업, 교정 등으로 이루어진 모든 공정은 대단히 부지런하게 진행되었어야 할 것입니다. 만약 코메니우스가 150개의 범주가 아니라 300개의 범주를 제안하였었다면, 이 기획은 최소 10년의 기간이 소요되었거나 혹은 어쩌면 완성에 이르지 못했을 수도 있습니다. 즉, 상업적·시간적 실현가능성을 높이기 위한 조처로 150개의 범주로, 즉 그림의 수를 150개로 제한하기로 합의하였을 것이라는 것이 첫 번째 가설입니다.

두 번째 가설은 코메니우스 자신이 150개 범주로, 즉 150개 그림 속에 피조 세계를 모두 담을 수 있다고 정말로 믿었을 가능성입니다. 주지하는 바와 같이, 코메니우스는 기독교적 신념이 대단히 강한 사람이었고, 심지어 혹자는 그를 광신도라고 칭하기도 하였습니다.[14] 그에게 있어서 세계는 신에 의해 창조되었고, 신에 의해 창조된 세계는 완전

---

14 Adelung, J.C. (1785). Geschichte der menschlichen Narrheit oder Lebensbeschreibung (pp. 196-225). Wengandsche Buchhandlung.

하고 불변하여야 하기에, 완결된 질서와 규범에 의거하여 운영되는 피조세계를 묘사하는 일은 그리 복잡한 일이 아니라고 그가 생각했을 가능성도 배제할 수 없습니다. 물론 이것이 범인의 상식에 부합하지 않을 수는 있습니다. 그래서 현대 교육학자 발라우프와 샬러는 코메니우스의 교육 사상이 표방하고 있는 체계에 대해 다음과 같이 촌평하기도 합니다. "코메니우스의 범지학과 교육학은 [코메니우스 당대에도] 이미 시대에 부합하지 않는 것으로 판명되었다. 그의 아이디어와 기획은 동시대인들과 심지어 그의 추종자들에게서도 동의를 얻지 못하기도 하였다."[15] 그래서 어떤 이들은 『세계도회』에 담겨 있는 코메니우스의 생각은 아이들 그림책에서나 할 수 있는 얘기라고 폄하하기도 합니다.[16]

시계와 해부학

참고로 16-17세기 인간학적 사유의 이해를 위한 두 가지 중요한 키워드에 대해 간략하게 언급하려고 합니다. 그것은 시계와 해부학입니다.

첫째, 시계입니다. 13세기 후반에 발명된 기계식 시계는 14세기에는 교회와 광장에 공공 시계의 형태로 세워지게 되었습니다. 그리고 17세기에는 더욱 전문화된 형태의 시계가 제작되기 시작하였으며, 사적 공간에서도 상용화됩니다.

---

15 Ballauff, T. & Schaller, K. (1970). Pädagogik (vol. II)(p. 189). Karl Alber; Woo, J.-G. (2016). Revisiting Orbis Sensualium Pictus: An Iconographical Reading in Light of the Pampaedia of J.A. Comenius. Studies in Philosophy and Education 35(2), 218.

16 Hoffmann, F. (1975). Jan Amos Comenius. Lehrer der Nationen. Urania -Verlag; Adelung, J. C.(1785). Geschichte der menschlichen Narrheit oder Lebensbeschreibung(pp. 196-225). Wengandsche Buchhandlung.

이러한 변천을 거치면서 인간에 대한 인식에도 변화가 생기게 되었습니다. 즉, 인간은 시계와 같은 존재라는 생각이었습니다. 그 대표적인 인물이 코메니우스와 데카르트였습니다. 이들은 동시대인이었고, 앞서 언급한 바와 같이, 조우한 적도 있습니다.[17] 이들은 공통적으로 시계라는 정밀 기계에 관심을 표하였고, 인간을 시계에 비유하기도 하였습니다. "우주 자체가 엄청난 시계와 유사하듯이, 많은 바퀴들과 추로 구성된 우주는 매우 예술적으로 조립되어서, 모든 일에 있어서 모든 부분이 서로 조화를 이루고 지속적으로 진행되도록 맞물려 있기 때문이다. 인간 역시 마찬가지이다."[18] 교수법과 관련하여서도 코메니우스는 시계의 비유를 도입하였습니다. "가르침의 기술은 시간과 교재 그리고 방법의 기술에 적합한 배열을 요구한다. … 모든 것이 그의 무게에 의해 바르게 규정되는 시계와 같이 쉽고 적합하게 흘러간다. … 시계가 그렇게 기술적으로 고안된 도구에 적용되는 것처럼 결과적으로 동일한 확실성으로 작용된다. 여러 가지 화려한 것으로 솜씨 있게 만들어지고 꾸며진 하나의 시계에 정확히 상응하는 학교의 한 유형을 최상의 이름으로 설립하도록 시도하자."[19]

---

17 Heesakkers, C.L. (1996). Descartes and Comenius. Colloquium Comenius and Descartes (pp. 8-17). Comenius Museum.
18 Comenius, J.A. (1657). Opera didactica omnia. Amsterdam. Übers. von Lateinisch ins Deutsch und hrsg. von A. Flitner (라틴어-독어: 1992). Große Didaktik. 7. Aufl. Klett-Cotta.. 정일웅 옮김 (독-한: 2002). 『대교수학』 (p. 77). 창지사.
19 Comenius, J.A. (1657). Opera didactica omnia. Amsterdam. Übers. von Lateinisch ins Deutsch und hrsg. von A. Flitner (라틴어-독어: 1992). Große Didaktik. 7. Aufl. Klett-Cotta.. 정일웅 옮김 (독-한: 2002). 『대교수학』 (p. 147). 창지사.

인간을 육체와 정신으로 나누고 육체를 기계적 기능성에 한정하였던 데카르트는 코메니우스보다 더욱 철저한 기계론적 인간론을 주장하였습니다.[20] 그는 『성찰』의 제6장에서 신체와 정신의 상이점을 고찰하는 대목에서 시계를 언급합니다. "톱니바퀴와 추로 되어 있는 시계가 잘못 만들어져서 시간을 정확하게 가리키지 않을 때도 제작자의 의도를 완전히 충족시키고 있을 때 못지않게 자연의 모든 법칙을 정확히 지키고 있듯이, 내가 만일 인간의 신체를 뼈, 신경, 근육, 혈관, 혈액 및 피부로 잘 짜여진 일종의 기계로 간주하고, 정신이 이 속에 전혀 깃들어 있지 않아도 내 신체가 의지의 명령 없이 행하는 운동 및 정신으로부터 야기되지 않는 운동과 동일한 운동을 이 기계가 하고 있다면, 인간 신체도 자연의 법칙을 정확히 지키고 있는 것이다. … 제작자가 시계를 만들 때 의도했던 용도에 대해 내가 생각해 본다면, 시간을 정확하게 가리키지 않을 때 시계는 그 자연에서 빗나가 있다고 말할 수 있듯이, 인간 신체라는 기계를 그 속에서 행해지는 운동을 할 수 있도록 짜 맞추어진 것으로 본다면 …."[21]

두 번째 키워드는 해부학입니다. 시계의 비유가 은유의 차원에서 이루어지고 있는 데 비해 해부학적 계기가 포함된 인간학적 사유는 더욱 직접적이고 기계적입니다. "말하자면 매우 경이롭게 예술적으로 만들어진 육체에 있어서 먼저 심장은 동력mobile, 즉 삶과 행동의 원천인데, 이 동력에 의해 다른 지체가 움직인다. 그러나 운동을 일으키는

20 Descartes, R. (1677). L'Homme de Renē Descartes. Transl. by Hall, T.S. (2003). Treatise of Man. Prometheus Book; 우정길(2019). 『포스트휴머니즘과 인간의 교육』(pp. 59f). 박영스토리.

21 Descartes, R. (1997). Von der Methode des richtigen Vernunftgebrauchs und der wissenschaftlichen Forschung. Übers. und hrsg. von Lüder Gäbe. Meiner. 이현복 옮김 (1997). 방법서설, 『방법서설』(pp. 115f). 문예출판사.

추는 두뇌이다. 이 추는 신경의 도움을 받아 밧줄이 움직이는 것처럼 나머지 바퀴들말하자면 지체들을 당겼다 늦췄다 한다. 내적이며 외적인 활동의 다양성은 바로 움직임의 균형 잡힌 관계에 달려 있다. … 인간은 실제로 그 자체가 조화 이외의 다른 것이 아니다."22 이 인용문 속 "육체의 동력은 심장으로부터 그리고 조정은 뇌로부터"라는 코메니우스의 설명은, 약간의 비약을 감행하자면, 오늘날의 자동차의 기본원리를 연상시킬 정도로 단순기계적입니다. 아울러 심장과 두뇌추, 그리고 이 추와 신경 및 지체들바퀴 등의 비유 역시 단순기계적인 설명임과 동시에 전통적 기독교적 관점인 영혼과 육체의 이원론과는 다른 방식의 해설이라 할 수 있습니다. 이것은 한편 인간이라는 존재가 부품들의 정밀한 조합으로 이루어진 시계라는 은유적 관점이 연장된 것이기도 하지만, 또 다른 한편 코메니우스를 포함한 당대 지식인들이 인간 해부학의 관점을 수용하고 있었다는 증거이기도 합니다.

코메니우스는 『세계도회』에서 인간과 관련하여 9개의 그림을 할애하고 있습니다. 그중 인간 창조 신화에덴동산의 아담과 이브를 담은 "인간"제35범주, 생애주기별 인간 교육을 담은 "인간성장의 일곱 단계"제36범주, 그리고 나체의 아담과 하와의 그림으로 인간 신체의 명칭을 소개하는 "인간의 신체"제37범주, 그림자의 형태로만 묘사된 "인간의 혼"제42범주 그리고 "기형과 이상 발육의 사람"제43범주을 제외한 네 개의 그림23에서

---

22 Comenius, J.A. (1657). Opera didactica omnia. Amsterdam. Übers. von Lateinisch ins Deutsch und hrsg. von A. Flitner (라틴어-독어: 1992). Große Didaktik. 7. Aufl. Klett-Cotta.. 정일웅 옮김 (독-한: 2002). 『대교수학』 (p. 77). 창지사.

23 본장에서 제시된 『세계도회』 속 그림은 다음 책에서 발췌하였으며, 각 그림이 들어있는 쪽번호는 범주 번호로 대신함을 밝혀 둔다. Comenius, J.A. (1658). ORBIS SENSUALIUM PICTUS. Endter Verlag; 남혜승 옮김 (1999). 『세계 최

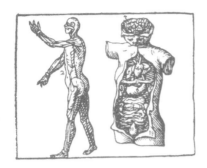

[그림 IV-6] "근육과 내장"(제39범주)　　　[그림 IV-7] Vesalius

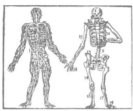

[그림 IV-8]　　　　　　[그림 IV-9]　　　[그림 IV-10] "외부와 내부의
"머리와 손"(제38범주)　　"맥관과 골격"(제40범주)　　감각"(제41범주)

코메니우스는 인간의 모습 전체가 아닌 신체의 각 부위가 분리되어
있거나 파헤쳐져 있는 모습의 그림을 싣고 있습니다.

이 그림들은 모두 해부학 교재를 옮겨놓은 듯한 것으로서, 어쩌면
라틴어 교재로 고안되었던 『세계도회』의 주 독자층인 학령 전 유아와
학령초기 어린이들에게는 다소 과도한 묘사라는 인상도 남깁니다.24
실제로 제39범주의 그림"근육과 내장". [그림 IV-6]은 근대 해부학의 선구자로
불리는 베살리우스의 『해부학』의 그림[그림 VI-7]을 모사한 것입니다. 나
머지 세 개의 그림들[그림 IV-8, IV-9, IV-10] 역시, 정확한 출처는 확인되지 않

초의 그림교과서 ORBIS SENSUALIUM PICTUS』. 씨앗을 뿌리는 사람.
24 Woo, J.-G. (2016). Revisiting Orbis Sensualium Pictus. A Iconographical
　　Reading in Light of the Pampaedia of J.A. Comenius. Studies in
　　Philosophy and Education 35, 219.

았지만, 당대의 해부학 서적에서 가져왔으리라는 것이 학계의 정론입니다.[25]

주목할 만한 점이라면, 코메니우스의 이러한 해부학적 인간 이해는 그가 『범교육학』과 『대교수학』, 그리고 나아가 『세상의 미로와 마음의 낙원』에서 보여준 신학적 인간학의 기조와 상당히 다르다는 사실입니다. 코메니우스는 기본적으로 살아있는 인간, 영혼을 지닌 인간 그리고 내세적 인간을 학문적 고찰과 교육의 대상으로 삼아 자신의 학문과 소설을 전개하였습니다. 즉, 영혼 없는 인간은 그의 관심 밖의 사안이었습니다. 시계라는 은유를 사용할 때도, 비록 글의 기술 방식이 기계적 단순성을 띠고는 있더라도, 인간이라는 존재가 영혼 없는 살과 뼈조각들로 치환되지는 않았습니다.

그러나 주검을 다루는 해부학은 종교적·교육적 은유와는 성격이 판이하게 다른 인간학이 펼쳐지는 공간입니다. 뼈는 뼈대로, 근육은 근육대로, 그리고 피는 피대로 해체하고, 이 해체된 기능적 조각들을 맞추어 인간 생리학의 퍼즐을 완성해 나가는 정밀 과학의 장이 바로 해부학입니다. 코메니우스가 해부학적 지식을 동원하여 영혼 없는 주검의 해체된 지체들을 유아와 아동들에게 그림으로 소개하고 있다는 점은 기독교 창조신화를 적극적으로 교육학적 체계 속에 담아내던 코메니우스 학문의 전체 기조를 고려해 볼 때 자못 생경스럽습니다.

그럼에도 불구하고 코메니우스가 몸담았던 17세기 유럽의 문화사적 흐름, 즉 기계적 시계의 발명과 발전 과정을 고려해 볼 때, 그의 사유에서 나타나는 기계론적 인간학의 경향은 어쩌면 자연스러운 현상이

---

25 Alt, R. (1970). Herkunft und Bedeutung des Orbis Pictus(p. 31). Akademie Verlag.

었을 수도 있습니다. 기계적 시계의 제작이 가능해진 14세기 이전의 세상은 이른바 태양의 시대였습니다. 태양은 시간이고, 태양은 기준이었으며, 태양은 곧 권력이었습니다. 태양의 흐름에 의존하여 시간을 확인하고, 이를 토대로 도시 한 가운데서 울리던 교회 종소리에 모두가 귀를 기울이며 일상이 진행되었습니다. 그러나 기계적 시계의 등장과 아울러 태양 없이도 시간의 확인과 일상의 규칙적 조율이 가능해졌습니다. 달리 표현하자면, 권력의 원천이 태양에서 기계로 이동하게 된 것입니다. 공공 시계로부터 가내용 시계를 거쳐 휴대용 시계가 도입된 14-17세기라는 유럽의 시대공간은 태양의존성으로부터 점차 탈피해 나가는 과정이기도 하였습니다.[26]

시계가 코메니우스에게 있어서 중요한 우주론적·인간학적 은유이기는 하지만, 코메니우스 저작 전체의 주인공은 바로 태양입니다. 그는 철저한 태양 예찬론자이자 태양 정초론자였습니다. 『세계도회』는 태양을 형상화한 그림"신". 제1범주으로 시작하여 태양이 주재하는 "최후심판"제150범주으로 막을 내립니다. 그의 소설 『빛의 길』은 어둠을 밝히고 어둠을 치유하는 태양의 은유로 가득합니다.[27] 그런 코메니우스도 문화사적으로는, 자신도 모르는 사이, 탈-태양중심성의 흐름을 타고 있었으며, 이른바 "세계관의 기계화"[28]에 고무되어 있었던 것입니다. 코메니우스는 다만 시계라는 은유를 사용하였을 뿐이고, 이를 통해 창조주의 정밀한 섭리를 부각하려 하였지만, 이미 그것은 은유 이상의

26 Cipolla, C.M. (1967). Clocks and Culture. 최파일 옮김 (2013). 『시계와 문명』 (pp. 51-113). 미지북스.
27 Comenius, J.A. (1668). Via Lucis. 이숙종 옮김 (1999). 『빛의 길』. 여수룬.
28 Cipolla, C.M. (1967). Clocks and Culture. 최파일 옮김 (2013). 『시계와 문명』 (p. 48). 미지북스.

기계론적 인간관을 내포한 것이었습니다.

코메니우스가 시계의 은유와 더불어 해부학적 지식을 자신의 신학적 인간학의 체계에 도입하는 순간, 그는 자신도 모르는 사이에 신학적 인간학의 범주를 벗어나 기능론적·기계론적 인간학의 영역에 발을 들여놓고 있는 것입니다. 창조주는 태양과 시계를 필요로 하지 않습니다. 창조주 자신이 곧 태양이고 시간의 제정자이기 때문입니다. 창조주는 해부학도 필요로 하지 않습니다. 해부학은 다만 인간의 유기체적·기능론적 자기 이해를 위해 복무할 뿐입니다.

라틴어 교수학습의 걸림돌 — 추상성과 스토리텔링

다시 본론으로 돌아옵니다. 앞서도 말씀드린 바와 같이, 『세계도회』의 가장 큰 특징 중 하나는 본론의 시작과 끝, 즉 "신"과 "최후심판"입니다. 이것은 일종의 액자구조로서, 기독교 신학적 교리의 틀 또는 기독교의 직선적 역사관의 틀을 만들어 놓고, 그 속에 인간과 일상과 문화를 채워 넣는 방식입니다. 라틴어 교재에 이러한 액자 구조를 구현해 놓았다는 사실에 근거하여 캅코바는 『세계도회』를 "어린이를 위한 작은 성경"29이라고 부르기도 하였습니다. 이것으로 인하여 어떤 측면에서는 라틴어 교수학습이라는 목적이 구현되는 것에 방해 또는 지연이 초래되기도 하였습니다.

아래 그림들은 대단히 추상적이거나 혹은 장황한 스토리텔링이 필요한 경우들입니다. 이 그림들은 어린이들을 위한 라틴어 교재에 수록하기에는 교수학습의 효율성에 대한 재고가 필요한 그림들입니다. 그

---

29 Capková, D. (1970). J.A. Comenius's Orbis Pictus in its conception as a textbook for the universal education of children. Paedagogica Historica 10(1), 7.

[그림 IV-11]	[그림 IV-12]	[그림 IV-13]
"인간"(제35범주)	"신의 섭리"(제149범주)	"기독교"(제147범주)

렇다면 저자는 왜 이런 선택을 하였을까요? 어쩌면 코메니우스로서는 불가피한 선택이 아니었을까 추측됩니다. 그는 두 가지 목적 모두를 염두에 두고 있었던 것입니다. 즉, 『세계도회』의 표면적 목적은 라틴어 교수학습의 촉진이었지만, 저자가 품었던 또 다른 동기, 즉 잠재적 목적은 종교교육 또는 종교를 통한 사회교육이었을 수도 있습니다. 그는 장기간의 전쟁을 통해 무너진 인간성을 교육을 통해 회복할 뿐 아니라, 자신이 견지하는 종교적 신념에 기반하여 인류사회의 질서를 재건하는 것도 중요하게 여겼을 것이라는 추측이 가능합니다.

세 겹 액자구도

『세계도회』의 구성상 특징을 한 가지만 더 말씀드립니다. 책 전체 〈표 IV-1〉를 놓고 보자면 A항부터 D항, 즉 "대전제, 책 사용법, 도입, 예비학습" 등 네 가지가 서론을 이루고, F항맺음이 결론을 이룹니다. 즉, 총 150범주로 이루어진 본론이 당연히 본론에 해당할 것입니다. 그런데 실제로도 과연 그러할까요?

『세계도회』의 본론은 150개의 그림으로 구성되어 있습니다. 그리고 "도입"과 "맺음"도 그림으로 이루어져 있습니다. 그러므로 원칙적으로

[그림 IV-14] [도입-본론-맺음][30]　　　[그림 IV-15] [도입-본론-맺음]의
　　　　　　　　　　　　　　　　　　　　　　　액자구도[31]

이 책에는 총 152개의 그림이 수록되어 있어야 합니다. 그런데 놀랍게
도 "도입"과 "맺음"에서 코메니우스는 동일한 그림을 사용하였습니다.
그래서 이 책에는 총 151개의 그림이 들어 있습니다. 이 151개의 그림
들 중 유일하게 두 차례 반복적으로 제시되는 그림이 바로 "도입"과
"맺음"의 그림입니다. 그래서 실제로 이 책은 [그림 IV-15]과 같은 액
자 구도로 되어 있습니다. 즉, 하나의 그림[도입&맺음]으로 본론의 그림들
[150범주]을 감싸고 있는 구도입니다.

　해석해 보자면, 이 책의 저자는 본론에 제시한 150개의 그림보다
"도입"과 "맺음"에 반복하여 사용한 그림에 더 비중을 두고, 이 그림
에 자신의 주장을 강조하여 담은 것입니다. 이러한 관찰을 전제로 놓
고 보자면, 『세계도회』는 동일한 두 개의 그림이 150개의 본론을 감싸
고 있는 구조, 즉 또 하나의 액자구조로 이루어져 있다고 볼 수 있습
니다. 앞서 언급하였던 본론 속 신학적 액자구조에 이어서 두 번째 액
자구조가 등장한 것입니다. "도입"과 "맺음"에 반복적으로 사용된 이
그림은 제5장에서 별도로 다루도록 하고, 여기서는 『세계도회』의 액
자구조를 정리해서 보도록 하겠습니다.

30 그림출처: 필자 소장
31 그림출처: 필자 소장

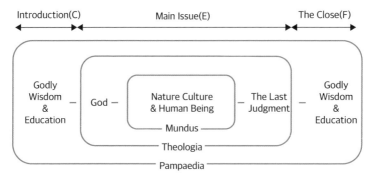

[그림 IV-16] 『세계도회』 3중 액자구도[32]

『세계도회』는 세 겹 액자구도로 이루어져 있습니다. 우선 본론[E]의 내용 자체가 액자구도를 이루고 있습니다. 인간과 자연과 문화가 "세계Mundus"라는 액자에 들어 있고, 이것을 "신"과 "최후 심판"으로 이루어진 "신학Theologia"의 액자가 감싸고 있으며, 이 모든 것은 다시 "신적 지혜와 교육"이라는 주제의 "범교육학Pampaedia" 액자 속에 들어 있습니다. 코메니우스가 세속과 신학과 교육학에 액자의 기능을 동일하게 부여하였다는 점은 대단히 흥미롭습니다. 앞서 살펴보았던 코메니우스의 삶의 여정에서도 드러납니다만, 세속과 신학과 교육학은 그의 생애사적 정체성을 대변하는 개념들일 뿐만 아니라 그의 학문적 복합성을 드러내는 것이기도 합니다.

구성상 특징으로 본 『세계도회』

이제 구성상의 특징으로 본 『세계도회』의 의미를 정리해 보고자 합

---

32 그림출처: Woo, J.-G. (2016). Revisiting Orbis Sensualium Pictus: An Iconographical Reading in Light of the Pampaedia of J.A. Comenius. Studies in Philosophy and Education 35(2), 231.

니다. 첫째, 이 책은 라틴어 교재로 고안된 것이 분명합니다. 그리고 둘째, 이 책은 17세기 유럽의 일상문화사와 지식의 현황에 관한 유용한 정보들을 그림이라는 형식 속에 담고 있습니다. 셋째, 이 책이 그림이라는 도구를 언어 교수법에 본격적으로 도입한 첫 번째 사례라는 점, 즉 시각교수법의 효시라는 점에서 교육학사에 있어서 기념비적인 저서라는 평가에 대해 이견은 없습니다. 넷째, 그러나 이 책은 라틴어 교재 이상의 혹은 라틴어 교재 이외의 의도를 체계적으로 담아서 구현하고 있습니다. 구성상의 특징으로 볼 때, 이 책은 어린이들과 초심자들을 위한 신학 또는 신앙 입문서라고도 볼 수 있으며, 동시에 코메니우스 특유의 범교육학 사상을 간접적 방식으로 담아 놓았다고도 해석해 볼 수 있습니다.

이 두 가지 부가적 의도는 어쩌면 코메니우스가 라틴어 교수학습보다 더욱 중요하게 여겼던 것일 수도 있습니다. 그가 지향하였던 교육의 최종적 목적은 기독교 신념에 근거한 인간과 세계의 회복이었고, 그것이 코메니우스가 추구하였던 교육의 과제였기 때문입니다. 어쩌면 『세계도회』라는 이름의 라틴어 교재는 그의 종교적·교육적 신념을 대중에게 실어 나르는 도구였을 수도 있습니다. 그리고 이 도구는 그림이라는 매체를 사용함으로써 모든 연령, 모든 성별, 모든 계층의 사람들에게 문자보다 더욱 직관적으로 가 닿을 수 있는 교수법적 파급력을 지니고 있었습니다.

오늘날의 관점에서 그의 기획은, 중세와 근대가 공존하던 시대에, 전쟁과 평화가 공존하는 공간에서, 신학과 교육학의 복합적 정체성의 소유자였던 코메니우스로서는 인간과 사회의 회복을 위하여 최선의 대안을 구상하여 제시한 것으로 평가받을 만합니다.

그림책에
인류 재건의
신념을 담다

그림책에
인류 재건의 신념을 담다

제4장에서는 시각교수법의 효시이자 혁신적 라틴어 교재였던 『세계도회』의 교육사적 의미를 소개하였습니다. 아울러 이 책의 잠재적 목적, 즉 종교적 신념의 사회교육적 구현을 위하여 코메니우스가 설계한 『세계도회』의 구성상의 특징을 살펴봄으로써, 이 책을 향한 저자의 의도를 규명해 보았습니다. 여기서 한 걸음 더 들어가서 제5장에서는 『세계도회』의 성격과 목적의 규명을 위하여 도상학적 해석을 시연해 보이겠습니다.

『세계도회』의 표면적 목적 — 라틴어 교수학습

우선 라틴어 교재로서 『세계도회』가 교수학습의 촉진을 위하여 어떻게 활용될 수 있는지를 한 개의 그림을 예시로 들어 설명해 보겠습니다.

-127-

"대기(1)는 부드럽게 산들거립니다. 바람(2)은 세게 붑니다. 폭풍(3)은 나무를 쓰러뜨리고 회오리바람(4)은 빙글빙글 돕니다. 지하의 바람(5)은 지진을 불러일으키고 지진은 붕괴(6)를 가져옵니다."

[그림 V-1] 『세계도회』 "공기"(제5범주)[1]

이 그림의 제목은 "공기"입니다. 이 그림 속에는 공기와 관련된 몇몇 자연 현상들이 묘사되어 있습니다. 그리고 그림의 곳곳에는 아라비아 숫자가 표기되어 있습니다. 이 숫자가 정확히 무엇을 의미하는지는 그림과 함께 제공된 문자 텍스트를 통해 알 수 있습니다.

이 문장들에는 특정 단어 옆에 숫자가 적혀 있습니다. 즉, 같은 숫자의 그림과 단어는 서로 상응합니다. 그림에서 숫자가 표기된 부분은 순서대로 대기(1), 바람(2), 폭풍(3), 회오리바람(4), 지하의 바람(5), 붕괴(6)를 의미합니다. 그러므로 학습자는 숫자의 그림과 단어를 서로 맞추어 가면서 시각을 동원하여 학습할 수 있습니다. 즉, 학습자는 생소한 라틴어 단어를 무의미철자 암기하듯 외우는 것이 아니라 그림이라는 매개를 통해 그리고 문장이라는 추가 정보를 통해 암기하게 됩니다. 그림이라는 매체는 이해와 암기를 위해 매우 강력한 수단이 됩니다. 이런 방식으로 그림당 평균 10개의 라틴어 단어를 암기하게 된

---

1 본장에서 제시된 『세계도회』속 그림은 다음 책에서 발췌하였으며, 각 그림이 들어 있는 쪽번호는 범주 번호로 대신함을 밝혀 둔다. Comenius, J.A. (1658). ORBIS SENSUALIUM PICTUS. Endter Verlag. 남혜승 옮김 (1999). 『세계 최초의 그림교과서 ORBIS SENSUALIUM PICTUS』. 씨앗을 뿌리는 사람.

다면, 이 책을 통독한 후에는 약 1500개의 라틴어 단어를 암기할 수 있게 되는 것입니다. 이에 더하여 활용 방법에 따라 문장 학습까지도 가능합니다. 이것이야말로 시각교수법을 도입한 교수법의 혁명이라 할 수 있으며, 이로 인하여 이 책이 당대의 베스트셀러가 될 수 있었던 것입니다.

물론 그림 학습에 앞서 아직 글씨를 모르는 영유아들을 위해 마련된 알파벳 학습에 있어서 동물의 그림시각 그리고 이를 통해 각자에게 연상되는 동물의 소리청각를 도입한 사실 역시 가히 혁명적인 발상이라 할 수 있습니다.[2] 이를 통해 이 책의 독자층은 학령기 이전의 어린이들에게로 확장될 수 있었습니다.

"공기"제5범주 그림과 관련하여 두 가지를 언급하고자 합니다. 이 그림 속에는 사람의 얼굴이 등장합니다. 아마도 공기와 관련된 자연 현상이 어린이들에게 친숙하게 느껴질 수 있도록 저자가 의인화한 것으로 추측됩니다. 흥미로운 점은 『세계도회』에 수록된 그림들 속에서 의인화 기법이 활용된 경우가 몇 차례 있지만, 태양은 그 대상에서 철저히 제외되었다는 사실입니다. 형태의 유사성과 소재의 보편성 그리고 친근성으로 보자면 태양이야말로 사람의 얼굴로 의인화하여 나타내기 좋은 소재이지만, 이 책의 저자는 태양의 아이콘을 매우 특별하고 조심스럽게 다루고 있습니다. 둘째, "지하의 바람은 지진을 불러 일으킨다"는 문장에서 우리는 당시의 지질학적 지식의 정도 또는 이에 관련된 일반인들의 상식적 이해를 짐작할 수 있습니다. 즉, 당시의 사람들은 지진의 원인이 "지하의 바람"이라고 믿었던 것으로 보입니다.[3]

---

2 제4장 "『세계도회』 목차구성 – D. 알파벳 학습" 참조(〈표 IV-1〉).
3 현대적 의미의 지진학(Seismology)은 1755년 리스본 지진 이후 존 미첼(J. Michell)이 지진 연구를 통해 화산의 영향으로 땅 속의 수증기가 이동해 지

진이 발생하고, 이때 땅이 이동하여 지진파가 발생한다고 주장한 데서 그 현대적 연원을 찾는다. 이어서 1839년 스코틀랜드 컴리에서 지진이 연속적으로 발생하자 더 나은 지진 감지 방법을 개발하기 위한 위원회가 구성되었고, 그 결과 1842년 최초의 현대식 지진계인 제임스 데이비드 포브스의 지진계가 제작되어 연구에 활용된 것이 현대 지진학의 형성과정이라 할 수 있다. / 현대적 의미의 지진학이 등장하기 이전에는 설화의 형태로 오랫동안 사변·구전되어 왔다. 지진이 자주 발생하는 일본에서는 "땅 속 깊은 곳에 큰메기가 살고 있고, 이 큰메기가 날뛰어서 대지진이 일어난다"라는 야마토 민족의 설화가 있었다. 비교적 지진이 드물었던 한반도 내에서는 지진 관련 설화가 거의 없지만, 일부 지방에서는 땅속에서 대지를 어깨에 매고 있는 지하대장군이 힘들어서 어깨를 갈아 맬 때 지진이 일어난다는 설화가 있다. 그리스 신화에서는 바다와 지진의 신인 포세이돈이 지진을 일으킨다고 전해졌는데, 기분이 나쁠 때마다 포세이돈이 삼지창으로 땅을 치면 지진과 다른 자연재해가 발생했다고 전해진다. 또한 포세이돈은 보복으로 인간들에게 벌을 주고 두려움을 주기 위해 지진을 이용했다는 설화가 전해진다. / 설화보다 진일보한 학술적 접근의 사례는 다음과 같다. 고대 그리스에서는 자연철학자인 아낙시메네스가 지진은 흙의 부재로, 즉 대지의 구덩이 안으로 흙이 함몰되어 지진이 일어난다고 생각했다. 즉, 지진은 지하에 물이 심하게 흘러내려서 발생하는 것이라는 추측이다. 이후 아리스토텔레스는 4원소설을 주창하면서 지진은 땅에서 증기와 같은 프네우마가 밖으로 분출하면서 발생한다고 주장했다. 이를 종합해 세네카(L.A. Seneca)는 땅 속에서 공기가 분출하여 공동이 생기고 이 공동이 무너지면서 지진이 일어난다는 가설을 세웠다. 또한 이런 일이 발생하기 전에는 먼저 땅밑 공동에서 바람이 불어 들어가야 하기 때문에 지진이 발생하기 전에는 날씨가 숨이 막힐듯이 답답해진다는, 이른바 지진 날씨를 통해 지진을 예지할 수 있다는 주장을 한 바 있다. 한편 아라비아반도에서는 이븐 시나가 지진은 땅의 융기로 발생하는 것이라고 추정했다(https://ko.wikipedia.org 참조). 『세계도회』에서 코메니우스가 제공하고 있는 지진의 원인은, 굳이 연결하자면, 세네카의 주장과 유사성을 갖는다. 그러나 "지하의 바람이 지진의 원인"이라는 주장이 17세기 중반에도 일상적으로 통용된 상식에 속하는 것인지에 대해서는 추가적 확인이 필요하다. 어쩌면 이 책의 독자인 어린이들의 흥미를 북돋우기 위한 저자의 의도(자연현상의 동화적 설명)가 가미되었을 가능성도 배제할 수 없다.

『세계도회』의 잠재적 목적 ― 종교적 신념의 사회교육적 구현

『세계도회』의 주된 목적 혹은 표면적 목적은 라틴어 교수학습이었지만, 이 목적에 부합하지 않는 그림들도 더러 포함되어 있습니다. 이전 장에서도 언급한 바와 같이, 이 책은 라틴어 교재 이상의 목적, 즉 저자가 지녔던 종교적 신념의 전파를 통한 인류와 사회의 재건이라는 목적도 지니고 있었던 것으로 보입니다. 그 근거가 바로 아래에 제시될 그림들입니다.

"신" ― 고도의 추상성

이 그림은 『세계도회』의 제1범주에 등장합니다. 즉, 학습자가 이 책을 펼치고 정시으로 학습을 시작하려면 맨 처음 만나게 되는 그림이 바로 이것입니다. 그런데 이 그림은 직관적 이해가 불가능한 도형들로 이루어져 있기에, 쉬운 접근을 허락하지 않습니

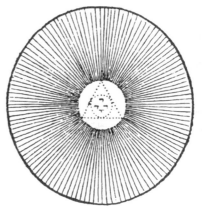

[그림 V-2] 『세계도회』 "신"(제1범주)

다. 미리 보지 않는다면 이 그림의 제목을 알아맞히기란 불가능에 가까울 정도로 이 그림은 추상적입니다. 이것은 어린이와 청소년들을 위한 라틴어 교재라는 목적에 부합한다고 보기 어렵습니다. 그래서 저자의 의도를 다시 한 번 생각하게 됩니다.

이 그림의 제목은 "신"입니다. 혹자는 이 그림을 보고 태양을 떠올

리기도 하고, 또 어떤 이들은 눈을 연상하기도 합니다. 두 가지 모두 일리가 있고, 실제로 정답에 근접한 연상이기도 합니다. 그렇다면 코메니우스는 이 그림의 제목을 왜 "신"으로 정하였을까요? 이제 이 그림 속 아이콘들을 통해 저자의 의도를 유추해 보겠습니다.

이 그림에는 세 개의 원, 아주 많은 발산의 선, 정삼각형, 그리고 한 가운데에는 4개의 기호가 위치하고 있습니다. 저자는 이 아이콘들을 한 데 모아 두고, 이것에 "신"이라는 제목을 부여하였습니다. 아이콘들을 차례로 해석해 보겠습니다.

첫째, 원입니다. 기독교 예술문화사를 연구한 드 사포루슈에 따르면, 원은 영원과 완성을 뜻하는 상징으로 사용되어 왔습니다.[4] 결혼 예물로 반지를 공유하거나 혹은 연인 사이에 커플링을 나누어 가지는 행위가 낯설지 않은 것도 원이라는 형상에 영원과 완성이라는 의미를 부여하는 문화적 맥락과 관련이 있습니다. 동서고금을 막론하고 이러한 문화적 해석이 공유되는 것을 통해 보자면, 어쩌면 이것이 비단 기독교 예술문화에만 국한되는 것이 아니라 일종의 문화-비의존적 상징일 수도 있을 것입니다. 물론 이 그림 속에서 원은 신의 속성을 표현하기 위하여 동원된 아이콘입니다.

둘째, 이 그림에서 원은 세 번 연속하여 사용되었습니다. 기독교 문화권에서 '3'은 상징하는 바가 큽니다. 이것은 기독교 교리의 기초라 할 수 있는 삼위일체론을 연상시킵니다. 그리고 이것은 완성과 완결을 의미하는 숫자이기도 합니다. 노아의 방주도 그리고 예수의 부활도 '3'이라는 숫자와 밀접한 관련이 있습니다. 베드로가 예수를 모른다고 세

---

4 De Chapeaurouge, D. (1987). Einführung in die Geschichte der christlichen Symbole. WBG.

번 부인하였던 그 새벽에 닭이 세 번 울었다는 장면도 '3'이라는 수가 행위의 완결성을 의미한다는 것을 보여줍니다.

셋째, '발산의 선'은 이 그림 전체가 태양이나 눈을 연상하도록 하는 결정적인 역할을 합니다. 제6장에서 보다 구체적으로 분석하게 되겠지만, 태양과 눈은 신의 속성에 대한 해석과 직결됩니다. 즉, '발산의 선' 아이콘은 보는 이들에게 신은 모든 에너지의 원천이자 지혜와 지식의 근본인 태양같은 존재임과 동시에 모든 것을 알고 살피는 절대적 눈과 같은 존재라는 느낌을 전달합니다. 그리고 "발산의 선" 아이콘은 이 그림 전체에 역동성을 부여합니다. 즉, 이 아이콘은 신의 활동에는 쉼이나 멈춤이 없다는 것을 직관적으로 보여주는 장치입니다.

넷째, 정삼각형입니다. 이것 역시 앞서 언급된 '3'이라는 숫자와 관련이 있습니다. 즉, 삼위일체론과 완결성을 형상화한 것이라 볼 수 있습니다. 이에 더하여 이것은 안정과 균형을 의미히기도 합니다.

다섯째, 삼각형 속 네 개의 기호들입니다. 위 네 가지 아이콘들과는 달리 이 기호들에 대한 학술적 해석은 아직까지 거의 시도된 적이 없습니다. 사실상 유일한 사례는 라이스-쉰들러의 해석을 참조하여 발표한 필자의 연구입니다.[5] 그 연구 결과 중 일부를 옮겨 적겠습니다. "라이스-쉰들러는 이 그림의 한 가운데 있는 4개 기호 중 3개를 '3개의 히브리어 J'라고 이해하고, 이것을 신의 상징이라고 보고 있다. 그는 히브리어 'ㄱ'과 독일어 'J'와 '신'이 어떠한 관련을 맺는지에 대해서는 설명하지 않고 있다. 어쩌면 히브리어의 'ㄱ'이 독일어 'J'의 음가를 갖고, 이는 다시 독일어 'Gott(신)'의 음가와 비슷하다는 판단에서 이런

5 Woo, J.-G. (2016). Revisiting Orbis Sensualium Pictus: An Iconographical Reading in Light of the Pampaedia of J.A. Comenius. Studies in Philosophy and Education 35(2), 215-233.

해석을 한 것일 수도 있다. 그렇다고 하더라도 제4의 문자 'ㅜ'의 의미에 대해서는 별도의 설명이 없다는 점 역시 라이스-쉰들러의 가설이 아직 완전히 증명된 것은 아니라는 점을 시사한다. 비록 문헌의 고증을 거치지는 않았지만, 이 네 가지 기호는 야훼 신을 지칭하기 위하여 히브리 문자를 활용하여 고안하였던 테트라그람마톤Tetragrammaton, 즉 신성4문자의 일종일 것이라는 가설도 배제할 수 없다."6

다시 『세계도회』로 돌아옵니다. 그렇다면 코메니우스는 어떤 이유에서 신학적·고고학적·문화사적 추론을 통해서만 접근이 가능한 추상적 아이콘들의 조합을 라틴어 교재의 첫머리에 배치하였을까요? 제1범주 "신"은 교수자나 학습자의 입장에서는 분명 당황스러운 내용이었을 것입니다. 그리고 저자 역시 독자들이 경험하게 될 당황스러움을 익히 짐작하였을 것으로 생각됩니다. 그럼에도 불구하고 저자가 그런 결정을 내렸다면, 그에게는 그럴만한 이유가 있었을 것입니다. 이에 대한 설명은 잠시 뒤로 미루고, 다른 그림들도 이어서 보겠습니다.

스토리텔링의 불가피성

[그림 V-3]~[그림 V-6]은 추상적이기도 하지만 스토리텔링도 필요한 그림들입니다. 우선 "인간"제35범주은 기독교 창조 신화를 담고 있습니다. 오른쪽에서 왼쪽으로 흐르는 시간에 따라 에덴동산에서의 서사가 펼쳐지고 있습니다. 그 속에 있는 남성과 여성, 선악을 알게 하는 Y자 형태의 나무 및 이 나무의 열매, 왼손과 오른손, 머리를 왼쪽으로 내린 뱀, 출산과 노동, 남녀가 착용한 의상, 동산에서 쫓겨나는

---

6 Woo, J.-G. (2016). Revisiting Orbis Sensualium Pictus: An Iconographical Reading in Light of the Pampaedia of J.A. Comenius. Studies in Philosophy and Education 35(2), 219.

장면 등의 아이콘들은 모두 기독교 교리적으로 대단히 중요한 상징들입니다. 이 상징들을 학습자에게 이해시키는 것도 무척 어려운 작업입니다만, 그 이전에 창조신화의 줄거리를 설명하는 것 자체가 시간을 요하는 일입니다. 즉, 스토리텔링은 라틴어 교수학습과는 직접적 관련이 없거나 혹은 오히려 교수학습의 효율성을 저하시키는 요인일 수도 있습니다.

[그림 V-3]
『세계도회』 "인간"(제35범주)

[그림 V-4]
『세계도회』 "도덕철학"(제109범주)

[그림 V-5]
『세계도회』 "신의 섭리"(제149범주)

[그림 V-6]
『세계도회』 "최후심판"(제150범주)

유사한 사례는 더 있습니다. "도덕철학"제109범주이나 "신의 섭리"제149범주는 가치 지향을 생활철학으로 형상화한 것으로서, 추가적 설명이 많이 요구됩니다. 특히 신의 모습과 속성 그리고 신을 향한 인간의 자세를 직접적으로 형상화한 "신의 섭리"제149범주의 경우 설명의 필요는 더욱 커집니다. 그리고 이러한 필요는 "최후 심판"제150범주에서 극대화됩니다. 최후 심판의 이해를 위해서는 기독교의 직선적 역사관, 인간의 부활과 최후심판론, 그리고 사후 세계 등에 관한 다양한 설명이 동원되어야 합니다. 스토리텔링 자체도 비효율성을 초래하는 요인이거니와 이 모든 내용과 상징들을 이 책의 주요 독자인 어린이와 청소년들에게 이해시킨다는 것은 대단히 어려운 일입니다. 죽음을 이해하기 어려워하는 어린이 학습자에게 부활과 최후 심판을 이해시킨다는 것은 사실상 불가능합니다. 아울러 이것은 라틴어 교수학습과는 거리가 먼 내용입니다.

『세계도회』 — 교육을 통한 인류 사회의 재건

그림이 내포하고 있는 고도의 추상성으로 인한 이해의 난점 및 스토리텔링의 필요로 인한 라틴어 학습의 지연 가능성과 비효율성은 코메니우스도 분명 사전에 충분히 인지하였을 것입니다. 그럼에도 불구하고 그는 이 그림들을 『세계도회』에 포함하여야만 했습니다. 왜냐하면 그는 이 책의 집필을 통해 라틴어 교수학습의 촉진 외의 다른 목적도 함께 추구하고자 하였기 때문입니다. 그리고 여기에는 그의 복합적 정체성이 함께 작용하였습니다. 이제 그 얘기를 잠시 하고자 합니다.

첫째, 그는 자신의 종교적 신념을 이 책 속에 충분히 반영하고 구현하고자 하였습니다. "신"으로부터 시작하여 "최후 심판"으로 종결되는 본론의 구도는 기독교 역사관과 시간관을 고스란히 보여줍니다. 그러나 신을 그림으로 표현하는 일은 여간 어렵고 모순되는 일이 아니었을 것입니다. 왜냐하면 개신교 성직자였던 그는 "야훼에 관한 어떠한 형상도 만들지 말라"제2계명는 계명을 누구보다 잘 알고 있었을 것이며, 그럼에도 불구하고 그는 지금껏 그 누구도 본 적 없는 신을 시각적으로 묘사하는 데서부터 이 책을 시작하여야 했기 때문입니다. 그래서 그는 신을 형상화하지 않는 방식으로 신을 표현하기 위하여 추상적 도형과 문자를 활용한 것입니다. 즉, 신을 직접적으로 그리지 않고, 이를 대신하여 신의 속성을 내포하는 원과 선과 삼각형과 문자를 활용한 것입니다. 이것이 비록 이 책의 학습자들에게 추상적으로 느껴지거나 혹은 이해되지 않을 수 있다 하더라도 그는 이 모순된 미션을 수행하여야만 했습니다.

둘째, 스토리텔링의 필요가 많은 복잡한 그림들을 굳이 라틴어 교재에 넣어 둔 이유 역시 저자의 종교적 신념에 근거한 교육적 사명감과 관련이 있습니다. 그는 『세계도회』를 라틴어 교수학습을 촉진하기 위한 교재로는 물론이거니와, 혹은 그보다 더욱, 어린이와 청소년들에게 인류와 사회의 재건을 위한 가치를 전달할 수 있는 매체로 고안하였던 것 같습니다. 그에게 있어서 라틴어 교재는 자신이 확신하였던 교육의 가치를 실어 나를 수 있는 최고의 수단이었던 것입니다. 물론 앞서도 언급한 바와 같이, 그가 지녔던 종교적 신념 및 이에 근거한 교육적 가치관의 합리성과 타당성은 당대의 맥락에서도 그리고 통사적 관점에서도 조심스럽게 판단해 보아야 할 문제입니다. 그러나 30년 전쟁으로 소실된 자신의 고향과 폐허가 된 유럽 사회 전체의 건강한 재건을 향한 코메니우스의 교육적 열정 만큼은 긍정적으로 평가받을 필요가 있을 것입니다.

셋째, 앞서 코메니우스의 교육적 가치관을 상대화시켜 판단할 필요가 있다는 말씀을 드렸습니다. 이와 관련하여 "도덕철학"109범주: [그림 V-4]

의 그림을 다시 보고자 합니다. 이 그림에는 다음과 같은 텍스트가 제공되어 있습니다.

> "이 세상에는 하나의 길 아니면 피타고라스의 문자처럼 갈림길이 있습니다. 왼쪽 길은 넓고 오른쪽은 좁습니다. 넓은 길은 악덕의 길이고, 좁은 길은 덕의 길입니다. 젊은이들이여, 주의하십시오. … 왼쪽을 지나쳐서 악덕을 피하십시오. … 아무리 가시밭길이라도 오른쪽을 걸으십시오. … 오른쪽 길에서 벗어나지 않도록 조심하십시오. 제멋대로 움직이는 말에서 떨어지지 않도록 제어하십시오. 왼쪽 길에 들어서 당나귀처럼 나태에 빠지지 않도록 충분한 주의를 기울이십시오."

주지하는 바와 같이, 코메니우스가 기반하고 있는 종교는 오른쪽과 왼쪽을 명확히 구분하는 전통을 갖고 있습니다. 오른쪽에는 긍정적인 의미가 그리고 왼쪽에는 부정적인 의미가 부여됩니다. 이와 같은 이분법적 가치 부여는 "신의 섭리"제149범주: [그림 V-5]에서도 동일하게 확인됩니다. 인간의 오른쪽과 왼쪽에는 각각 천사와 악마가 자리하고 있습니다. 동일한 이분법과 좌우구분은 "인간"제35범주: [그림 V-3]에서도 확인됩니다. "도덕철학"제109범주: [그림 V-4]에서 중심소재로 활용된 적 있는 피타고라스 문자Y는 "인간"제35범주: [그림 V-3]에서 좌우로 가지가 뻗은 나무의 모양으로 다시 등장하고 있으며, 이 그림 속 오른쪽 세계와 왼쪽 세계의 분위기는 사뭇 다르게 묘사되어 있습니다. 아울러 이 그림에서 뱀의 머리가 향하는 방향 역시 왼쪽입니다.

이렇듯 코메니우스의 세계관과 가치관은 대단히 이분법적이었습니다. 오른쪽과 왼쪽, 덕과 악덕, 천사와 악마, 천국과 지옥 등에서 보이는 바와 같이, 그의 시대는 여전히 이분법적 세계관이 지배하고 있었습니다. 코메니우스뿐 아니라 그의 동시대인들도 이로 인한 이분법적 전쟁과 폐허의 시대를 살아가고 있었습니다.

"신의 섭리"(제149범주) — 전지(全知)와 전능(全能)

"신의 섭리"제149범주: [그림 V-5]의 상단부를 보겠습니다. 이 그림의 제목은 "신의 섭리"입니다. 이 그림에서도 등장하는 것은 '발산의 선'입니다. 『세계도회』에 수록된 그림에서 '발산의 선'이 등장하면, 그것은 예외 없이 신을 묘사할 때입니다. 이 그림에서도 마찬가지입니다. 그리고 이 '발산의 선'은 눈을 감싸고 있습니다. "2"라는 숫자에 상응하는 해설에는 "모든 것을 간파하는 신의 눈"이라고 기술되어 있습니다. 그리고 그 옆에 들려진 막대에는 "3"이라는 숫자가 적혀 있고, 이에 상응하는 해설에는 "모든 것을 지배하는 신의 손"이라고 적혀 있습니다. 이 둘을 합하면 "전지와 전능"이 됩니다. 저자는 이 두 아이콘으로 신의 "전지전능"이라는 속성을 묘사한 것입니다. 제1장에서 "전지전능 교사관"을 소개하면서, 그것의 유래를 톺아보겠노라고 말씀드린 바 있었다는 사실을 상기하여 주시기를 바랍니다.

"최후 심판"제150범주: [그림 V-6]에서 신을 나타내는 아이콘으로서 '눈'이 등장하였으니, 이와 관련된 말씀을 간략히 드리겠습니다. [그림 V-6]의 눈이 오른쪽 눈인지 혹은 왼쪽 눈인지에 대해서는 의견이 분분할 수 있습니다. 그런데 이 눈의 좌우 구분보다 중요한 것은 이 아이콘이 외눈이라는 사실입니다. 우선 외눈의 생명체 또는 외눈으로 표현된 생명체를 마주할 때 어떤 느낌을 받게 될지를 떠올려 보시기를 바랍니다.

[그림 V-7]은 그리스 신화에 등장하는 거인 키클롭스Κύκλωψ입니다. 이 거인은 시각의 기능을 하지 못하는 두 눈이 형태만 남아 있고, 이마에 있는 한 개의 눈으로만 앞을 봅니다. 그래서 키클롭스는 일반적

[그림 V-7] 키클롭스[7]

으로 외눈박이 거인으로 알려져 있습니다. 그리스 신화 속의 키클롭스는 신의 자식이며, 악당의 속성과는 거리가 멉니다. 그러나 키클롭스는 현대에 와서 그의 특별한 외모외눈로 인하여 각종 몬스터의 모티브가 되고 있습니다. 『몬스터 주식회사』2001의 '마이크'나 마블 코믹스 『엑스맨』 시리즈의 '사이클롭스'가 대표적인 예입니다. 이들 모두 외눈이라는 특별한 외모에 귀여움 혹은 특별한 능력을 부여하여 긍정적 이미지를 창출하려고 노력한 예시들입니다.

여기서 한 가지 의문이 생깁니다. 그렇다면 『세계도회』의 저자는 신을 꼭 외눈이라는 아이콘으로 표현했어야 했는가입니다. 그리고 이것은 기독교 예술문화사에서도 드문 사례라 할 수 있습니다. 일반적으로 기독교 예술작품에서 '눈'의 아이콘은 '섭리의 신'을 의미합니다. 그러나 기독교 성서에서는 일반적으로 눈이 복수plural로 등장하는 데 반해, [그림 V-6] 속 눈은 외눈입니다. 기독교 예술사학자 드 샤포루슈에 따르면, 이것은 엄밀히 말하자면 기독교적 전통이 아니라 고대 이집트적 전통이지만, 그 유입경로는 불확실하다고 합니다. 그에 따르면, 정삼각형의 한가운데 위치한 하나의 커다란 눈은 전지전능과 삼위일체의 신을 상징하는 경우가 대부분이며, 이는 17세기에 들어 기독교 예술작품에서 그 활용이 빈번해진 것이라고 합니다. 그 최초의 예로 그는 1683년에 그려진 독일 블라우보이렌Blaubeuren 개신교회 내부 장식 그림을 들고 있

7 그림출처: https://postmortem.hypotheses.org https://es.wikipedia.org

[그림 V-8]
독일 아헨 돔호프(1776)[9]

[그림 V-9] 독일 드레스덴
성모교회 천장[10]

[그림 V-10] 독일 드레스덴
성모교회 지하박물관[11]

습니다.[8] 그러나 그는 아마도 이것보다 25년 앞선 코메니우스의 『세계도회』[1658]를 간과한 것으로 보입니다. 심지어 『세계도회』의 "신"[제1범주: [그림 V-2]] 역시 '하나의 커다란 눈'으로 묘사되어 있는데도 말입니다. 그러므로 외눈 아이콘으로 신을 표현하는 기법은, 드 샤포루슈의 설명과는 달리, 늦어도 17세기 중반부터는 보편적 예술기법이 되었다고 볼 수 있습니다. 이러한 사실은 18세기부터 빈번하게 등장하였던 '섭리의 눈'[Auge der Vorsehung]의 예술 작품 사례들을 보면 더욱 분명해집니다.

참고로 [그림 V-9]은 독일 드레스덴 성모교회[Frauenkirche]의 제단 위 천정의 모습입니다. 화려한 구름과 금빛 발산의 선들 사이로 익숙한 모양의 표식이 눈에 띕니다. 이 표식은 삼각형과 원 그리고 외눈의 아이콘으로 이루어져 있습니다. 아울러 14세기부터 있었던 이 교회의 지하에는 여러 차례 이루어졌던 교회 중건 당시 적당한 자리를 찾지 못한 건축물의 일부가 전시되어 있습니다. [그림 V-10]도 그중 일부입니다. [그림 V-9]보다는 덜 선명하고 외눈 아이콘은 보이지 않지만,

---

8 De Chapeaurouge, D. (1987). Einführung in die Geschichte der christlichen Symbole(pp. 145f). WBG.

9 그림출처: https://de.m.wikipedia.org

10 그림출처: 필자 소장

11 그림출처: 필자 소장

이것 역시 발산의 선과 원과 삼각형으로 이루어져 있습니다. 외눈 아이콘이 들어있지 않아도, 이 표식 전체가 하나의 눈 또는 태양처럼 보이기도 합니다. 그리고 사람들은 이 형상을 "섭리의 눈"으로 명명합니다. 태양은 비치지 않는 곳이 없고, 신의 눈은 살피지 못하는 것이 없습니다. 태양과도 같고 눈과도 같은 이 표식을 통해 무소부재無所不在한 신의 속성 즉 전능全能의 속성과 전지全知의 속성이 동시에 표현되고 있다고 볼 수 있습니다. 구약성서에 기록된 것과 같이, "신의 눈은 모든 곳에서 선과 악을 지켜보고 있습니다."잠언15:3

좌우대칭과 이원적 세계관 · 가치관

다시 "신의 섭리"제149범주: [그림 V-5]로 돌아와서 설명을 이어가겠습니다. 이 그림 속 5번 아이콘은 사람을 나타내는 것이 분명합니다. 그렇다면 사람의 좌우에 있는 아이콘들은 무엇일까요? 이와 관련하여 그림의 설명에는 이렇게 적혀 있습니다. "신은 하인과 천사(4)를 거느리고 있다. 천사는 악을 잇는 정신이나 악마(6)에 대한 보호자로서 태어날 때부터 인간 옆에 있다." 물론 여기서도 좌우의 원칙이 적용되고 있습니다. 오른쪽 아이콘은 천사이고, 왼쪽에는 악마가 자리하고 있습니다. 천사의 아이콘은 날개라는 부가적 장치를 통해 알아볼 수 있습니다. 그렇다면 왼쪽의 악마는 어떻게 이런 모습으로 묘사되었을까요? 이에 대한 별도의 연구는 아직 이뤄지지 않았습니다. 그리고 『세계도회』에도 추가적인 정보는 제공되어 있지 않습니다.

그러나 문화사적 정황과 자료를 참조해 보자면, 이 악마 아이콘은 중부유럽에서 구전되어 온 의인화된 전설의 생물인 크람푸스Krampus와 흡사해 보입니다. 산타클로스의 반대 역할을 하는 것으로 알려진 크람푸스는 반은 염소, 반은 악마의 모습을 하고 있으며, 못된 행동을 한 아이들에게 크리스마스 시즌에 벌을 내리는 존재라고 구전되어 왔습니다.[13] 그럼에도 불구하고 이 책의 저자인 코메니우스가 왜 크람푸스를 악마 아이콘으로 선택했는지는 정확히 확인할 길이 없습니다.

[그림 V-11]
1900년대 그림엽서
"Greetings from Krampus!"[12]

비교문화학적 관점에서 생각해 보아야 할 점이라면, 천사와 악마의 캐릭터가 한국인의 문화에 내재하였는가입니다. 오늘날 한국인들은 "신의 섭리"[제149범주]에 등장한 천사 아이콘을 응당 천사로 인식할 것입니다. 그러나 이것이 원래부터 그러했던 것은 아닙니다. 한국의 전래동화에는 천사가 등장하지 않습니다. 주지하는 바와 같이, 한국의 전래동화에 선녀가 있었던 것은 사실이고, 이 선녀는 천상과 지상을 오가는 존재였습니다. 비록 선녀에게 날개는 없었지만 옷의 힘을 빌어 선녀는 날 수 있었고, 옷을 빼앗긴 후에는 날지 못하였으며, 사람과 함께 살면서 사람 아기를 낳았다는 전래 동화에 한국인들은 익숙합니다. 선녀의 경우 그야말로 옷이 날개였던 것입니다. 그런가하면 이 그림에 등장하는 악마크람푸스에 비견될 만한 확실한 악마 캐릭터도 한국의 전래동화에는 없습니다. 우선적으로 연상되는 귀신은 초인간적·초자연적 힘을 발휘하여 인간에게 화복을 주는 복합적 존재로서, 악행만을 일삼는 존재로 여겨진 것은 아닙니다. 오히려 귀신은 때로 이생에

12 그림출처: https://en.wikipedia.org
13 https://www.nationalgeographic.com/history/article/131217-krampus-christmas-santa-devil

서의 억울함이 원인이 되어 인간적 연민을 유발하는 존재로 묘사되기도 했습니다. 아울러 권선징악의 상징이라 할 수 있는 도깨비 역시 악마 캐릭터와는 거리가 멉니다. 굳이 꼽자면, 현실 속 탐관오리 그리고 민초를 탄압하는 권력자들이 악마로 묘사된 사례가 많을 것입니다. 그래서 한국의 전통적 가치관은 이분법적이지 않습니다. 좌우나 선악의 구분이 명확하지 않습니다.

위와 같이 문화에 따른 가치관의 차이를 염두에 둘 때, "신의 섭리"제149범주: [그림 V-5]는 선명한 이분법적 가치관을 표방하고 있다고 볼 수 있습니다. 아울러 이러한 이분법적 세계관과 가치관은 『세계도회』 전체를 관통하는 원칙이기도 합니다. 이것은 코메니우스가 지니고 있었던 종교적 신념에 기인한 것입니다. 참고로 [그림 V-5]의 왼편 구석의 원 안에 있는 사람(7)은 마술사·마법사입니다. 저자는 이렇게 기록하고 있습니다. "악마에게 몸을 맡기는 사람에게 재난이 있기를, 주문으로 불러들여 고리 안에 봉인하는 것이다. 그들은 악마와 결탁해서 등을 돌리고 있다. 물론 그들은 악마와 함께 보복을 받게 될 것이다."

"최후 심판"(제150범주)

[그림 V-6]의 제목은 "최후 심판"입니다. 기독교 역사관은 직선적이고 단선적입니다. 천지창조 이후 신적 섭리의 시공간에서 펼쳐지는 역사는 신이 지정한 어느 한 시점에 이르면 종말을 맞게 됩니다. 이 그림에도 역시 발산의 선이 등장합니다. 그리고 그 한가운데, 이번에는 외눈이나 반짝임의 이미지로서가 아니라 예수의 모습을 한 신이 직접 모습을 드러냅니다. 그리고 그림 하단의 한 가운데에는 죽어서

땅 속에 묻혔다가 부활하는 사람도 눈에 띕니다. 이를 통해 저자는 최후 심판의 날에는 과거와 현재의 모든 인간이 예외 없이 신의 법정 앞에 서게 된다는 메시지를 전달하고 있습니다.

이 그림 역시 좌우 구분이 분명합니다. 그러나 내용은 이전과는 반대입니다. 왼쪽에는 새 예루살렘과 그곳에 살게 될 신의 사람들이, 그리고 오른쪽에는 도복을 입은 누군가에 의해 밀리고 쫓겨나서 아우성치면서 어디론가 빨려 들어가는 사람들의 무리가 그려져 있습니다. 이전 그림들과는 정반대로 다른 좌우 의미부여와 관련하여서는 추가적 해석이 필요합니다. 이것은 최후 심판이라는 퍼포먼스가 철저히 신의 관점에서 이루어질 것이라는 점, 그리고 이 일은 모든 인간에게 개인적으로 해당되는 사안이며, 이 순간 관람객은 없을 것이라는 점을 시사합니다. 이 그림에 한하여 좌와 우라는 방향의 지정은 인간의 관점이 아니라 신의 관점에서 적용되어야 합니다. 참고로 신 아래에 위치하면서 칼을 휘두르고 있는 아이콘은 『세계도회』 내에서는 정체가 소개되지 않은 존재입니다. 그러나 이 아이콘은 "인간"제35범주: [그림 V-3]에도 등장한 바 있습니다. 거기서 그는 신과의 약속을 저버린 인간을 에덴동산 밖으로 밀어내는 역할을 하였습니다. 아마도 신을 조력하는 천사라고 추측됩니다.

이 책의 주된 독자층인 어린이·청소년에게 최후 심판의 이야기를 상세하게 설명하기란 쉽지 않습니다. 아울러 라틴어 교수학습을 위해 이 그림을 활용하기도 쉽지 않습니다. 스토리텔링을 위한 추가적 시간과 노력을 들여야 하는 것은 물론이거니와 기독교 창조 신화, 신과 인간의 관계, 피조세계의 역사성과 기독교적 종말론, 종교적 고백 여부에 따른 기독교적 권선징악론, 삶과 죽음과 부활 등에 관한 설명과 이해가 전제되어야 비로소 이 그림은 라틴어 교수학습의 소재로 활용될 수 있을 것이기 때문입니다.

앞서 소개하였던 몇몇 그림들은 사실상 라틴어 교수학습을 위한 교재의 내용으로 적합하지 않습니다. 복잡한 스토리를 빼곡하게 묘사한 그림을 판화로 제작하기도 여간 어려운 일이 아니었을 것이지만, 이보다 더욱 교수학습의 현장에서 발생하게 될 비효율성도 저자로 하여금 재고를 거듭하게 하였을 것입니다.

그림에도 불구하고 코메니우스는 이 그림들을 주요한 위치에 포진하였고, 자신의 의지를 관철하였습니다. 그 의도에 관하여는 이미 여러 차례 언급한 바 있습니다. 바로 종교적 신념에 근거한 교육을 통한 인류사회의 재건입니다. 그는 신학자이자 교육학자였고, 기독교 성직자이자 학교개혁가였습니다. 그는 자신이 제안하는 인류 회복과 사회 재건의 지름길에 대한 정보들을 베스트셀러『세계도회』속 그림에 빼곡하게 담아 두었던 것입니다.

교사와 학생, 교육적 관계, 교직과 교육

[그림 V-12]
『세계도회』"도입/맺음"

이제 『세계도회』의 실질적 본론에 해당하는 그림을 보겠습니다. 앞서 말씀드린 바와 같이, 이 그림은 이 책에서 유일하게 두 번 등장합니다. 그만큼 저자가 중요하게 여긴 그림이라 할 수 있습니다.

이 그림에는 별도의 제목이 부여되어 있지는 않았습니다. 교육학자 슐츠는 이 그림의 제목을 "산책"[14]이라고 명명한 적 있습니다. 그러나 이 그림은 단순한 산책이라기보다는 더욱 교육적인 분위기를 풍기고 있으며, 그런 의미에서 교사와 학생, 교육적 관계, 교직과 교육 등의 제목이 더욱 어울릴 것으로 판단됩니다. 실제로 코메니우스는 이 그림에 상응하는 지문 속에 교사와 학생 사이의 대화를 적고 있기도 합니다. 물론, 제6장에서 소개하게 되겠지만, 이 대화를 통해 저자는 이 책을 통해 자신이 의도한 바를 명확하게 제시해 두었습니다.

이 그림의 해석을 위해서 우리는 이 그림을 세 부분으로 나누어서 각각의 아이콘들의 의미 및 이들 사이의 관련성을 탐색해 보도록 하겠습니다. 이것을 통해 우리는 코메니우스에게 있어서 교육의 필연성과 가능성의 핵심 근거라 할 수 있는 이원적 세계론을 시각적으로 더욱 분명하게 확인할 수 있을 것입니다.

이원적 세계관 ― 구름 vs. 태양

[그림 V-13]의 상단 좌편에는 구름이 자리하고 있고, 우편에는 빛을 발산하는 태양이 있습니다. 우선 구름은 『세계도회』 속 하늘에 관련된 모든 그림에서 빠지지 않고 등장하는 요소입니다. 그러나 구름이 적극적인 의미를 띠는 예는 "공기"[제5범주: [그림 V-1], "신의 섭리"[제 149범주: [그림 V-5] 그리고 "최후 심판"[제150범주: [그림 V-6] 등 세 번 정도입니다. 특히 "공기"[제5범주에서 구름은 왼편 상단 구석에서 시작해서 오른편 하단으로 이어지는 기둥의 형상으로 그려지고 있고, 이를 코메니우스는 "세

14 Schulze, T. (1993). Ikonographische Betrachtungen zur pädagogischen Paargruppe. Herrlitz, H.-G. & Rittelmeyer, C. (Hrsg.). Exakte Phantasie (p. 157). Juventa.

계의 파괴를 초래하는 폭풍"이라고 명명합니다. 눈에 띄는 것은 이 뭉쳐진 구름의 핵에 사람의 얼굴과 동일한 형상이 들어 있다는 사실입니다. 자연 요소 또는 자연 현상의 의인화는『세계도회』내에서 단 2회 등장하는 기법이지만, "커다란 하나의 눈"만 그려져 있는 "최후 심판"제150범주: [그림 V-6]의 태양 아이콘과는 달리, 인간의 얼굴 전체가 그려져 있는 경우는 "공기"제5범주: [그림 V-1] 구름의 핵이 유일합니다.

[그림 V-13] "도입/맺음"
『세계도회』인쇄본(1658)

[그림 V-14] "도입"
『세계도회』시험본(1653)[15]

이 의인화에 내포된 코메니우스의 의도가 어린이 독자들에게 친근함을 유발하기 위한 고려였는지 혹은 그 무엇인지는 분명치 않습니다. 다만 1658년의『세계도회』출판에 앞서 1653년에 만들어졌던 시험본의 "도입"[그림 V-14]에서는 태양 속에 사람의 얼굴이 들어있었던 점, 그러나 1658년의『세계도회』의 "도입"[그림 V-16]의 태양에는 사람의 얼굴이 삭제되었다는 점을 감안하여 보자면, 이것이 꼭 어린이 독자들을 배려한 결과가 아니라 신의 형상화 또는 신의 형상적 의인화를 경계

---

15 Comenius, J.A. (1653). Orbis Sensualium Pictus - Probedruck; Schulze, T. (1993). Ikonographische Betrachtungen zur pädagogischen Paargruppe. Herrlitz, H.-G. & Rittelmeyer, C. (Hrsg.). Exakte Phantasiep (p. 156재인용). Juventa.

하는 기독교의 전통을 감안한 것이라고 추측됩니다.

그렇지만 코메니우스가 『세계도회』1658에서 구름의 의인화는 그대로 고수하였다는 점은 그가 자연 현상을 통해서도 인간을 위한 신의 섭리가 발현된다는 점을 긍정적으로 강조하기 위함이었던 것으로 생각됩니다. 어찌되었건, "공기"제5범주: [그림 V-1]에서의 구름은 하늘을 가리고 세계를 파괴하는 속성을 나타내고 있습니다.

그런가 하면, "신의 섭리"제 149범주" [그림 V-5]와 "최후 심판"제150범주: [그림 V-6]의 구름은 중앙 상단에 위치한 태양의 좌우로 나뉘어 그 역할이 소극적인 것으로 묘사되고 있습니다. 즉, 태양 또는 신이 적극적으로 모습을 드러내는 경우 구름은 더 이상 빛을 가리지 못하고 태양에게 자리를 내어주어야 하는 피조물의 위치에 서게 됩니다.

이상을 종합하자면, 『세계도회』의 "구름"은 신의 피조물의 하나로서, 태양 즉 신의 의사와 의지 또는 태양으로부터 발산되는 빛을 가리는 부정적 기능의 상징으로 묘사되고 있습니다. 그래서 "도입/맺음"[그림 V-13]에서 좌편 상단의 구름과 우편 상단의 태양이 대조를 이루고 있다는 점을 주목해 볼 필요가 있습니다.

이원적 세계관 — 자연 vs. 문화·문명

"도입/맺음"[그림 V-13]의 중간단을 보겠습니다. 중간단 좌편에는 나무와 목초가, 그리고 우편 중간단에는 건물들이 자리하고 있습니다. 이 좌편의 나무와 목초들은 아직은 제대로 조경되지 않은 상태로 있는 반면, 우편에는 좌편의 자연 소재를 깎고 다듬어서 세운 건물과 도시가 대조적으로 제시되고 있습니다. 이 대조 역시 자연 vs. 문화·문명의 이원적 세계관을 드러냅니다. 즉, 빛이 가리워진 상태 즉 어둠의 상징인 구름 아래에는 전혀 다듬어지지 않은 자연을, 그리고 빛과 지혜의 원천인 태양 아래에는 문화와 문명의 아이콘들을 배치하였다는 점은 둘로 나뉜 세계 중 교육의 시작점이 어디이며 교육의 목적은 무엇인가에 대한 코메니우스의 이해를 직관적으로 보여줍니다. 즉, 그 방향은 "도입/맺음"[그림 V-13]의 우편에서 좌편으로 향하여야 합니다.

물론 "도입/맺음"[그림 V-13]의 구도를 이렇게 이원대립적으로 해석하는 것이 과연 타당한가라는 지적이 있을 수 있습니다.16 즉, 코메니우스의 세계관이 이원적인 것이 아니라, 이를 해석하는 관점이 과도한 이원성을 염두에 둔 나머지 코메니우스의 사상을 코메니우스 자신이 의도하지 않았던 대립적 이원구도 속으로 끼워맞추는 오류를 범하는 것이 아닌가라는 지적이 바로 그것입니다. 그러나 "도입/맺음"[그림 V-13]을 1653년의 시험본 "도입"[그림 V-14]과 대조해 보면, 코메니우스의 의도가 선명하게 드러납니다.

주지하는 바와 같이 코메니우스가 『세계도회』를 구상한 것은 1620년대로 거슬러 올라갑니다. 그는 당시·예수회 수사들이 출판한 『언어의 문』을 접한 이래 라틴어 교육에 대한 자신만의 교수법을 고안하고, 이후 이를 자신의 저서들 『언어의 문』1629-1631, 『언어의 현관』1633 그리고 『언어의 궁전』1652 등에서 펼친 바 있습니다. 그리고 이러한 저서들에서 구체적으로 피력하였던 교수법의 실행본이라 할 수 있는 『세계도회』의 구상을 코메니우스는 1653년 이전에 마무리한 상태였습니다. 그리고 그는 당시 독일 내 최대 규모의 출판도시이자 목판기술자들의

---

16 "Culture does not threaten or spoil nature, but rather brings it from an unformed beginning to its intended fruitfulness." Smith, D. (2000). Gates Unlocked and Gardens of Delight: Comenius on Piety, Persons, and Language Learning. Christian Scholar's Review 30(2), 207-232.

주요 활동무대였던 뉘른베르크의 미하엘엔터출판사Michael-Endter-Verlag와 교분을 맺게 되었고, 『세계도회』를 출판하기에 이르렀습니다. 그리고 1658년 『세계도회』 초판 인쇄에 앞서 1653년에 시험본을 찍게 됩니다. 이를 위해 코메니우스는 출판사로부터 의뢰받은 목판화 기술자 크로이쯔베르거P. Kreuzberger에게 『세계도회』의 그림 제작을 맡겼고, 첫 5개 그림에 라틴어 본문을 삽입하여 시험본을 제작하였습니다. 그리고 그 결과를 코메니우스가 직접 교정한 후 『세계도회』 초판 언쇄작업에 착수하였습니다. 즉, 이 책의 모든 그림들은 코메니우스가 직접 스케치하고, 크로이쯔베르거가 목판으로 작업한 후, 다시 코메니우스가 교정한 또는 교정하게 한 결과물입니다.17

그러므로 "도입/맺음"[그림 V-13]: 인쇄본과 "도입"[그림 V-14]: 시험본의 차이는 결코 우연의 산물이거나 목판기술자 크로이쯔베르거의 단독적 의사가 아닙니다. 특히 "도입"[그림 V-14]: 시험본을 포함하여 시험판본에 들어있었던 5개의 그림은 코메니우스가 자신의 의사를 가장 직접적으로 관철시킨 그림들입니다. 이런 의미에서 "도입/맺음"[그림 V-13]의 중간단 좌편의 자연과 중간단 우편의 문화·문명의 이원적 대조는 문헌학적 차원에서 해석상의 오해의 여지를 남기지 않습니다. 코메니우스가 직접 시험판본의 좌우배치를 인쇄본에서 뒤바꿔 놓았기 때문입니다.

이원적 세계관 — 학생 vs. 교사

"도입/맺음"[그림 V-13]의 중앙에 등장하는 두 인물의 대조도 흥미롭습니다. 우선 왼편에는 어린이가, 오른편에는 어른이 서 있습니다. 어린

---

17 Alt, R. (1970). Herkunft und Bedeutung des Orbis Pictus (pp. 9-14). Akademie.

이는 모자를 벗어 손에 들고 있고 비교적 친절한 표정을 짓고 있습니다. 반대로 오른편의 어른은 모자와 망토 그리고 지팡이^{또는 회초리}18를 들고 있습니다. 이를 통해 코메니우스는 예의와 존경을 표하는 아동 그리고 경험과 지혜와 연륜의 상징인 성인을 대조적으로 묘사하고 있습니다. 그리고 이들 두 인물은 코메니우스가 직접 제공한 대화문에서 드러나듯이 "학생과 교사"입니다. 이들은 지금 대화 중이며, 이것은 곧 코메니우스가 이해하는 교육적 관계의 원형Prototype으로 이해될 수 있습니다. 이 대화의 내용은 다음과 같습니다.19

교사: 이리로 와서, 지혜를 배워라.

학생: 지혜가 무엇이죠?

교사: 필요한 모든 것, 즉 올바르게 이해하고, 올바르게 행동하고, 올바르게 말하는 것이다.

학생: 그런 것을 제게 누가 가르쳐 주나요?

교사: 내가, 신과 함께.

---

18 이에 관하여는 『세계도회』 "학교"(제 97범주) 그림과 비교·참조바란다.

19 Comenius, J. A. (1658). ORBIS SENSUALIUM PICTUS. Endter Verlag. 남혜승 옮김 (1999). 『세계 최초의 그림 교과서 ORBIS SENSUALIUM PICTUS』 (pp. 2f). 씨앗을 뿌리는 사람. 이 부분을 남혜승은 다음과 같이 풀어서 번역하고 있다. "교사: 이리로 오렴. 현명해지기 위해서는 공부를 해야 한단다. 학생: 현명해진다는 것은 어떤 건가요? 교사: 필요한 모든 것을 올바르게 이해하고, 올바르게 행동하고, 올바르게 말하는 것이란다. 학생: 그런 것을 누가 가르쳐 주나요? 교사: 신의 도움을 받아 내가 가르쳐 준단다." 특히 마지막 문장은 코메니우스의 1658년판 원문에는 "Ich / mit Gott"(내가, 신과 함께)로 되어있는데, 이는 "신의 도움을 받아 내가"라는 남혜승의 번역과는 의미상의 차이를 보인다. 오히려 1835년 가일러의 "청소년을 위한 새 세계도회"에서는 남혜승의 번역과 동일한 독일어 표현이 사용되고 있다는 점이 흥미롭다("Ich mit Gottes Hilfe"; Gailer, J.E. (1979). Neuer Orbis pictus für die Jugend (1835). Die bibliophilen Taschenbücher.

이 장면에서도 코메니우스는 구름과 태양, 자연과 문화·문명에서 보여주었던 이원적 대조를 고수합니다. "필요한 모든 것, 올바름"을 알지 못하는 학생 그리고 "이리로 와서 지혜를 배우라"고 말하는 교사의 대조가 그것입니다. 즉, 학생은 미성숙과 결핍의 존재, 즉 가소성 plasticity의 존재로, 그리고 교사는 지혜와 지식과 교육적 권위의 존재로 묘사되고 있습니다. 이는 사실상 전통적 교육학이 일반적으로 상정해 온 고전적 교육 관계의 전형입니다. 즉, 교육의 작용은 일방향적이고, 그 근거는 바로 지혜와 지식 정도의 비대칭성입니다. 그리고 이때 지혜와 지식의 비대칭성, 즉 결핍과 완전의 대조적 구도는 지혜와 지식의 이상적 완성태를 상정함으로써만 가능한 구도입니다. "내가, 신과 함께"Ich / mit Gott라고 교사가 자신 있게 말할 수 있는 이유 역시 완성된 질서 체계와 완전한 지혜상을 염두에 두고 있기 때문입니다. 이 그림에서 교사는 이 완성된 질서 체계와 완전한 지혜상의 모사로서, 미완의 존재 또는 결핍의 존재인 아동과 마주하고 있는 것으로 묘사되어 있습니다.

이원적 세계관 — 종합

"도입/맺음"[그림 V-13]에 관한 위와 같은 해석은 코메니우스의 이원적 세계관을 뚜렷하게 보여줍니다. 즉, 구름-자연-학생으로 이어지는 왼편의 세계와 태양-문화·문명-교사로 연결되는 오른편의 세계가 바로 그것입니다. 이 둘은 사실상 코메니우스의 모든 저작에서 독자들이 반복적으로 발견하게 되는 상징적 이원구도입니다. 즉, 왼편의 "어둠-무질서·혼란-비지혜·무지·교육부재"의 세계가 그 하나이며, 오른편의 "밝음-질서·문화-지혜·교육받은상태"의 세계가 또 다른 하나입니다. 코메니우스에게 있어서 이 둘은 긴장적 대립 관계를 이루는 법이 없습니다. 왜냐하면, 그에 따르면, 전자왼편는 극복되어야 할 대상이자 결국은 후자오른편로 편입되어서 소멸되어야 할 대상이기 때문입니다. 그러므로 코메니우스가 묘사하고 있는 두 세계는 결국은 하나의 세계로 편입 또는 복속되도록 이미 정해져 있습니다. 그러므로 그의 이원적 세계관은 실상은 두 가지 세계의 병존과 공존을 말하고 있는 것이 아닙니다. 그는 하나의 거대한 전체 즉 결정론적·목적론적 보편주의를 지향하고 있습니다. 이 우주론적 보편성의 상징이 곧 "도입/맺음"[그림 V-13]의 태양의 아이콘임과 동시에 "신"제1범주: [그림 V-2] 그 자체인 것입니다.

교직의 뜻과 숨은 뜻
- 범교육학의 제안

교직의 뜻과 숨은 뜻
- 범교육학의 제안

제5장에서는 『세계도회』의 "도입/맺음" 그림에 대한 도상학적 해석을 통해 코메니우스의 이원적 세계관을 다루었습니다. 제6장에서는 이 그림 속 학생과 교사를 집중적으로 분석함으로써 교육적 관계, 교직, 교육에 관한 그의 사유 속으로 한 걸음 더 들어가 보도록 하겠습니다.

교사와 학생 ― 교사상, 교육적 관계, 교직

[그림 VI-1]에 등장하는 두 인물교사와 학생을 주목하여 주시기를 바랍니다. 우선 이 인물들의 묘사를 위해 동원된 아이콘들을 열거해 보겠습니다. 학생의 경우 모자를 손에 들고 있는 것 외에 추가적인 아이콘은 없습니다. 이와는 달리 교사의 경우 모자를 쓰고 있고, 망토를 두르고 있으며, 지팡이를 짚고 있습니다. 두 사람 모두 손가락을 활용하여 각자의 의사를 표현하고 있습니다. 열거된 아이콘들을 차례로 살펴보겠습니다.

[그림 VI-1] 『세계도회』 "도입/맺음"1

첫째, 지팡이입니다. 지팡이는 일반적으로 노인들을 위한 기능성 소품으로 인식됩니다. 즉, 지팡이라는 아이콘을 통해 표현되는 것은 교사가 학생에 비하여 나이가 많다는 사실입니다. 그러나 이 그림의 맥락에서 볼 때 지팡이는 해당 교사가 노쇠하였음을 나타내기 위한 아이콘으로 채택된 것 같지는 않습니다. 그보다는 오히려 긍정적 의미를 띠고 있는 것으로 해석되어야 합니다. 즉, 나이가 많은 만큼 경험과 연륜이 풍부하다는 것을 의미합니다. 또한 이 그림에서 지팡이는 손가락의 연장재이자 보완재로 사용되는 것으로도 해석될 수 있습니다. 즉, 무엇인가를 가리키는 지시적 기능도 내포하고 있습니다. 이것은 오늘날 프레젠테이션에서 흔히 사용되는 레이저 포인터와 유사한 기능을 수행하고 있습니다. 나아가 지팡이는 지도편달指導鞭撻의 의미를 갖기도 합니다. 지팡이는, 비단 체벌을 위한 도구로까지 사용되지는 않는다 하더라도, 전통적으로 가르침의 기능을 연상시키는 대표적인 소품입니다. 영화 '킹스맨'MARV, 2015이 휴대하고 다니는 우산과도 유사한 역할을 하는 것입니다. 이런 종류의 소품이 학생의 손에 들려있다면 오히려 어색할 수 있습니다. 그러므로 이것은 교사 맞춤형 소품이라 할 수 있습니다. 요약하자면,

1 본장에서 제시된 『세계도회』 속 그림은 다음 책에서 발췌하였으며, 각 그림이 들어있는 쪽번호는 범주 번호로 대신함을 밝혀 둔다. Comenius, J.A. (1658). ORBIS SENSUALIUM PICTUS. Endter Verlag; 남혜승 옮김 (1999). 『세계 최초의 그림교과서 ORBIS SENSUALIUM PICTUS』. 씨앗을 뿌리는 사람. 필요에 따라 필자가 원본의 그림에 추가적 정보를 가미하였거나 일부 정보를 삭제 경우도 있다는 점을 참조바람.

교사의 손에 들려진 지팡이는 경험과 연륜 그리고 방향의 제시와 지도편달을 의미합니다. 참고로 학생의 손가락은 자신의 머리를 가리키고 있습니다. 이것은 교사의 가르침을 통한 아하-경험aha-experience 또는 교육적 각성을 의미한다고 볼 수 있습니다. 두 인물 모두 손가락을 사용하고 있지만, 그 의미는 서로 다릅니다.

둘째, 망토입니다. 전통적으로 망토는 어떤 이들이 착용하였는지를 상기해 보면, 망토라는 아이콘을 통해 저자가 의도한 바를 유추해 볼 수 있을 것입니다.

| [그림 VI-2] 신성로마제국 프란츠 II세 (S. Stretenfeld)[2] | [그림 VI-3] 교황 베네딕트 XVI (2010)[3] | [그림 VI-4] 세종대왕 표준영정 (김기창, 1999)[4] | [그림 VI-5] 충무공 영정 (통영 제승당: 정형모, 1978)[5] |

2 그림출처: https://www.alamy.com (소장위치: Schloss Franzensburg, Laxenburg, Austria)
3 그림출처: Caeremoniale Romanum (https://www.youtube.com/watch?app=desktop&v=Ngc-KBCyHC4)
4 그림출처: 전통문화포털(www.kculture.or.kr)
5 그림출처: 경상남도 제승당 관리사무소(https://www.gyeongnam.go.kr/jeseungdang)

전통적으로 망토는 지체 높은 사람들, 권위의 인물, 능력자의 전유물이었습니다. 즉, 망토는 권력의 상징물이라 할 수 있습니다. 그리고 이것은 때로는 각종 화려한 망토로, 또 때로는 용포나 도포의 형태를 띠어 왔습니다. 그리고 오늘날 이 망토는 각종 초현실적 의상의 모습으로 권력에 대한 욕망, 능력의 표식, 영웅 심리를 표현해 왔습니다. 대중에게 친근한 고전적 예로, 수퍼맨과 배트맨의 망토나 닥터스트레인지와 토르와 해리포터의 망토가 여기에 해당됩니다. 망토의 변형물이라 할 수 있는 스파이더맨의 의상과 아이언맨의 수트 역시 동일한 맥락의 아이콘들이라 할 수 있습니다. 이 영웅들에게 있어서 망토 또는 망토의 대용물인 특수 의상은 영웅 이미지를 완성시키는 중요한 아이콘입니다. 이들에게서 망토와 특수의상을 삭제한다면, 이들은 일반인과 다르지 않게 보일 것입니다.

망토의 기본적인 의미는 권력이자 초월이고, 이것은 누군가를 지배하고 보호하고 교화한다는 것을 의미합니다. 『세계도회』의 저자가 교사의 어깨에 망토를 걸쳐 놓은 것은 교사라는 인물의 능력과 권위와 권력이, 그리고 때론 교사의 인격과 명예와 영향력이 학생을 비롯한 일반인에 비하여 우위에 있어야 한다는 신념을 피력한 것입니다. 코메니우스는 교사를, 오늘날의 표현으로는, 영웅의 반열에 놓고 교직과 교육을 구상하였습니다.

셋째, 모자입니다. 모자의 아이콘을 해석하기 위하여 우리는 모자의 기본적 기능에 대해 생각해 볼 필요가 있습니다. 우리는 모자를 머리에 씁니다. 그리고 그 기본 목적은 머리의 보호입니다. 더위와 추위로부터 그리고 위험으로부터 머리를 보호하기 위하여 우리는 모자를 착용합니다. 그렇다면 우리는 머리를 왜 보호하려고 하는 것일까요? 그것은 인간에게 있어서 머리가 중요한 기관이라는 인식 때문입니다. 생리학적 관점에서 그리고 신경과학적 관점에서 여러 가지 이유를 열거할 수 있겠으나, 코메니우스의 그림 속에서 포착되는 이유는 머리라는 기관이 지혜와 지식의 담지체이기 때문입니다. 그리고 이 그림 속에서 지혜와 지식은 태양으로부터, 즉 신으로부터 비롯됩니다. 달리 표현하자면, 저자가 보기에 인간의 머리가 중요한 이유는 머리가 신적 지혜와 지식을 담지하는 기관이기 때문입니다. 그래서 그는 그림 속 교사에게 모자를 씌워놓은 것입니다.

맞은편에 서 있는 학생의 경우는 그 의미가 다릅니다. 즉, 학생의 경우 머리가 보호할 가치가 없어서 모자를 벗어들게 한 것이 아닙니다. 그가 모자를 벗어서 손에 들고 있는 것은 모자의 다른 기능을 강조하기 위함입니다. 즉, 모자를 벗는 행위는 인사와 존경과 감사의 의미와 연결됩니다. 학생은 자신이 마주한 교사에게 열린 마음과 자세를, 그리고 교사를 통해 교수되는 혹은 교사를 통해 중개되는 지혜와 지식에 대해 수용적 자세를 보이고 있습니다. 이때 학생이 모자를 쓰고 있다면, 이것은 열린 마음의 표현과 수용적 자세의 표현을 오히려 방해하는 아이콘으로 작용하게 될 것입니다.

혹자는 모자와 관련된 위와 같은 해석이 과도한 것이라고 생각할 수도 있습니다. 그러나 위와 같은 해석은, 앞서도 언급된 시험본의 해당 그림[그림 VI-6]과 비교해 보면, 그 근거를 확인할 수 있습니다. 시험본에서 교사에게 착용시킨 모자는 인쇄본의 그것과 형태가 사뭇 다릅니다. 시험본의 모자는 이른바 챙이 넓은 중절모로서, 인쇄본의 그것보다는 훨씬 고급스러운 것입니다. 사실 인쇄본 속 모자[그림 VI-1]는 교사의 몸에 착용된 여타 아이콘들에 비하면 오히려 초라하다고 볼 수 있습니

[그림 VI-6] "도입"
『세계도회』 시험본(1653)[6]

다. 그럼에도 불구하고 저자인 코메니우스는 챙넓은 중절모를 과감하게 교체하였습니다. 왜냐하면 중절모의 챙이 오히려 태양빛의 진행을 가로막고 있기 때문입니다. 그리고 이것은 대단히 불경스러운 일일 뿐 아니라 그가 독자들에게 전달하고자 하는 교사의 역할을 설명하는 데도 도움이 되지 않기 때문입니다.

코메니우스가 제안하는 교사상

위 세 가지 해석을 종합해 보면 코메니우스가 그리는 교사의 모습이 도출됩니다. 즉, 교사는 경험과 연륜이 풍부하고(지팡이, 손가락), 권위와 권력과 위상이 높으며(망토), 지혜와 지식이 풍부한(모자) 존재입니다. 그는 가르치고자 하는 열정과 성실성이 충만하여야 하고, 학생이 우러러볼 만한 인격과 품위의 존재일 것이며, 지혜와 지식으로부터 나오는 권위와 힘(권력)이 가득한 사람입니다. 코메니우스에게 있어서 교사의 지혜와 지식의 원천은 신입니다.

물론 코메니우스가 제안하는 위와 같은 교사상을 오늘날의 교사들이 전적으로 수용하여야 하는 것은 아닙니다. 그의 종교적 신념을 모든 사람들이 공유하여야 하는 것은 아니며, 따라서 이것에 바탕을 두고 그가 구상한 교사상 역시 역사적으로 존재하였던 수많은 교사상들

6 Schulze, T. (1993). Ikonographische Betrachtungen zur pädagogischen Paargruppe. Herrlitz, H.-G. & Rittelmeyer, C. (Hrsg.). Exakte Phantasie (p. 156 재인용). Juventa.

중 하나로 상대화하여 이해할 필요가 있는 것입니다. 그러나 그의 제 안을 세속화하고 현대사회의 맥락에 맞게 수정하여 교사들 자신의 것 으로 전용하여 나가야 할 부분도 분명히 있을 것입니다. 교사는 권위 와 권력의 존재입니다. 교실에서 그리고 교정에서 마주하게 되는 수많 은 학생들의 삶에 의도적으로든 혹은 무의도적으로든, 영향을 미칠 수 밖에 없는 힘을 지닌 존재가 바로 교사입니다. 그리고 이 힘은 곧 지 식과 지혜입니다. 이 지식과 지혜는 비단 정보와 기술만을 의미하는 것은 아닙니다. 코메니우스의 제안이 함의하고 있듯이, 교사의 힘은 정보와 기술에 더하여 소명 의식, 열정, 교수적 전문성, 관계적 성실 성, 연륜, 훌륭한 인격 등이 뭉쳐진 개념일 것입니다.

두 개의 세계를 관통하는 빛

제5장에서 해석한 바와 같이, [그림 VI-1]에는 서로 대조적인 두 개의 세계가 대칭을 이루고 있습니다. 오른쪽 세계에는 태양과 문명과 문화 그리고 교사가 서 있습니다. 왼쪽 세계에는 구름과 자연과 어린 이가 위치하고 있습니다. 오른편 세계는 밝고 개화되어 있으며, 연륜 과 권위와 지식과 지혜의 풍부함이 만연해 있습니다. 왼편 세계에는 태양빛을 가리는 구름, 인위성이 가미되지 않은 자연, 그리고 있는 그 대로의 천진난함과 수용적 개방성이 표현되어 있습니다. 이 좌우의 대 립 구도 역시 기독교 전통에서 하나의 중요한 은유가 되어왔음은 주 지의 사실입니다.[7] 그리고 코메니우스의 『세계도회』역시 이 전통을 철저히 준수하고 있습니다.[8] 이 책의 전체에 적용되고 있는 밝음 vs.

---

7 그 예로 시편110:1, 시편18:35, 시편139:10 등을 들 수 있다. 기독교 예술사적 고 찰은 De Chapeaurouge D. (1987). Einführung in die Geschichte der christlichen Symbole (pp. 31-38). WBG.

어둠, 선 vs.악의 좌우 대립 구도가 결코 우연의 일치가 아니라는 점을 감안한다면, [그림 VI-1]의 좌우 대조 구도에도 코메니우스의 세계관이 고스란히 담겨있다고 해석해 볼 수 있습니다.

그러나 이러한 좌우 대칭과 대조의 그림 속에는 이 두 가지 세계를 관통하는 한 가지 아이콘이 있습니다. 바로 태양이 발산하는 빛입니다. 이 빛은 오른쪽 하늘^{우편} ^{상단}의 태양에서 시작되고 사선으로 뻗어 교사의 머리를 통과하여 학생의 머리를 향하고 있습니다. 이 부분 역시 시험본의 해당 부분[그림 VI-6]과 비교해 보면 코메니우스가 특별히 세심한 주의를 기울여 교정하였다는 사실을 확인할 수 있습니다. 즉, 시험본의 태양빛의 방향은 인쇄본[그림 VI-1]과 유사하기는 하지만, 인쇄본의 그림에서처럼 그 진행 방향이 교사와 학생의 머리를 정확하게 관통하고 있지는 않고 있습니다. 즉, 코메니우스는 빛의 원천인 태양, 지혜의 근원인 신의 계시를 철저히 고수하는 가운데 교육적 관계와 교육적 행위의 고전적 원형을 제시하고 있는 것입니다.

코메니우스에게 있어서 신적 지혜 이외의 교육 원료는 없습니다. 그

---

8 그 예로『세계도회』의 "인간"(제35범주: [그림 V-3])에서 그는 구약성서 창세기에 나오는 "선악을 알게 하는 나무"를 그림 중앙에 그린 뒤 그 좌우로 악과 선의 세계를 양분한다. 우선 왼편에는 뱀과 여자, 부끄러움을 알게 된 최초의 인간(아담과 이브) 그리고 타락한 인간에게 내려진 형벌의 삶을 살고 있는 인간이 묘사되어 있는가 하면, 우편으로는 남자, 원죄를 범하기 전 에덴동산에서 행복을 누리는 남녀 그리고 그 뒤에 창조신으로 보이는 규정불가능의 형상하나가 그려져 있다. "최후의 심판"(제150범주. [그림 V-6])에서는 중앙에 재림예수와 빛이 있고, 그 좌편(재림예수의 관점에서는 우편)에는 선택받은 자들의 무리가 있으며 그 우편(재림예수의 관점에서는 좌편)에는 구원받지 못한 사람들이 그려져 있다. 또한 "도덕철학"(제109범주. [그림 V-4])에서 코메니우스는 이른바 "피타고라스의 문자"인 Y를 윤리적 갈림길이라는 은유로 사용하여, 그 왼쪽과 오른쪽을 각각 악의 길과 선의 길로 나누고, 독자들에게 오른쪽으로 가라고 권면하고 있다.

리고 교육자의 권위와 책무성 역시 교사가 신의 대리인이라는 이해에서 비롯됩니다. 그가 보기에 세상을 비추는 태양빛은 만인을 향하고 있으며, 이 태양에서 비롯되는 지혜의 빛은 세계의 보편 규범이 되어야 합니다. 교육권신수설教育權神授說을 수용·유포하고 있는 코메니우스의 관점에서 교육은 태양빛처럼 필연적인 것이며, 그 대상에 예외가 없습니다. 좌우로 양분된 세계의 좌편, 즉 빛과 질서와 지혜가 결핍된 세계를 위한 유일한 치유책은 오른편 세계의 신적 지혜이며, 그 권위는 절대적입니다.

코메니우스의 세계는 이질성을 허락하지 않습니다. 그는 절대동질의 보편공간을 추구합니다. 신에게서 연유하는 지혜의 빛으로 무장하고 무질서와 혼란의 공간 속으로 밀고 들어가는 것, 나아가 지혜가 부족한 개인들 속으로 침투하는 것, 이를 통해 신적 지혜와 지식의 빛을 확산시키고 밝음의 공간을 확장시켜 나가는 일, 즉 기독교 우주론적 보편주의의 세속적 실현과 교화라는 사명은 코메니우스로 하여금 『세계도회』를 구상하고 출판하게 한 근본 동기임과 동시에 『세계도회』를 맺으면서 그가 내린 결론이라 할 수 있습니다.9 미로의 세상을 순례하던 코메니우스는 『세계도회』의 첫 번째 그림과 마지막 그림을 통해 이렇게 말하고 있습니다. "이리로 와서 지혜를 배워라. 내가, 신과 함께, 네게 지혜를 가르쳐 주겠다!"

9 코메니우스의 "빛의 은유"에 대한 상세한 분석과 빛철학의 교육사상적 영향사에 대한 논의는 여기서 구체적으로 다룰 수는 없다. 다만 코메니우스가 빛의 은유에 대해 얼마나 큰 애착 또는 집착을 보였는지는 비단 『세계도회』에서뿐만 아니라 코메니우스의 대부분의 저서에서 쉽게 확인된다는 사실을 환기하여 두고자 한다. 그가 노년에 집필한 『빛의 길』(1668)은 "빛과 어둠의 이원대립적 세계관 그리고 빛의 최후 승리"에 대한 신념 또는 집착이 어느 정도였는지를 단적으로 보여주는 예라 할 수 있다.

교직 그리고 교사의 책무성

[그림 Ⅵ-1]에 대한 해석을 이어나가겠습니다. 태양은 빛을 발산합니다. 빛은 좌우로 나뉘어 있는 두 개의 세계를 관통하면서 그림 전체에 역동성을 더하고 있습니다. 그리고 이 빛은 그림의 중앙에 멈추어 있습니다. 그리고 이 부분은 아마도 저자가 이 책의 독자들에게 적극적 해석을 요구하는 부분일 것입니다. 즉, 코메니우스는 교사의 머리를 관통하여 두 세계의 사이에서 멈춰버린 혹은 왼쪽 세계에까지 아직 가닿지 못하고 있는 빛에 대해 교사들에게 무엇인가를 하라고 요청하는 것입니다. 즉, 코메니우스는 교사들에게 신으로부터 비롯된 지식과 지혜를 왼쪽 세계로까지 연장하여 왼쪽 세계의 학생들에게 가닿도록 하라는 교육적 요청을 묘사하고 있습니다. 왼쪽 세계는 여전히 어두우며, 그저 그렇게 있는, 즉 교육적 인위성이 가미되지 않은 공간입니다. 그러나 몇 가닥 발산의 선의 아이콘만으로는 그 의미가 충분히 드러나지 않는 빛의 위력은 실로 대단합니다. 빛이 들어가면 어둠은 자연스럽게 물러납니다. 코메니우스의 세계관 속에서 빛은 보편이고 어둠은 그림자에 불과합니다. 어쩌면 구름이 계속 공중을 뒤덮고 있을 수는 있지만, 빛은 학생이 서 있는 왼쪽 세계 전체를 넉넉히 밝히게 될 것입니다. 그리고 코메니우스는 교사들에게 이 빛으로 채움의 역할을 하라고, 밝힘의 역할을 하라고 요청하고 있습니다.

이제 [그림 Ⅵ-1]에 나타난 코메니우스의 구상을 요약해 보도록 하겠습니다. 첫째, 이 그림의 주제는 교육과 교직, 그리고 교육적 관계입니다. 둘째, 이 그림에 나타난 교사의 역할은 태양이 발산하는 빛을 학생에게 전달하는 일입니다. 즉, 신으로부터 비롯된 지혜와 지식을 학생에게 가르치고 구현하여서 왼쪽 세상이 오른쪽 세상처럼 되게 하거나 혹은 왼쪽 세계가 오른쪽 세계로 편입되도록 하는 일입니다. 셋째, 그러므로 코메니우스가 제안하는 교육은 밝음과 문화·문명과 성숙의 세계에 속하는 빛을 어둠과 자연과 미숙의 세계에 전파하고, 이 두 세계가 종국에는 오른쪽 세계로 동화되어 나가도록 하는 일입니다. 코메니우스는 다음과 같이 말합니다. "인간의 무질서의 어두움에 우주적인 빛보다 더 이상 효과적인 치료를 제시할 수 없다."10 이 발언에서도 어둠과 보편의 빛, 인간혼란과 치료제라는 대조가 눈에 띕니다. 거듭 말씀드리지만, 코메니우스의 세계관은 선명한 이원론에 근거하고 있습니다.

교사의 위상

코메니우스는 교사의 역할 이전에 교사의 위상에 대해서도 심도 있는 제안을 하였습니다. 『세계도회』 "도입/맺음" 그림과 함께 제시된 텍스트의 일부는 다음과 같습니다.

교사: 이리로 오렴. 현명해지기 위해서는 공부를 해야 한단다.
학생: 현명해진다는 것은 어떤 건가요?
교사: 필요한 모든 것을 올바르게 이해하고, 올바르게 행동하고, 올바르게
　　　말하는 것이란다.

우선 "올바르게"를 세 차례 연속하여 사용하고 있다는 점이 눈에 띕니다. 이전에도 언급한 바와 같이, 기독교 문화에서 "3"이라는 숫자는

10 Comenius, J.A. (1668). Via Lucis. 이숙종 옮김 (1999). 『빛의 길』 (p. 86). 여수룬.

완전·완성을 의미합니다. 이 숫자를 "올바르게"라는 용어와 함께 말하고 있는 주체가 다름 아닌 교사라는 사실은 코메니우스가 교사의 전문성과 권위와 위상이 어느 정도여야 한다고 생각했는지를 여실히 보여줍니다. 물론 가치의 복합성과 다원성에 대한 고려가 심화된 현대 사회의 교육적 맥락에서는 올바름에 대한 교사의 과도한 확신이 도리어 교육적 문제를 야기하는 원인이 될 수도 있습니다. 그러나 코메니우스는 교사가 올바름에 대한 확신을 갖고 있어야 한다고 믿었던 것으로 보입니다. 이어서 보겠습니다.

학생: 그런 것을 누가 가르쳐 주나요?
교사: 신의 도움을 받아 내가 가르쳐준다.
학생: 어떻게요?
교사: 내가 모든 사물을 통해 이끌어주마. 내가 모든 것을 제시하고 그 이름을 가르쳐 주겠다.
학생: 알겠습니다. 저를 신의 이름으로 이끌어주세요.

우리는 "신의 도움을 받아 내가"라고 씌어진 부분을 유심히 볼 필요가 있습니다. 이 부분에 해당하는 라틴어 원문은 "Ego, cum DEO"이고, 독일어로는 "Ich / mit Gott"로 적혀 있습니다. 그리고 이것은 직역하자면 "내가, 신과 함께"입니다. 영어로는 "I / with God"입니다. 그리고 모두가 감지할 수

[그림 VI-7]
"도입" 『세계도회』(1658)[11]

11 그림출처: https://germanhistory-intersections.org/en/knowledge-and-education/ghis:image-68

있듯이 "내가, 신과 함께"와 "신의 도움을 받아 내가"는 의미상 차이가 큽니다. 전자에서 '나'는 신과 동격 또는 동업자의 위치를 이룬다면, 후자에서 '나'는 신의 대리인의 위치에 있게 됩니다. 그렇다면 번역인은 어떤 이유에서 해당 원문을 원래의 의미와 다르게 번역하였을까요?

여기에도 두 가지 가설이 가능합니다. 그 하나는 약 400년 전의 언어가 오늘날의 언어의 뉘앙스와 달랐을 가능성입니다. 즉, "내가, 신과 함께"라는 당시의 표현이 오늘날의 "신의 도움을 받아 내가"와 동일하거나 혹은 유사하였을 가능성입니다. 그러나 이 책의 주된 언어가 라틴어라는 점에서 이 가설은 설득력이 떨어집니다. 라틴어는 문자로만 존재하는 이른바 사어死語이기에, 시간의 흐름에 따른 의미의 변화가 있을 수 없기 때문입니다. 그렇다면 이제 두 번째 가능성에 무게를 두어야 하겠습니다.

두 번째 가능성은 너무 직접적이고 강렬한 원문의 표현을 순화시켜 현대의 독자들에게 소개하려는 번역자의 의도입니다. 즉, 번역자가 보기에 "내가, 신과 함께"의 의미가 너무 직설적이고 강렬하여서 "신의 도움을 받아 내가"라고 윤색하였을 가능성입니다. 시기상 코메니우스와 오늘날의 중간쯤에 출판된 가일러Gailer판 『세계도회』1835에서는 한국어 번역본과 동일하게 "신의 도움을 받아 내가"라는 표현이 사용된 바 있다는 점을 참조해 본다면,12 이 가설이 설득력이 있을 것입니다. 참고로, 1887년에 출간된 영역본에서도 해당 부분은 "I, by God's help"로 번역되었습니다13.

---

12 Gailer, J.E. (1979). Neuer Orbis pictus für die Jugend(1835). Die bibliophilen Taschenbücher.
13 Comenius, J.A. (1658). The Orbis Pictus of John Amos Comenius. Transl.

이렇듯 코메니우스는 교사의 위상을 극대화하여 제안하였습니다. 즉, 그는 교사를 신의 동료의 위치에 올려 놓았습니다. 그가 생각했던 교사는, 매사에 그러하지는 않다 하더라도, 최소한 교육적 상황 속에서는 "신과 함께" 교육적 행위를 도모해 나가는 신의 동료로 규정되어 있습니다. 물론 여기에는 신의 대리인의 의미도 포함됩니다. 글보다 그림이 우선하는 『세계도회』의 일반 원칙을 감안하여 볼 때, 교사는 스스로 발광하는 존재가 아니기 때문입니다. 즉, 교사는 태양의 후광을 통해서만 눈부신 존재가 됨과 동시에 태양빛을 학생에게도 전달하여야 하는 책무성을 띤 존재로 묘사되어 있기 때문입니다. 그럼에도 불구하고 코메니우스가 "내가, 신과 함께"라는 표현을 통해 교사의 위상을 극대화하여 표현한 것만은 분명합니다.

[그림 VI-8] 교사 없는 교육   [그림 VI-9] 태양 없는 교육

그런 의미에서 코메니우스의 그림을 약간 변형하여 비교하며 음미해 보는 것은 흥미로운 결과를 제공할 것입니다. [그림 VI-8]에는 교사가 지워져 있습니다. 그리고 [그림 VI-9]에는 태양이 지워져 있습니다. 여러분들은 이 두 그림 중 어떤 그림을 더욱 친숙하게 느끼시는

by Hoole, C. & Bardeen, C. W. Bardeen Publisher.

지요? 혹은, 교사가 없는 그림과 태양이 없는 그림 중 어떤 것이 21세기의 교사들에게 더 친숙할까요? [그림 VI-8]에서는 신의 계시가 교사라는 매개를 거치지 않고 학생에게 직접 가 닿고 있습니다. 이러한 시대 또는 관점에서는 교육의 의의가 미미합니다. 왜냐하면 교육은 인간의 책무가 아니라 신의 계시의 영역에 속하기 때문입니다. 이것은 신이 직접 교육을 시행한다고 여겨졌던 시대, 또는 신이 극소수의 성직자들을 통해서만 자신의 교육적 의지를 드러낸다고 믿었던 시대입니다.

이와는 달리, [그림 VI-9]에서는 태양이 자취를 감추었고, 이와 동시에 교사는 자신의 학생과 직접적 관계를 맺고 있습니다. 물론 코메니우스의 원래 그림에서는 태양이 있고, 태양을 매개하는 자인 교사가 학생에게 신의 뜻을 전달하는 방식으로 묘사되어 있습니다. 그러나, 시계와 해부학의 역사에서 확인하였던 바와 같이제4장 참조, 교육의 역사역시 태양의 존재감이 감소하는 방향으로 전개되어 왔습니다. 혹시라도 태양 혹은 유사-태양pseudo-sun이 개입하는 순간 교육은 교조주의적 성격을 띠거나 퇴행의 상황을 맞았습니다.

그래서 이 두 가정적 그림은 코메니우스가 살았던 근대를 기점으로 그 이전과 이후를 나누는 중요한 지표를 내포하고 있는 것으로 해석될 수 있습니다. 코메니우스는 이들 두 시대 속에서 복합적 정체성을 가졌던 인물이었거니와 그의 교육학 속에도 서로 다른 성격의 두 시대는 혼재되어 있습니다. 물론 위 그림들 속 교사를 기독교 교육학적 관점에 한정하여 해석한다면, 우리는 전혀 다른 결론에 도달하게 될 수도 있습니다. 즉, 이 그림 속 교사를 성직자라고 이해한다면, 이 두 그림 모두 큰 모순을 내포하게 되기 때문입니다. 아울러 "구글신"과

"호모데우스"J. Harari라는 개념이 보편화되고 있는 오늘날, 그리고 AI교사의 가능성이 긍정적으로 평가되고 그 기능이 더욱 전문화·다양화될 것으로 예측되는 오늘날, 이 그림들은 또 어떤 새로운 교육적 해석의 가능성을 낳게 될지에 대해서도 고민해 볼 수 있을 것입니다. 인간 교사는 한 때 신의 동료의 위치에 있었고, 근대 이후로는 인식과 지식의 정점에 위치하였지만, 이제 AI교사와 경쟁하여야 하는 시대에 진입하고 있습니다. 그리고 어쩌면 미래에는 코메니우스의 그림 속 태양을 대신할 'AI-신'에게 교육적 기능과 교사적 위상을 위임하여야 하는 날이 올 가능성도 배제할 수 없습니다.

머리에서 머리로 — 『세계도회』의 교육사상사적 위치

『세계도회』를 대표하는 "도입/결론" 그림은 『세계도회』가 위치한 교육사상사적 의미와 관련된 중요한 정보를 제공하고 있습니다. 그리고 그 힌트는 태양-머리교사-머리학생의 동선성에 있습니다. 즉, 태양은 교사의 머리를 관통하여 학생의 머리얼굴로 쏟아지고 있습니다. 혹자는 태양빛과 머리의 동선성을 우연의 일치라고 생각할 수도 있습니다. 그렇다면 다시 1653년 시험본의 그림과 대조해 볼 필요가 있습니다. 앞서도 언급한 바와 같이, 시험본[그림 VI-10]에서 태양은 교사의 머리를 관통하지도 그리고 학생의 머리얼굴에 집중되어 있지도 않습니다. 태양빛의 방향은 학생과 왼쪽 세계를 향해 있지만, 질서정연하게 쏟아지고 있지는 않습니다. 더욱 중요한 부분은 시험본 그림에서 태양빛이 교사를 어떻게 지나치고 있는가입니다. 이 그림 속에서 태양빛은 교사를 그저 지나칠 뿐입니다. 교사는 이 태양빛의 방관자의 위치에 있거나 혹은 심지어 자신의 중절모로 태양빛의 진행을 가로막기도 합니다. 물

[그림 VI-10] 태양-(교사)-학생"
『세계도회』시험본(1653)

[그림 VI-11] "태양-교사-학생 동선성"
『세계도회』(1658)"

론 방관과 방해가 교사의 의도는 아닐 것입니다.

그런데 이 그림은 1658년의 인쇄본[그림 VI-1][그림 VI-11]에서는 대폭 수정되어 있습니다. 지팡이와 망토의 위상에 어울리는 중절모는 벙거지 모자bucket hat로 대체되었고, 태양빛의 진행 방향도 교사와 학생의 머리를 관통하는 것으로 교정되었습니다. 그런데 왜 태양–머리교사–머리학생의 동선성이었어야 할까요? 혹시 태양–머리–가슴이나 태양–손–상반신 등 다른 가능성은 없었던 것일까요? 코메니우스가 직접 교정한 것으로 보건대, 태양–머리교사–머리학생의 동선성이 우연의 결과일 가능성은 낮습니다. 이것은 다음과 같은 해석의 여지를 남깁니다.

첫째, 교육사상사적 시대의 혼재와 코메니우스의 복합적 정체성입니다. 구도상 우측 상단에 치우쳐 있지만 이 그림의 핵심 아이콘이라 할 수 있는 태양을 이 그림의 중심 주제로 놓고 태양의 관점에서만 본다면, 태양빛이 교사와 학생의 신체 특정 부분을 지난다는 사실은 큰 의미가 없습니다. 이 관점에서는 신이 우주의 중심이고 신의 섭리대로 교육을 비롯한 모든 역사가 진행된다는 것을 의미하기 때문입니다. 마치 햇볕이 모든 곳을 비추기에, 태양의 관점에서는 모든 피조세계가 동일한 거리와 가치의 대상일 뿐입니다. 그런데 저자가 굳이 머리에 초점을 맞추어 그림을 교정한 것은 자신이 속한 시대가 교육사상사적으로 신성과 이성이 만나는 지점에 있다는 사실을 잘 보여줍니다. 행여 저자가 신성과 이성의 교차라는 시대의 흐름을 명시적으로 의도하지 않았다 하더라도 결과는 동일합니다. 저가가 교사의 머리에 모자를 씌운 것은 결코 신으로부터 비롯된 태양빛을 강조하기 위함이 아니었습니다. 이것은 인간의 머리는 보호되어야 할 가치가 있다는 점을 강조하기 위함이었습니다. 즉, 저자는 인간 이성에 대한 의미 부여가 적극적으로 이루어지는 시대로 진입하고 있다는 사실을 부지불식간에 체감하였던 것입니다.

코메니우스는 근대 과학이 움트던 1600년대의 참여적 관찰자였습니다. 방법론적 회의의 결정체인 "나는 생각한다. 고로 존재한다"라는 명제를 남긴 데카르트가 그의 동시대인이었으며 서로 조우한 사실도 있다는 점을 고려한다면, 코메니우스가 태양의 아이콘을 교사와 학생의 머리와 직결시킨 의미를 간과할 수는 없습니다. 이런 의미에서 『세계도회』는 단순히 라틴어 교재라거나 혹은 어린이를 위한 그림교과서로 그 의미가 국한되어서는 안 될 것입니다. 아울러 이 책이 "어린이를 위한 작은 성경책"[14]이기만 한 것도 아닙니다. 교육사상사적 관점에서 이 책은 확연히 다른 두 시대가 교차하던 17세기 교육사상의 복합적 흐름을 반영하는 중요한 지표입니다.

아울러 이것은 아직은 깔끔하게 정리되지 않은 코메니우스 개인의 신학적·교육학적 정체성의 혼재를 반영하는 단면이기도 합니다. 그는

14 Capková, D. (1970). J.A. Comenius's Orbis Pictus in its conception as a textbook for the universal education of children. Paedagogica Historica 10(1), 7.

인간 이성을 교육의 중요한 기관으로 소개하였지만, 중세적 신중심주의로부터 과감히 결별하지 못하는 중간자적 위치에 서 있었습니다. 그러므로 태양과 학생의 사이에 서서 태양의 후광을 입고 학생의 머리를 향해 열정을 뿜어내는 교사는 어쩌면 코메니우스의 자화상이라고 읽힐 수 있을 것입니다.

16세기의 루터와 에라스무스가 결코 일치를 이루지 못했던 인간 교육에 대한 구상이 17세기 코메니우스에게서 다시 연상되는 것도 흥미롭습니다_{제3장 "에라스무스와 루터" 참조}. 철저히 신의 섭리를 구현하기 위한 수단으로서 인간의 교육을 제안하였던 루터, 그리고 이성의 개발을 통해 신과의 더 나은 관계에 이를 수 있고 나아가 자기 완성에 이를 수 있다는 견해를 설파하였던 에라스무스 — 이들의 논쟁은 100여 년이 지나 출판된『세계도회』에서도 여전히 종결을 보지 못하고 있는 것입니다. 이런 의미에서 코메니우스는 혹자의 평가와 같이 근대 교육학의 아버지라고 볼 수는 없을 것입니다. 그는 비록 이성의 중요성을 인정하고 그러한 시대를 예견은 하였을지라도, 이성 중심의 시대로 그리고 계몽주의 교육학의 시대로 건너오기를 망설였던 중세 교육학의 막내였다고 볼 수 있습니다.

이렇듯 역사적 시대의 전환과 구분은 단번에 그리고 선명하게 이루어지는 것은 아닙니다. 더 정확하게는, 21세기 속에도 중세의 단초들은 여전히 존재합니다. 13-14세기 중세 말기에 이미 현대적 사유를 설파하였던 교육사상가들이 존재하였듯이 말입니다.

동선성의 숨은 뜻 — 교사를 위한 관점의 전환

일반적으로 교육학은 어른의 관점에서 어린이를, 교사의 관점에서 학생을 보려는 경향을 띱니다. 그리고 코메니우스의 그림에서는 한 가지 관점이 추가됩니다. 즉, 신의 관점입니다. 그런데 제6장의 주된 소재가 되고 있는 [그림 VI-1]에는 간과해서는 안 될 중요한 한 가지 관점이 더 있습니다. 바로 학생^{어린이}의 관점입니다.

앞서 우리는 동선성을 언급하였습니다. 이것은 다분히 태양빛이 진행하는 방향을 전제로 한 것이었습니다. 즉, 태양에서 교사를 거쳐 학생을 향하는 방향입니다[그림 VI-11]. 그런데 관점을 전환하여, 이 그림 속 최종 수혜자인 학생의 관점에서 이 상황은 어떻게 보일까요?[그림 VI-12]

[그림 VI-12] "학생-교사-태양 동선성"
『세계도회』(1658)

우선 학생의 관점에서는 태양이 보이지 않습니다. 학생의 눈에는 교사의 얼굴만 보일 것입니다. 그리고 이때 교사의 얼굴은 후광으로 가득할 것입니다. 학생의 눈에 비친 교사는 눈부신 존재, 압도적 권위의 존재, 절대적 가치의 존재일 것입니다. 달리 표현하자면, 교사는 학생에게 말 그대로 빛나게 멋있고, 우러러봄직하며, 그야말로 전부인 존재일 것입니다. 어쩌면 중세인가 근대인가라는 시대 구분과 무관하게, 학생의 관점에서 교사는 태양의 대리인이자 태양 그 자체로까지 인식될 수도 있을 것입니다. 비록 신으로부터 지혜와 지식이 비롯된다 하더라도, 학생에게 교사는 이 순간만은 신적 지혜와 신적 지식 그 자체로 여겨질 것입니다. 물론 후광이 없는 그림을 전제하여도 학생의 관점에서 크게 달라지는 것은 없습니다. 교사는 여전히 높이 있고, 우러러보아야 하는 권위의 존재입니다.

그래서 이 상황은 교사들에게 시사하는 바가 굉장히 큽니다. 교육자인 여러분들은 교육적 상황 속에 있을 때 학생에게 어떤 존재로 인식되고 있다고 생각하시는지요. 태양의 의미가 축소되거나 혹은 심지어 태양이 사라졌다고 하여도, 교사의 위상이 사라지는 것은 아닙니다. 특히 교실이라는 공간 속에서, 교육적 행위의 순간에, 교사의 권위를 능가하는 존재는 없습니다. 특히 그림에서와 같이 물리적 눈높이가 다른 경우, 즉 유아교육과 초등교육의 현장에서 이러한 비대칭성은 일반적이라 할 수 있습니다. 이를 바꾸어 생각하자면, 교사는 교실 속에서 신적인 존재로도 등장할 수 있지만, 또 때로는 독재자의 모습으로 비칠 수도 있다는 것입니다. 이 두 가지 가능성을 망각하거나 이에 둔감해지는 순간, 교사는 자신의 의도와 무관하게 자신이 원하지 않는 의미의 존재가 될 수도 있습니다.

　　교육은 언제나 선한 의도를 품고 이루어지는 행위입니다. 의도 자체가 왜곡되어 있다면, 이것은 이미 교육의 범주에 들지 않는 것으로 분류되기 때문입니다. 그러나 교육의 범주 내에서조차 선의에서 비롯된 교육자의 행위가 교육의 파트너인 피교육자에게는 교사의 교육적 의도와 다르게 받아들여질 수도 있다는 점에 대해서 우리는 민감해 질 필요가 있습니다. 이것은, 코메니우스가 의도하였는지 여부와는 무관하게, 학생의 관점에서 교사는 절대적이고 압도적인 존재로 비칠 가능성이 크기 때문입니다. 물론 모두가 그렇다는 것도 아니고 언제나 그러하다는 것도 아닙니다만, 그 가능성에 대한 교육자의 인식과 작은 노력만으로도 교실 속에서 긍정적 방향으로의 질적 차이를 만들어 낼 수 있습니다.

　　혹자는 오늘날 교사의 위상과 권위가 근본적으로 도전과 위협에 처하였다고 한탄합니다. 그리고 실제로 현장에서 보고되는 교사들의 고충도 결코 가볍게 여길 수는 없을 것입니다.[15] 교육 현장의 문제는 다양하고 그 해법은 다각적으로 제시될 필요가 있습니다. 그럼에도 불구하고 교사와 교직이 교육의 가장 중요한 파트너인 피교육자들에게 여전히 큰 권위와 의미를 지닌다는 점 또한 부인할 수 없는 사실입니다.

아마도 코메니우스는 자신이 시각적으로 묘사한 동선성태양→교사→학생 [그림 VI-11]의 관점 전환학생→교사→태양 [그림 VI-12]에 대해서는 미처 생각하지 못하였을 것입니다. 소위 아동중심 교육사상이라고 불릴 만한 관점의 전환은 19세기 말부터 본격화하였고, 이른바 20세기 유럽 신교육운동을 통해 주류 이론으로 자리잡게 되었습니다. 그리고 이러한 경향은 루소J.J. Rousseau: 1712-1778의 『에밀』1762을 통해서야 비로소 교육사상사적으로 유의미한 하나의 흐름을 형성하게 되었고, 20세기 신교육운동으로 이어지게 되었습니다.

전지전능 교사관

코메니우스의 종교적 신념 속에서는 태양이 가장 중요한 아이콘이었을 것입니다. 그러나 [그림 VI-1]의 실질적 주인공은 단연 교사이고, 주제는 교육과 교직과 교육적 관계입니다. 실제로 이 그림에서 다른 모든 아이콘들 없이 교사 하나만 서 있어도 어쩌면 이 그림은 독립적 가치를 인정받을 수 있을 것입니다. 반면 이 그림의 모든 요소를 그대로 두더라도 교사가 없다면, 이 그림은 미완성으로 보일 것입니다. 그만큼 코메니우스는 교사와 교직을 강조하고 있습니다. 그는 어쩌면 태양보다도 더욱 교사와 교직의 중요성을 강조하고 싶었는지도

---

15 정철희(2024). 『교사의 고통』. 휴머니스트출판그룹.

모릅니다. 제4장의 [그림 IV-16][16]에서 확인된 바와 같이, 코메니우스는 자신의 범교육학을 신학보다 더욱 상위의 그리고 포괄적인 액자로 격상시켰습니다. 그리고 교직의 위상을 성직보다 더욱 중차대한 것으로 규정하였습니다.

그런데 앞서도 살펴본 바와 같이, [그림 VI-1]과 [그림 VI-7]에 나타난 교사는 신의 대리인임과 동시에 신의 동료로 묘사되어 있습니다. 교사는 신으로부터 부여받은 임무, 즉 태양으로부터 비롯하는 지혜와 지식의 빛, 올바름의 빛을 왼쪽 세계에 속한 학생에게까지 전달하는 임무를 수행하여야 합니다. 동시에 교사는, "내가, 신과 함께"라는 간명한 표현이 함축하듯, 적어도 교육적 장면에서는 교육의 신으로 등장합니다. 여기서 "교사＝신"이라는 등식이 성립한다면, 이것은 우리가 제1장에서 탐구를 예고하였던 "전지전능 교사관"의 단초가 됩니다.

코메니우스는『세계도회』에서 일관되게 신의 속성을 비중있게 소개하고 있습니다. 심지어 그는 신의 이미지를 만들지 말라는 기독교 교리의 가르침에도 불구하고, 그리고 라틴어 교수학습에 방해 요소로 작용할 가능성에도 불구하고, 신의 속성을 추상적 도형을 통해 시각적으로 묘사하였습니다[그림 V-2]. 그리고 신의 활동을 담은 복잡한 이야기들을 여러 개의 그림에 빼곡히 담아 독자들에게 전달하려고 노력하였습니다[그림 IV-11]~[그림 IV-13]. 그리고 그는 이 모든 이야기들을 범교육학의 액자에 담아 제시하였습니다[그림 IV-16]. 이 범교육학이라는 액자의 주인공이 바로 교사이고, 이 교사는 곧 신의 동료입니다. 학생의 관점에서 보자면, 교사가 곧 신입니다.『세계도회』의 저자가 가장 비중있게 소

---

16 Woo, J.-G. (2016). Revisiting Orbis Sensualium Pictus: An Iconographical Reading in Light of the Pampaedia of J.A. Comenius. Studies in Philosophy and Education 35(2), 231.

개하였던 주제임과 동시에 영원과 완벽과 완성의 존재이자 전지전능의 존재인 신이 곧 교사로 묘사되고 있는 것입니다. 그래서 코메니우스의 교사는 전지전능의 아이콘이기도 합니다. 그의 교사상은 우주의 모든 섭리와 현상과 상황에 대한 전지전능은 아니라 하더라도, 최소한 교육적 상황과 교육적 관계와 교육적 행위에 있어서는 전지전능의 아이콘입니다.

21세기와 전지전능 교사관

"나는 전지전능한 교사가 될 수 있을까? 그런 교사가 되려고 노력은 했을까?" 이 책의 전반부에서 우리는 21세기 한국의 어느 초등교사의 독백에서 포착된 "전지전능 교사관"이 어디에서 비롯된 것인가라는 물음을 따라 유럽 교육사상의 역사를 추적해 왔습니다. 그리고 그 단초를 17세기 코메니우스의 그림교과서『세계도회』에서 발견하게 되었습니다. 『세계도회』는 중세 말기와 르네상스 그리고 종교개혁이라는 역사의 소용돌이가 낳은 일종의 결정체였기에, 이 탐구의 여정은 중세 말기에서 시작되었습니다.

『세계도회』는 17세기 교육 분야 베스트셀러였으며, 이어지는 세기의 스테디셀러였습니다. 라틴어를 교수학습하고자 하는 수많은 사람들이 읽었던 혹은 보았던 이 그림교과서는 일반적 경우보다 더 폭넓은 독자층을 보유하였고, 문자보다 더 직관적인 매체인 그림을 통해 저자가 의도하였던 메시지를 전달하였습니다. 그리고 이 책은 위대한 교육사상가 코메니우스라는 이름과 함께 오늘날 한국의 교육학개론과 교육철학·교육사학 관련 서적에 빠짐없이 등장하고 있습니다. 즉, 지난 400년 동안 코메니우스의 제안은 전 세계의 교육학자와 교사들에게 자연스러운 내면화를 이룬 것입니다. 사람들은 코메니우스를 시각 교수법의 창시자로, 그리고 그의 『세계도회』를 어린이들을 위한 그림 교과서이자 라틴어교재로만 여기기 쉽습니다. 그러나 이상과 같은 분석을 통해 확인하게 되는 그의 영향력은 대단히 심대하였고, 수 세기에 걸쳐 전 지구적으로 확대되었다는 것을 알 수 있습니다. 그는 교사를 명시적 차원에서 전지전능한 존재로 규정하지는 않았습니다. 그러나 그가 설계한 151개의 그림 속 아이콘들은 오로지 한 방향을 가리키고 있습니다. 그것은 신의 동료인 교사는 전지전능하여야 한다는 메시지입니다.

물론 오늘날 교사 또는 교사가 되고자 하는 사람들 모두가 코메니우스의 이러한 제안에 모종의 부담을 느껴야 하는 것인지 자문할 수도 있습니다. 실제로 앞서 소개하였던 교단일기의 저자인 초등교사는 자신이 전지전능하지 못하다는 혹은 전지전능하기 어렵다는 사실 앞에 자책하는 모습을 보이기도 합니다.

그러나 현대의 교사들이 코메니우스의 제안을 진지하게 검토는 하되 무조건적으로 수용하여야 하는 것은 아니라는 말씀을 강조하여 드리고 싶습니다. 코메니우스의 교직관을 이해함에 있어서 유의할 점은, 그의 교직관은 그가 지녔던 종교적 신념에 바탕을 두고 있었으며, 그는 종교개혁과 30년 전쟁이라는 특수한 문화사적 맥락을 살았던 인물이라는 점입니다. 전지전능 교사관은 교육사상가 코메니우스가 자신의 종교적 신념에 근거하여 당대의 인류와 사회를 재건하기 위해 내린 극단적 처방의 일종이었습니다. 그리고 이 극단성은 그가 정초하였던 종교적 신념이 적용되는 범주 속에서만 보편성을 획득합니다.

오늘날의 교사가 당연히 추구하여야 할 전문성과 성실성은 때로 코메니우스의 제안과 포개어질 수도 있을 것입니다. 그리고 그럴 수만 있다면, 굳이 배격의 대상이 될 필요는 없을 것입니다. 그러나 그의 제안을 보편적인 것으로 여기고 이에 비추어 현대의 교사가 자신의 비非전지전능성에 대해 좌절할 필요는 없습니다. 오히려 신이 될 수 없는 인간이 완벽한 신적 거울 앞에 자신을 세우고, 인간으로서 감히 감당할 수 없는 전지전능의 책무성을 스스로에게 강요한다면, 불필요한 소진만 초래하게 될 것입니다.

오늘날 우리 사회는 교사에게 신이 되라고 강요하지 않습니다. 다만 우리 사회는 이 땅의 교육자들에게 전문성과 책무성을 갖춘 교사, 그리고 소명 의식과 성실성을 겸비한 교사, 피교육자를 인격적으로 대하고 교육적 관계 맺기를 귀찮아하거나 두려워하지 않는 교사가 되기를 요청하고 있습니다. 그리고 이 모든 자질의 기초는 교원양성을 위한 전문적 기관에서 제공받고 훈련받을 수 있으며, 교직 생활의 중요한 단계마다 다양한 종류의 OJT와 재교육이 제공되고 있습니다.

전지전능 교육관과 "만들수있음의 환상"

교육행위	교육관	교육자/교사	피교육자/학생
만들다 (Machen)	공학적 교육관	만드는 이	만들어지는 이 공산품
	창작적 교육관	예술가(조각가)	예술작품(조각품)
기르다·자라게하다 (Wachsenlassen)	낭만적-유기체적 교육관	사육사/조련사	동물
		원예사/정원사	식물
광대짓하다	극적(劇的) 교육관	광대	(참여적) 관객
창조하다	전지전능 교육관	창조주	피조물

<표 VI-1> 교육의 은유들

〈표 VI-1〉은 제1장에서 소개하였던 교육의 전통적 은유의 확장입니다. 1항부터 4항까지는 교육학의 역사에서 가장 빈번하게 등장하는 교육의 은유들입니다. 일반적으로 '만들다'는 공학적 교육관의 이론적 전통을, '기르다·자라게하다'는 유기체적 교육관의 이론적 전통을 대변합니다. 그리고 5항의 '광대짓하다'는 제1장에서 소개한 교단일기의 저자가 자신의 학급에서 실험하였던 교사정체성에서 도출된 것입니다. 그 다섯 가지에 '창조하다로서 교육'이 추가되었습니다. 이 은유에 따르면 교사는 '창조주'로, 학생은 '피조물'로 규정됩니다.

우리가 눈여겨 볼 부분은 바로 '만들다'와 '창조하다'의 차이입니다. '만들다'는 유에서 유를 만들어 내는 것을 의미한다면, '창조하다'는 무에서 유를 만들어 낸다는 것을 의미합니다. 즉, '창조하다'는 '만들다'의 경우보다 만드는 이의 권능이 훨씬 강조되는 은유라 할 수 있습니다. 우리가 이 책에서 탐색해 온 전지전능 교육관은 바로 이 '창조하다'로서 교육과 관련을 맺습니다.

'만들다'로서 교육관은 만들수있음Machbarkeit/makability에 대한 믿음을 전제로 합니다. 즉, 공산품의 경우처럼, 재료를 활용하여 만들고자 하면 만들어질 수 있다는 확신이 그 바탕에 깔려 있습니다. 교육학에서는 이것을 교육가능성이라고 부르며, 이것을 반영한 교육관을 낙관론적 교육관이라고 명명합니다. 앞서 언급된 '창조하다'로서 교육관은 낙관론적 교육관의 최상급이라고 볼 수 있습니다. 중세 교육학은 인간의 만듦가능성에 대해 확고한 믿음을 갖고 있었습니다. 교육이 신의 섭리에 철저히 의존적인 것이라면, 교육의 결과에는 실수와 실패가 있을 수 없다고 믿었기 때문입니다. 아울러 근대교육학 역시 인간의 만듦가능성에 대한 낙관적 믿음을 갖고 있었습니다. 신의 섭리가 저문 자리에 인간의 자기형성Bildung을 가능하게 하는 이성에 대한 신념이 확고하게 자리잡았기 때문입니다.

그런데 문제는 과연 인간이 만들고자 하는 대로 만들어지는 존재인가라는 점입니다. 우리는 경험적으로 그것이 언제나 가능하지도 그리고 완전히 가능하지도 않다는 사실을 알고 있습니다. 교육의 '대상'이라고는 하지만, 인간은 계획한 대로 만들어지는 존재가 아니기 때문입니다. 그래서 오늘날 일군의 교육학자들은 중세로부터 근대에까지 이어져 온 교육을 통한 인간의 만듦가능성에 회의를 제기합니다. 즉, 지난 수 세기 동안 교육학이 품어왔던 인간을 '만들수있음'은 어쩌면 인간을 "만들수있음의 환상"17일 수도 있다는 주장입니다.

교사로서 교육을 통한 인간의 형성가능성에 대한 믿음을 갖는 것은 중요한 일입니다. 이 믿음은 인간의 성장과 성숙에 대한 비전을 갖게 할 것이고, 아울러 교육의 소명과 책무성을 강화하는 데 도움을 줄 것이기 때문입니다. 그러나 '만들수있음'에 대한 기계적 신뢰나 과도한 집착은 피교육자의 이해를 위해서나 교직의 수행에 부정적 영향을 미칠 가능성이 큽니다. 아울러, 앞서 언급한 바와 같이, 교사의 전지전능성을 향한 과도한 책무성은 교사로 하여금 때 이른 소진에 이르게 할 수도 있습니다.

그러므로 교사는 교육의 다양한 은유들에 대한 이해의 폭을 넓혀가야 할 필요가 있습니다. 때로는 공학적 교육관과 유기체적 교육관으로 교육과 피교육자를 이해하여야 할 필요가 있을 것이고, 또 때로는 노련한 광대로서 학생들 앞에 서야 할 때가 있을 것입니다. 교사로서 전문성을 신장하려는 자기 노력의 시간에는 전지전능 교육관을 내면화

17 Wimmer, M. & Schäfer, A. (2003). Machbarkeitsphantasie. Springer.

하기 위해 일정 정도 노력해야 할 것이며, 또 교육적 의도가 좌절되는 것처럼 보이는 순간에는 "비연속적 형식의 교육가능성"18제1장 참조이나 "교육의 아름다운 리스크"19를 상기할 필요도 있을 것입니다. 매순간 어떤 종류의 교사적 정체성을 입고 교실에 입장하고, 어떤 교직의 은유를 가슴에 품고 학생들과 소통할 것인가는 행복한 교직 생활을 위해 무척 중요합니다.

코메니우스 ― 『세계도회』와 범교육학

이상에서 우리는 『세계도회』라는 저서를 통해서 코메니우스 교육사상의 성격을 탐색해 보았습니다. 특히 이 저서에서 저자가 가장 중요하게 여겼을 것으로 지목된 그림을 중심으로 그의 이원적 세계론, 이원적 인간학, 그리고 교육과 교직의 의미와 교사상을 살펴보았습니다. 혹자는 위와 같은 해석이 과장되거나 오류가 있다가 반론할 수도 있습니다. 물론 세부적으로는 그럴 가능성도 있습니다. 모든 아이콘들을 해석의 대상으로 삼기에는 관련 연구가 부족한 상황이기도 하기 때문입니다. 그러나 큰 틀에서는 해석의 객관성을 담보하는 데 있어서 아래 그림이 도움이 될 것입니다.

18 Bollnow, O.F. (1959). Existenzphilisophie und Pädagogik. Kohlhammer; Bollnow, O.F. (1965). Anthropologische Betrachtungsweise in der Pädagogik. Neue deutsche Schule Verlagsgesellschaft. 오인탁 · 정혜영 옮김 (1971). 『교육학에 있어서 인간학적 고찰 방식』. 형설출판사.
19 Biesta, G. (2014). Beautiful Risk of Education. Routledge.

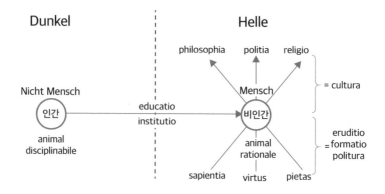

[그림 VI-13] 코메니우스 범교육학 구조도[20]

[그림 VI-13]는 독일의 교육학자 샬러K. Schaller가 『요한 아모스 코메니우스의 범교육학』에서 제시한 코메니우스 범교육학 구조도입니다. 즉, 이것은 코메니우스의 범교육학의 기본틀을 요약한 그림이라고 할 수 있습니다.

이 그림의 구조는 우리가 행하였던 『세계도회』의 그림 해석의 결과와 유사합니다. 첫째, 이원적 세계관입니다. 즉, 왼쪽 세계와 오른쪽 세계로 나뉘고, 이들 세계는 각각 "어둠Dunkel"과 "밝음Helle"의 세계로 명명되어 있습니다. 앞서 해석하였던 『세계도회』 "도입/맺음" 그림의 좌우 대칭 및 부정·긍정의 의미 부여와 동일한 구조를 띠고 있습니다. 둘째, 이원적 인간학입니다. 왼쪽 세계 속 인간은 "비인간 Nicht-Mensch – 훈육가능한 동물"로 명명된 반면, 오른쪽 세계의 인간은 "인간Mensch – 이성을 지닌 동물"로 명명되어 있다는 사실입니다. 이것은 『세계도회』 "도입/맺음" 그림의 학생과 교사의 이분법적 대조와도

20 Schaller, K. (1958). Die Pampaedia des Johann Amos Comenius. Quelle & Meyer.

동일한 구도를 띠고 있습니다. 셋째, 이 두 종류의 세계들과 두 종류의 인간들을 가로지르는 한 가지 요소가 바로 "비인간"에서 "인간" 방향으로 향하는 화살표입니다. 실제로 이 그림에서는 움직임^{화살표}의 방향이 비인간에서 인간 쪽으로 되어 있는데, 이것은 교육의 작용을 기준으로 한 것이 아니라 교육의 결과를 기준으로 한 것입니다. 즉, 교사는 교육적 활동^{educatio/institutio}을 통하여 비인간을 인간이 되도록 만든다라는 범교육의 구도를 코메니우스가 제안하였다는 사실을 살리는 [그림 Ⅵ-13]와 같이 "비인간 → 인간"으로 표기한 것입니다. 달리 표현하자면 이 그림은 『세계도회』 "도입/맺음"[그림 Ⅵ-1] 속에서 등장하였던 태양과 교사라는 아이콘이 생략된 버전이라 할 수 있습니다.

17세기의 문명사적 맥락

코메니우스의 『세계도회』에 대한 고찰을 맺으며, 코메니우스가 활동하였던 시대의 문명사적 맥락에 대하여 부연하고자 합니다. 이러한 문명사적 맥락은 과학적인 근대 학문이 생성되기 위한 토양이 됨과 동시에 계몽주의 교육학의 탄생을 추동하였습니다.

첫째, 이 시대는 신학과 자연과학이 교차하고 충돌하던 시대였습니다. 태양중심설로 유명한 코페르니쿠스^{N. Copernicus. 1473-1543}가 "천구의 회전에 관하여"라는 제목의 논문을 발표한 것은 그 주요한 신호탄이라 할 수 있습니다. 그는 당대의 우주 개념을 확장하였으며, 신의 피조물인 인간이 우주의 중심이 아니라 주변적 존재라는 점을 상기시켰습니다. 아울러 케플러^{K. Kepler. 1571-1630}를 통해서는 태양계 궤도의 규칙성에 대한 수학적 탐구가 이루어졌습니다. 또한 갈릴레오^{G. Galileo. 1564-1642}는 망원경을 개량하여 우주의 관찰을 정밀화 하였으며, 코페르니쿠스의 이론을 옹호하여 태양계의 중심이 지구가 아니라 태양이라는 주장을 펼쳤습니다. 이들의 자연과학은 당대의 신학계와 끊임없이 충돌하였고, 이로 인하여 박해를 당하기도 하였지만, 학문은 계속 진보하였습니다.

둘째, 자연과학의 발견과 발달은 오랜 기간 지속되어 온 종교적 맹신으로부터 사회적 각성을 이루어 내는 동력으로 작용하였습니다. 르네상스 시대 인본주의 신학자들의 외침은 종교개혁의 선구자들의 순교와 어우러졌고, 마침내 종교적 맹신으로부터의 결별, 인본주의적 가치의 재발견, 인간 이성에 대한 의미 부여로 이어지게 되었습니다. 물론 그 과정은 결코 평화롭지 않았습니다. 그러나 한 번 가닥이 잡힌 역사의 흐름은 지속되었습니다.

셋째, 대륙의 합리론과 영국의 경험론이 만개하였습니다. 이를 통해 한편으로는 이성과 논리의 필요와 위력에 눈을 뜨게 되었고, 다른 한편 경험과 관찰과 지식의 중요성에 대한 공감을 이루어나가게 되었습니다.

종합적으로 이 시대는 신에 대한 관심에서 인간에 대한 관심으로, 신성에서 이성으로, 그리고 신앙에서 과학으로의 이동이 본격화한 시대라고 규정할 수 있습니다. 그러나 이것 역시 명확한 이분법의 언어로 설명될 수는 없을 것입니다. 중세와 르네상스가 공존·교차하던 시대가 있었고, 근대에도 여전히 중세적 사유를 보인 사상가들이 있었듯이 다양한 사유와 삶의 양태는 늘 공존과 교차를 거듭해 왔기 때문입니다. 이것은 AI가 인간의 기능과 지위를 대체할 수도 있을 것이라는 전망이 등장하는 현대 사회에서도 무속과 미신이 존재하고 종교가 번성하는 현상과도 유사합니다.

제7장
동굴의 비유와
빛의 교육학

제7장

동굴의 비유와
빛의 교육학

제7장에서는 플라톤의 철학과 교육학이 교차하는 지점에서 교육과
교직에 대하여 탐색해 보고자 합니다. 우선 흥미로운 이야기 한 편을
읽으면서 시작하겠습니다.[1]

동굴의 비유

"이를테면 지하의 동굴 모양을 한 거주지에서, 즉 불빛 쪽으로 향해서
길게 난 입구를 전체 동굴의 너비만큼이나 넓게 가진 그런 동굴에서 어릴
적부터 사지와 목을 결박당한 상태로 있는 사람들을 상상해보게. 그래서
이들은 이곳에 머물러 있으면서 앞만 보도록 되어 있고, 포박때문에 머리
를 돌릴 수도 없다네. 이들의 뒤쪽에서는 위쪽으로 멀리에서 불빛이 타오
르고 있네. 또한 이 불과 죄수들 사이에는 가로로 길이 하나 나 있는데, 이
길을 따라 담이 세워져 있는 걸 상상해보게. 흡사 인형극을 공연하는 사람
들의 경우에 사람들 앞에 야트막한 휘장이 쳐저 있어서, 이 휘장 위로 인
형들을 보여주듯 말일세. 더 나아가 상상해 보게나. 이 담을 따라 이 사람

---

1 본장에서 인용되는 동굴의 비유는 플라톤의 『국가』는 'Plato. 박종현 역주
(1997). 『플라톤의 국가 政體』(pp. 448-503). 서광사'에서 발췌함.

들이 온갖 인공의 물품들을, 그리고 돌이나 나무 또는 그 밖의 온갖 것을 재료로 하여 만들어진 인물상들 및 동물상들을 이 담 위로 쳐들고 지나가는 사람들 중에서 어떤 이들은 소리를 내나, 어떤 이들은 잠자코 있을 수도 있네."

"이상한 비유와 이상한 죄수들을 말씀하시는군요."

이것은 플라톤의 『국가』 제7편에 등장하는 대화입니다. 이 대화가 실제의 대화를 바탕으로 한 것인지 혹은 플라톤의 창작물인지에 대해서는 의견이 분분합니다. 그리고 그 내용도 실화에 바탕을 둔 것으로는 보이지 않습니다. 어쩌면 "이상한 비유와 이상한 죄수들에 대한 이야기군요"라는 대답이 적절한 반응일 수 있을 것입니다.

"우리와 같은 사람들일세. 글쎄, 우선 이런 사람들이 불로 인해서 자기들의 맞은 편 동굴 벽면에 투영되는 그림자들 이외에 자기들 자신이나 서로의 어떤 것인들 본 일이 있을 것으로 자네는 생각하는가?"

"실상 이들이 일생을 통해서 머리조차 움직이지 못 하도록 강제당했다면, 어떻게 볼 수 있겠습니까?"

"그럼 운반되는 것들에 대해서는 어떻겠는가? 이 역시 마찬가지가 아니겠는가?"

"물론입니다."

"그럼 만일 이들이 서로 대화를 할 수 있다면, 이들은 자신들이 벽면에서 보는 것들을 지칭함으로써 벽면에 비치며 지나가는 것(실물)들을 지칭하는 것으로 상정할 것 아니겠는가?"

"그야 필연적이지요."

"그러면 이 감옥의 맞은편 벽에서 또한 메아리가 울려온다면 어떻겠는가? 지나가는 자들 중에서 누군가가 소리를 낼 경우에, 그 소리를 내는 것이 지나가는 그림자 아닌 다른 것이라고 이들이 믿을 것으로 생각하는가?"

"아닙니다."

"그러니까 이런 사람들이 인공적인 제작물들의 그림자들 이외의 다른 것을 참된 것이라 생각하는 일은 전혀 없을 걸세."

"당연히 그렇겠지요."

위 대화가 묘사하고 있는 공간이 잘 연상되시는지요? 이 대화는 다소 비현실적인 내용을 담고 있기에, 언뜻 잘 이해가 되지 않을 수도 있습니다. 이해를 돕기 위해 이 이야기가 진행되는 공간을 시각적으로 표현한 자료를 참조해 보겠습니다.

[그림 VII-1] 플라톤 "동굴의 비유"2

그림의 앞쪽_{왼쪽}에는 몇 명의 사람들이 나란히 앉아 있습니다. 이 비유의 화자는 이들을 "죄수"라고 지칭합니다. 이들이 죄수라고 명명된 이유는 불명확하지만, 화자는 이들을 그렇게 규정합니다. 이들은 나면서부터 죄수이고, 얼굴을 옆으로 돌릴 수도 없는 포박의 상태로 있기에 서로의 얼굴이나 자신이 처해 있는 동굴의 환경을 둘러본 적도 없습니다. 이들은 그저 자신의 견해를 말할 뿐입니다.

---

2 그림출처: https://janetsfox.com/2016/01/inside-platos-cave 아래에서 사용되는 "동굴의 비유" 그림은 이 출처의 그림 원본을 모사한 것이며, 필요에 따라 필자가 추가적 정보를 가미하였음을 밝혀 둔다.

그리고 죄수들의 등 뒤로는 담이 높게 쳐져 있고, 그 담 위로는 길이 나 있어서 사람들이 지나다닙니다. 그 길옆에는 불이 타고 있어서, 사람들이 담 위에 난 길을 오갈 때마다 죄수가 앉은 자리 앞 벽면에는 그림자가 투영됩니다. 죄수들이 볼 수 있는 것이라고는 이 그림자들뿐입니다. 때로는 이 그림자에 더하여 사람의 소리나 동물의 소리가 들리기도 합니다. 그러나 죄수들은 그림자와 소리의 실체를 직접 눈으로 확인한 적은 없습니다. 죄수들은 그림자와 소리의 실체에 대해 추측하고, 이에 대한 각자의 견해를 내어놓은 후 잠정적 합의에 이른 것이 전부입니다.

물론 이 동굴의 비유에는 더 많은 아이콘들이 등장합니다. 그림을 참조하면서 대화를 좇아가 보도록 하겠습니다.

"그러면 생각해 보게. 만약에 이들에게 다음과 같은 식으로 사태가 자연스레 진행된다면, 이들이 결박에서 풀려나고 어리석음에서 치유되는 것이 어떤 것이겠는가 말일세. 가령 이들 중에서 누군가가 풀려나서는, 갑자기 일어서서 목을 돌리고 걸어가 그 불빛 쪽으로 쳐다보도록 강요당할 경우에, 그는 이 모든 걸 하면서 고통스러워 할 것이고, 또한 전에는 그 그림자들만 보았을 뿐인 실물들을 눈부심 때문에 볼 수도 없을 걸세.

무척 정적이던 공간에 예기치 못한 일이 발생합니다. 즉, 죄수 중 한 명의 묶임이 어떤 미지의 힘에 의하여 풀려나서는 오르막길을 오르도록 그리고 불빛을 응시하도록 강요당합니다. 여기서 "강요당한다"는 표현을 염두에 두시기를 바랍니다. 여하튼 이런 상황이 벌어진다면, 그 죄수는 처음에는 불을 제대로 볼 수 없을 것이라고 합니다.

"만약에 누군가가 이 사람에게 말하기를, 전에는 그가 엉터리를 보았지만, 이제는 진짜에 좀 더 가까이 와 있고, 또한 한결 더 실상을 향해 있어서, 더욱 올바르게 보게 되었다고 한다면, 더군다나 지나가는 것들 각각을 그에게 가리켜 보이며 그것이 무엇인지를 묻고서는 대답하도록 강요한다면, 그가 무슨 말을 할 것으로 자네는 생각하는가?"

예전에는 그림자만 보았는데, 또는 소리와 연결된 그림자에 대해서 상상만 했을 뿐인 그것을 이제는 실물로 보게 되었고, 그 결과 이것의 실체를 인지하게 되었을 때, 이 사람의 내면에는 지적 충격이 있을 것이라는 점을 전제로 이야기는 전개되고 있습니다.

"또한 만약 그로 하여금 그 불빛 자체를 보도록 강요한다면, 그는 눈이 아파서 자신이 바라볼 수 있는 것들로 향해 달아날 뿐만이 아니라, 이것들이 방금 지적받은 것들보다도 정말로 더 명확한 것들이라고 믿지 않겠는가? 그러나 만약에 누군가가 그를 이곳으로부터 험하고 가파른 오르막길을 통해 억지로 끌고 간다면, 그래서 그를 햇빛 속으로 끌어내 올 때까지 놓아주지 않는다면, 그는 고통스러워하며 또한 자신이 끌리어 온 데 대해 언짢아하지 않겠는가? 그래서 그가 빛에 이르게 되면, 그의 눈은 광휘로 가득 차서, 이제는 진짜들이라고 하는 것들 중의 어느 것 하나도 볼 수 없게 되지 않겠는가?"

"적어도 당장에는 볼 수 없겠죠."

이 죄수는 두 번의 변화를 겪게 됩니다. 첫 번째 변화는, 우선 영문도 모른 채 속박으로부터 풀려나서 길을 따라 올라가도록 강요되고, 길옆에 있는 불빛을 보게 되고, 길을 오가는 사람들과 동식물과 사물들의 실체를 확인하게 되는 과정입니다. 그리고 그는 두 번째 변화의 과정에 들게 됩니다. 그는 한 번 더 가파른 길을 더 올라가도록 강요되고, 결국에는 동굴 밖으로 나가도록 강요됩니다. 동굴 밖으로 나간

후 죄수는 처음에는 눈이 부셔서 힘든 시간을 보내게 됩니다. 그러나 점차 태양빛에 익숙해지는 과정을 겪게 됩니다. 어두운 곳에서 밝은 곳으로, 그리고 물에 투영된 것들을 보다가 시나브로 실물들을 보게 될 것입니다. 그리고 결국에는 태양을 직시하는 단계에 이르게 될 것입니다. 그런데 동굴의 비유는 여기서 매듭되지 않고, 이제 질적으로 아주 다른 국면으로 전개됩니다.

"또한 다음으로 그는 태양에 대해서 벌써 이런 결론을 내리고 있을 걸세. 즉, 계절과 세월을 가져다주며, 보이는 영역에 있는 모든 것을 다스리며, 또한 어느 면에서나 그를 포함한 동료들이 보았던 모든 것의 원인이 되는 것이 바로 이것이라고 말일세.

"당연하겠지요."

"어떤가? 이 사람이 최초의 거주지와 그곳에 있어서의 지혜 그리고 그때의 동료죄수들을 상기하고서는, 자신의 변화로 인해서 자신은 행복하다고 여기되, 그들을 불쌍히 여길 것이라고 자네는 생각지 않는가?"

"그렇겠지요."

여러분들은 이야기의 이와 같은 전개에 공감이 되시는지요? 이 죄수는 동굴이라는 속박으로부터 풀려났습니다. 그리고 점차 눈이 밝아졌고, 밝음의 세계에도 익숙해졌습니다. 밤낮의 변화와 사계절의 주기에도 익숙해졌을 뿐 아니라, 계절의 변화가 선사하는 아름다운 풍경들도 경험하게 되었습니다. 그런데 동굴의 비유의 화자는 이 죄수가, 아니 이제는 죄수의 상태로부터 벗어나 태양빛을 경험한 이 사람이 그저 행복하게 살았노라고 말하지 않습니다. 여기서 화자는 이야기의 방향을 180도 전환합니다. 즉, 동굴 밖으로 나온 그 옛 죄수는 동굴 속 옛 동료들을 회상하면서 측은지심을 느낀다고 혹은 느껴야 한다고 말합니다. 여기서부터는 동굴의 비유를 통해 화자가 교사 또는 교육자들에게 전하는 메시지가 직접적으로 드러납니다. 동굴의 비유의 화자는 죄수가 동굴 밖으로 나가는 과정 및 그 후에 그에게 발생하는 변화에 더하여 다시 동굴 속으로 들어가야 하는 당위도 강조하고 있습니다. 이 책을 읽고 계신 여러분들도 어쩌면 동굴의 비유의 화자가 던진 메시지에 공감하여서 교직의 길로 들어섰을 수도 있을 것입니다.

"그러면 이 점 또한 생각해 보게. 만약에 이런 사람이 다시 동굴로 내려가서 이전의 자리에 앉는다면, 그가 갑작스레 햇빛에서 벗어나왔으므로, 그의 눈은 어둠으로 가득 차 있게 되지 않겠는가?"

"그렇겠지요."

"그렇지만, 만약에 그가 줄곧 그곳에서 죄수 상태로 있던 그들과 그 그림자들을 다시 판별해 봄에 있어서 경합을 벌이도록 요구받는다면, 그것도 눈이 제 기능을 회복도 하기 전의 시력이 약한 때에 그런 요구를 받는다면, 어둠에 익숙해지는 이 시간이 아주 짧지는 않을 것이기에, 그는 비웃음을 자초하지 않겠는가?

또한 그에 대해서, 그가 위로 올라가더니 눈을 버려가지고 왔다고 하면서, 올라가려고 애쓸 가치조차 없다고 하는 말을 듣게 되지 않겠는가? 그래서 자기들을 풀어주고는 위로 인도해 가려고 꾀하는 자를, 자신들의 손으로 어떻게든 붙잡아서 죽일 수만 있다면, 그를 죽여버리려 하지 않겠는가?"

여기까지의 동굴의 비유의 서사를 요약해 보겠습니다. 동굴 속에 죄수로 속박되어 그림자만 보고 있던 한 사람이 자기도 모르는 어떤 힘에 의해서 풀려납니다. 그리고 그 어떤 힘에 의해 오르막길을 오르고 밝음의 세계로 나오도록 강요당합니다. 그리고 그는 동굴 밖 세계에서 사물의 실체와 태양을 경험하게 됩니다. 그는 이제 이전에는 알지 못했던 세계를 그리고 그 세계의 원리를 이해하게 되었고, 이에 따라 그 자신도 변하게 됩니다. 동굴 밖 세계를 경험한 그는 자신이 경험한 아름다움을 나누고자 옛 동료들에게 달려갔지만, 그들은 그의 측은지심에 대해 고마워하기는커녕 깊은 적대감으로 그를 대합니다. 이 적대감은 "붙잡아 죽일 수만 있다면"이라고 표현될 정도로 심각하고, 그만큼 동굴 속으로 다시 들어간 그에게는 깊은 실망의 원인이자 큰 용기를 필요로 하는 요인이 됩니다.

플라톤과 소크라테스

여기서 우리는 동굴의 비유로부터 한 걸음 물러서서, 이 이야기의 화자에 대한 관찰자의 입장을 취해 볼 필요가 있습니다. 이 이야기를 하는 플라톤은 왜 이 대목에서 갑자기 격앙된 감정을 보이는 것일까요? 그는 이 대목에서 자신이 보기에 억울한 죽음을 당한 그의 스승 소크라테스를 떠올렸을 것입니다.

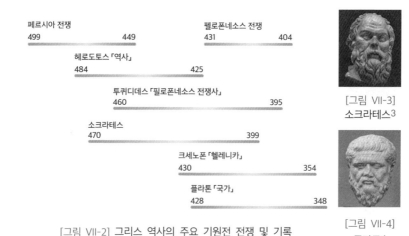

[그림 VII-2] 그리스 역사의 주요 기원전 전쟁 및 기록

[그림 VII-3]
소크라테스3

[그림 VII-4]
플라톤4

3 그림출처 https://www.shutterstock.com
4 그림출처 https://www.shutterstock.com

주지하는 바와 같이, 플라톤은 소크라테스의 제자였습니다. 그리고 그들은 전쟁의 시대를 살았습니다. BC 499-449년에는 페르시아 전쟁이, BC431-404년에는 필로폰네소스 전쟁이 있었습니다. 필로폰네소스 전쟁은 스파르타와 아테네 사이의 전쟁이었습니다. 소크라테스는 어린 시절 페르시아 전쟁을 겪었고, 필로폰네소스 전쟁에는 몸소 참전한 경험도 있습니다. 소크라테스의 시대에는 그리스-페르시아 전쟁을 다룬 『역사』헤로도토스가 집필되었고 『필로폰네소스 전쟁사』투퀴디데스의도 집필되었을 정도로 많은 사람들이 전쟁에 노출되었고, 그만큼 정치와 평화에 대한 성찰이 긴요하였던 시대였습니다. 아울러 그는 『헬레니카』가 기록하고 있는 정치체제의 변혁이 숨가쁘게 이루어졌던 시대의 인물입니다. 그리고 플라톤은 『헬레니카』의 저자인 크세노폰과 동시대인입니다. 소크라테스와 플라톤은 역사적으로 약 30년의 시간을 공유하였습니다.

소크라테스는 "거리의 철학자"라는 별명이 주어질 정도로 많은 시간을 거리에서 보냈습니다. 당시 사회는 소피스트들이 활발한 활동을 보이던 시대였습니다. 각자의 생각에 따라 자신의 사유를 설파하였던 소피스트들은 주관적이고 상대적인 진리관을 피력한 것으로 알려져 있습니다. 이것과 다르게 소크라테스는 객관적이고 보편타당한 진리를 수립하기 위해 노력한 것으로 알려져 있습니다. 참고로 소크라테스는 기록물을 남기지 않았습니다. 소크라테스의 사유라고 알려진 대부분의 것은 그의 제자인 플라톤을 통해 후대에 소개되었습니다.

이들이 살았던 시대의 아테네는 폴리스, 데모그라티, 공화정 등으로 특징지워질 수 있는 공간입니다. 당연히 토론의 문화와 설득의 기술이 중요했습니다. 로고스의 시대이자 변증과 웅변이 교수학습되던 시대였습니다. 이러한 기술을 유료로 가르쳤던 소피스트들과 달리 소크라테스는 거리로 나아가 사람들, 특히 청년들에게 질문을 던졌습니다. 그의 질문은 그 자체로 앎에 대한 자문과 무지에 대한 자각으로 이어졌고, 이것이 "산파술"이라고도 불리우는 소크라테스식 대화법The Socratic Method이었습니다.

소크라테스는 500명 공의회의 일원으로 1년간 정치를 하였지만, 그보다는 거리에서 청년들과 많은 시간을 보낸 것으로 알려져 있습니다. 그는 청년들과 많은 대화를 나누었으며, 소피스트들과 논쟁하였습니다. 그러나 이러한 소크라테스를 못마땅하게 생각했던 일군의 사람들은 그가 청년들을 타락시켰다는 명분으로 신성모독죄를 적용하여 그를 기소하였습니다. BC 411년 당시 아테네는 스파르타 전쟁에서 패배한 후 만들어진 400인 과두정의 시대였고, 그 체제 속에서 적용된 법에 따라 소크라테스는 사형을 선고받게 됩니다. 그리고 우리가 잘 아는 바와 같이 그는 독배를 거부하지 않았습니다.

[그림 VII-5] 소크라테스의 죽음
(Jacques-Louis David, 1787)[5]

[그림 VII-5]은 쟈크-루이 다비드의 1787년 작품 "소크라테스의 죽음"입니다. 이 그림은 화가가 플라톤의 『대화편』을 바탕으로 작가적 상상력을 가미하여 재구성한 것으로 알

---

5 그림출처 https://www.amazon.com/Jacques-Louis-David-Wall-Art/dp/B0B YD19KVR

려져 있습니다. 이 그림 속에서 소크라테스가 누구인지를 찾는 것은 그리 어렵지 않습니다. 소크라테스는 한 가운데 상체를 고스란히 드러내고 있습니다. 별도의 조명이 없음에도 불구하고, 소크라테스는 빛나고 있습니다. 그의 오른손은 독배를 집으려 하고, 왼손은 허공을 가리키고 있습니다. 당시 71세였던 소크라테스의 몸은 대단히 건강한 모습으로 묘사되어 있는데, 이것은 건강한 신체에 고귀한 영혼이라는 당대의 정서를 반영한 것으로 보입니다.[6] 플라톤은 그림의 왼편, 침대밑에 기대어 앉아 있습니다. 어쩌면 플라톤은 스승을 위한 도피책이 마련되었다는 제자들의 회유를 거절하고 기꺼이 죽음을 수용하겠다는 스승의 지조를 마음 깊이 경청하고 있거나 혹은 스승의 완고함을 향한 체념을 시전해 보이는 것일 수도 있습니다. 이때 플라톤의 나이는 28세였습니다만, 묘사된 외모는 그보다 훨씬 나이가 들어 보입니다. 여기에 화가의 어떤 의도가 담겨 있는지는 분명치 않습니다. 소크라테스의 무릎에 손을 올리고 있는 인물은 크리톤입니다. 그는 소크라테스에게 탈출을 권유한 제자로 알려져 있습니다. 그리고 저 멀리 계단을 오르고 있는 여인이 바로 소크라테스의 아내 크산티페입니다. 남편의 죽음으로 인해 받을 충격을 염려하여 제자들이 모시고 나가는 중이라고 알려져 있습니다.

---

6 "소크라테스는 아침마다 체육관을 찾아 몸을 돌봤고, 플라톤은 축제 경기에서 두 차례 우승했던 레슬러였으며, 디오게네스는 한 조각 햇빛을 쫓는 게으름뱅이가 아니라 영혼의 평정을 위해 극한까지 육체를 몰아붙인 운동 중독자였다. 이들에게 체력 단련은 시민의 특권이자 의무였다. 건장한 육체는 내면의 성숙한 신성을 증명하는 눈부신 증거였다. 플라톤의 본명은 아리스토클레스였다. 그러나 운동으로 근육을 부풀린 몸이 매우 아름다워 스승이 붙여준 별명인 플라톤으로 더 많이 불렸다. 플라톤은 '떡대', 즉 넓은 어깨를 가리켰다." 현상필 (2021). 『소크라테스 헬스클럽』. 을유문화사

이 소크라테스의 죽음 일화에서 잘못 알려진 것이 바로 "악법도 법이다"라는 말을 소크라테스가 했다는 소문입니다. 실제로 소크라테스가 "악법도 법이다"라고 표현하지는 않았던 그 말의 실제 취지는 "폴리스가 절차에 따라서 결정한 일을 내가 억울하다는 이유로 회피하는 것이 과연 옳은가, 그른가?"였습니다. 즉, 개인적 차원에서는 억울할 수 있는 결정들을 아테네의 모든 시민들이 지키지 않을 때 폴리스라는 체계가 과연 유지될 수 있을 것인가라는 질문 앞에서 큰 고민이 생기는 것이 사실이지만, 나는 기꺼이 이 독배를 들겠다라는 것이 소크라테스의 의도였다고 합니다. 이 그림을 통해 우리는 공화정을 향한 소크라테스의 자세를 엿볼 수 있습니다. 오늘날 소크라테스가 교정을 거닐며 청년들과 대화하면서 각자의 무지無知를 거울처럼 비추어 주는 모습을 상상해 보는 일도 흥미로울 것입니다. 어쩌면 학생들 사이를 누비는 여느 교사의 모습도 그와 비슷하지 않을까 생각해 봅니다.

이제 플라톤 이야기를 해 볼까 합니다. 플라톤은 귀족 자제였습니다. 펠로폰네소스 전쟁에서 패배한 아테네에 들어선 친스파르타 30인 참주 체제의 구성원들 중에 플라톤의 숙부 두 명이 포함되어 있을 정도였습니다. 아테네는 내전을 겪은 후에 다시 민주정으로 회귀합니다. 그리고 플라톤은 20세에 소크라테스를 만났고, 8년간 그를 추종하였습니다. 스승 소크라테스가 여느 무지한 독재자의 결정이 아닌 폴리스, 즉 400인 민회의 결정에 의해 사형에 이르게 되었다는 사실이 플라톤에게는 큰 충격으로 다가왔습니다. 숙부들이 활동하였던 30인 과두정을 거쳐 맞게 된 민주정이라는 체제가 자신이 추앙했던 스승에게 사형을 언도하는 장면을 목도하면서 플라톤은 민주정에 대한 회의를 갖게 되었을 것입니다. 그리고 이것은 후에 그가 철인통치와 국가주도형 보육·교육을 주장하게 된 주된 원인이 됩니다. 플라톤은 원래 정치인이 되기를 희망했었습니다만, 소크라테스와의 만남 이후로 자신의 목표를 수정하게 됩니다. 그는 이제 현실 정치인이 되기보다는 철인哲人의 철학을 설파함으로써 정치와 교육이 올바르게 작동하는 데 기여하고자 하였습니다.

동굴의 비유 — 도상학적 분석

다시 동굴의 비유로 돌아오겠습니다. 도상학적 해석을 위하여 동굴의 비유에 사용된 아이콘들을 모아보겠습니다. 우선 죄수들이 있습니다. 이들이 왜 처음부터 죄수라고 규정되었는지는 알 수 없습니다. 그러나 동굴 밖으로 강제로 나간 후 변모된 철인이라는 아이콘과는 분명한 대조를 이룹니다. 그리고 담과 길과 사람들과 동물들과 소리와 횃불과 그림자 등도 동굴의 비유를 구성하는 중요한 소품들이라 할 수 있습니다. 아울러 속박이 풀려 동굴 밖으로 나갔던 죄수의 동료들이 있습니다. 또한 두 단계의 오르막길과 한 번의 내리막길, 그리고 동굴 안팎을 드나드는 출입구도 아주 중요한 아이콘이라 할 수 있습니다. 크게 보자면, 동굴의 비유의 전체 배경이 되는 동굴 그리고 동굴 밖 세계도 중요한 아이콘입니다. 마지막으로 태양과 태양빛 그리고 태양빛을 통해 인식된 자연 및 자연의 원리들도 중요한 아이콘들입니다. 이 아이콘들을 활용하여 도상학적 해석을 하면서 교육·교직과 관련하여 동굴의 비유가 함의하는 바를 탐색해 보도록 하겠습니다.

교육의 공간

동굴의 비유를 스케치한 [그림 VII-6]은 두 가지 세계를 담고 있습니

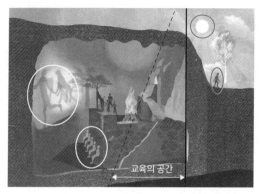
[그림 VII-6] 동굴의 비유 - 교육의 공간

다. 이것은 제6장에서 다루었던 코메니우스의 범교육학과도 동일한 구도입니다[그림 VI-13 참조]. 우측 상단에 태양이 떠 있고 그 아래에 철인이 있습니다. 그는 원래 죄수였으나, 알 수 없는 어떤 힘에 의하여 동굴 밖으로 강제로 인도되어 나온 후 철인으로 변모하게 되었습니다. 동굴 속 좌측 하단에는 그림자들이 지속적으로 움직이고 있고, 그 앞에는 죄수들이 나란히 앉아 있습니다. 이것은 명백한 대조를 이루는 아이콘들입니다. 죄수와 철인, 그림자와 태양, 동굴의 안과 밖 등의 대조는 별도의 해석이 필요 없을 정도로 선명한 대조적 의미를 담고 있습니다.

교육학적 관점에서 특별히 눈여겨 볼 부분은 이 그림 속에 교육의 공간이 확보되어 있다는 점입니다. 제5장과 6장에서 다루었던 코메니우스 『세계도회』의 "도입/맺음"[그림 VI-1]에서는 교사와 학생 사이의 물리적 거리가 교육의 공간이었다면, 플라톤의 동굴의 비유에서 교육의 공간은 죄수가 앉아 있던 그 지점부터 동굴의 출입문, 즉 동굴의 벽면 안쪽 끝까지라 할 수 있습니다. 죄수가 일어나서 오르막I 죄수의 자리부터 횃불이 보이는 곳까지을 통해서 상승I을 경험하게 되고 오르막II 횃불이 보이는 곳부터 동굴의 출입구까지를 통해서 상승II를 경험하게 된다는 점, 그리고 앉아 있던 죄수의 시선이 이전에 향하던 곳의 반대 방향, 즉 오른쪽을 향하여 이동하고 있다는 점 역시 플라톤 동굴의 비유와 코메니우스의 그림

사이의 유사성을 확인할 수 있는 대목입니다. 이 교육의 공간이 물리적 공간임과 동시에 교육을 위한 심리적·과정적 공간으로 확보되어 있다는 사실은 특징적이라고 말할 수 있습니다.

두 개의 길 — 교육의 길(I)과 교육자의 길(II)

동굴의 비유에는 두 가지 길이 등장합니다. 우선 죄수가 철인이 되어 가는 과정, 즉 전환과 상승으로 이루어진 교육의 길이 있습니다. 물론 이 비유에서 겉으로 드러나지

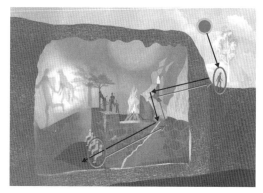

[그림 VII-7] 동굴의 비유-교육의 길과 교육자의 길

않는 내용도 있습니다. 즉, 결박이 풀어진 그 죄수의 결박은 누가 풀어주었으며, 누가 강제로 그의 방향을 전환하여 상승의 길로 데리고 올라가서 종국에는 동굴 밖으로 그를 인도해 내었는가에 대한 정보가 전혀 나타나 있지 않습니다. 이런 의미에서 최초의 교육의 길은 이론적 규명이나 규정이 불가능합니다.

이 최초의 전환·상승의 길을 제외하면, 두 번째부터 이루어지는 교육의 길은 무한반복된다고 볼 수 있습니다. 그리고 이 무한반복의 전환·상승의 길은 실질적 의미에서 교육의 길이라 명명될 수 있습니다. 최초의 전환·상승을 통해 죄수에서 철인으로 변모한 제1의 교육자, 제2의 교육자, 그리고 그 후예들이라 할 수 있는 오늘날의 수많은 교육자들이 계속하여 제2의, 제3의, 제4의 죄수들을 데리고 전환과 상승

을 거듭해 나가고 있기 때문입니다.

이와 아울러 교사와 교육자들에게 시사하는 바가 있는 두 번째 길은 교육자의 길입니다. 이 길은 좁은 의미에서는 교원 양성 및 재교육 과정에 참여하고 있는 모든 교사들, 그리고 넓은 의미에서 우리 사회에서 교육의 역할을 수행하는 모든 교육자들에게 해당되는 길이라 할 수 있습니다. 앞서 언급한 바와 같이, 교육자의 길은 동굴 밖으로 나갔던 그 죄수가 태양빛에 친숙해진 후 철인으로 변모되어 다시 동굴 속으로 들어와서 죄수들 곁으로 다가가는 그 길입니다. 이 길은 곧 지혜에 대한 사랑Philo-sophie이자 교육이 필요한 이들에 대한 측은지심을 의미와 책무성입니다. 지혜에 대한 사랑이라고 표현되는 필로-소피는 지혜와 지식과 진리를 추구하고자 하는 마음이고, 측은지심은 인류애와 윤리와 책무성입니다. 어쩌면 소명calling이라고도 표현될 수 있는 이 교육자의 길은 철학과 윤리학과 교과적·교수법적 전문성의 조화로 이루어진 실천의 길입니다. 이런 의미에서 동굴의 비유는 교직론의 정수를 담고 있다고 볼 수 있습니다.

동굴의 비유의 특징 중 하나는 교육의 길과 교육자의 길이 무한반복된다는 점입니다. 동굴의 비유에 등장하는 태양빛은 플라톤 철학에서 이데아라고 명명되는 그것을 상징합니다. 동굴의 비유가 지향하는 최종적 목표는 이데아의 빛이 지속적으로 동굴 속으로 전파되는 것입니다. 이 전파의 임무를 누가 그리고 어떻게 수행하는가가 교육적 과제입니다. 동굴의 출입구는 좁습니다. 물리적으로 제한된 이 출입구를 드나들 수 있는 능력과 자질을 겸비한 사람이 곧 철인입니다. 그래서 철인이 이 출입구를 더 자주 드나들수록, 그리고 나아가 더 많은 훌륭한 철인들이 이 출입구를 드나들수록 동굴 속 어둠은 옅어지고, 동굴 속 그림자는 희미해지며, 더 많은 죄수들의 전환과 상승과 각성이 이루어질 것입니다. 그리고 종국에는 모든 죄수들이 동굴 밖으로 나오고, 그래서 동굴이라는 공간 자체가 의미를 상실하게 될 때가 바로 교육의 길과 교육자의 길의 의미가 완성되는 순간이자 교육이 완결되는 시점이라고 말할 수 있습니다. 그래서 이 두 가지 길은 인류가 존재하는 동안 무한히 반복될 그리고 지속되어야 할 교육의 과업을 상징한다고 볼 수 있습니다.

철인과 교사

플라톤의 동굴의 비유에 등장하는 철인은 교육학적 관점에서 보자면 교사를 상징합니다. 교사는 태양, 즉 좋음의 이데아를 경험한 사람입니다. 영원불변한 보편성을 경험하고 담지한 존재, 그리고 이것을 동굴의 세계로 전파하고자 하는 마음을 품은 사람이 곧 교사입니다.

> "인식할 수 있는 영역에 있어서 최종적으로 그리고 각고 끝에 보게 되는 것이 좋음(善)의 이데아이네. 그러나 일단 이것을 본 다음에는, 이것이 모든 것에 있어서 모든 옳고 아름다운(훌륭한) 것의 원인이라고, 또한 '가시적 영역'에 있어서는 빛과 이 빛의 주인을 낳고, '지성에 의해서[라야] 알 수 있는 영역'에서도 스스로 주인으로서 진리와 지성을 제공하는 것이라고, 그리고 또 장차 사적으로나 공적으로나 슬기롭게 행하고자 하는 자는 이 이데아를 보아야만 한다고 결론을 내려야만 하네. … 이 경지에 이른 사람들은 인간사에 마음 쓰고 싶어 하지 않고, 이들의 혼은 언제나 높은 곳에서 지내기를 열망한다는 사실을 말일세. … 그때의 동료 죄수들을 상기하고서는, 자신의 변화로 인해서 자신은 행복하다고 여기되, 그들을 불쌍히 여길 것 … 그는 한쪽에 대해서는 … 행복하게 여기되, 다른 쪽에 대해서는 불쌍히 여길 것이며…"

동굴의 비유를 통해 플라톤은 지혜에 대한 사랑과 측은지심, 지성과 윤리를 겸비한 사람이 교사라고 강조하고 있습니다. 그렇다면 교육은 무엇인가라는 질문에 대한 플라톤의 대답을 들어보겠습니다.

> "[누군가의] 혼 안에 지식(인식)이 있지 않을 때, 마치 보지 못하는 눈에 시각을 넣어 주듯, 지식을 넣어주는 것이 아니라 … 보는 능력을 생기게 해 주는 것이 아니라, 이미 그 능력을 지니고는 있되, 바르게 방향이 잡히지도 않았지만, 보아야 할 곳을 보지도 않는 자에게 그러도록 해 주게 될 방책일세."

플라톤에 따르면 교육은 "방향을 제대로 잡도록 해 주는 일", 즉 방향의 전환입니다. 동굴의 비유에서도 나타나듯이, 이미 시력이 있지만 제대로 보지 못하는 죄수들에게 올바른 방향을 제시하고 그곳으로 이끄는 행위가 곧 교육이라는 견해입니다. 달리 표현하자면, 전환을 제안하고 상승을 이끌고 지혜를 향해 나아가도록 하는 일, 이것이 플라톤이 생각하는 교육입니다.[7] 김정환의 해설에 따르면, "플라톤의 교육[인간의 전향술]은 머리 속에 지식을 넣어 주는 일이 아니고, '잘 사는 사람'이 되게 영혼을 뒤흔들어 주고, 졸고 있는 영혼을 쇠파리처럼 자극하여 활동케 하여 주고, 국가사회에 자신의 소임을 다하고자 다짐하는 마음을 일깨워 주는 일"입니다.[8]

---

7 여기서 플라톤의 이른바 상기설 또는 회상설을 간략하게 언급할 필요가 있다. 상기설/회상설(the theory of reminiscence or recollection)에 따르면, 인간은 영혼을 지니고 있으며, 태어나기 전에는 완전한 이상 세계인 영혼의 세계에 살았고 이데아에 대한 완전한 지식을 영혼 속에 지니고 있었지만, 영혼이 신체 속에 들어감과 동시에 영혼의 지식은 감각적 정보에 의해 오염된다. 그러므로 진정한 지식은 이데아의 세계를 회상함으로써 얻어진다는 견해이다.
8 김정환(1987). 『교육철학』(p. 52). 박영사.

동굴의 비유 ― 교육학적 해석의 예

플라톤의 동굴의 비유를 교육학적 관점에서 해석한 사례는 여럿 있습니다. 그중에서 제가 소개하고자 하는 것은 오인탁의 해석입니다. 그는 동굴의 비유를 아래 여섯 꼭지로 나누어 정리하고 있습니다.9

첫째, 이원세계론입니다. 이것은 교육학적 관점에서 세계를 두 가지 종류로 나누는 데서 출발하는 관점을 의미합니다. 동굴의 비유의 경우, 세계는 동굴 속 세계와 동굴 밖 세계로 나뉩니다. "이 비유는 존재의 두 차원들, 거주의 두 형식들, 그 본질에 있어서 상이한 두 세계들을 묘사. 진리의 세계는 하나일 뿐, 둘일 수가 없다. … 세계는 어둠과 빛의 두 영역들로 나누어져 있는 것처럼 보인다. 플라톤은 이러한 두 세계의 현상을 동굴의 비유에서 선의 이데아로부터, 존재의 원천인 빛으로부터 고찰하여, 빛으로부터 떨어져 있는 거리를 구별하고 의식하게 함으로써 우리를 진리의 세계 인식에로 인도한다. … 동굴은 허깨비와 신념을, 동굴 밖의 세계는 오성dianoia과 지성noesis을 상징. 여기서 변증법은, 은유적으로 표현하여, '어둠에 있는 것을 빛으로 옮겨가는 것'이다. 동굴의 세계는 감각과 생활의 세계요 지하의 세계. 이 세계 안에 있는 사람들은 법적–정치적으로 미성숙[하다]." 즉, 이원세계론은 세계를 어둠과 빛, 무지와 지, 현상과 이데아 등의 방식으로 나누어 이해하는 관점을 의미합니다.

둘째, 교육과 폭력성입니다. 다만 이 경우 "폭력"이라고 쓰고 "강제"라고 이해하시기를 권합니다. "동굴 인간 중에 한 명이 어떻게 해서 묶인 쇠사슬로부터 풀려났다고 하자. 해방되었다고 해서 자유로와진

---

9 오인탁(1996). 플라톤. 『위대한 교육사상가들 I』(pp. 43-108). 교육과학사.

것은 아니다. 그에게는 아직 자유의지가 없다. … 그가 일어나서 횃불을 쳐다보도록 누군가가 그의 머리를 강제로 돌리지 않으면 안 된다. 따라서 폭력[강제]을 사용하여 강제로 그의 머리를 뒤로 돌려서 조상들을 보게 하고 … 사물의 본질을 바로 볼 줄 알아야 하겠기에, 그는 교육을 받지 않으면 안 된다. 이렇게 교육의 시작은 폭력[강제]에 의하여 동반된 강요이다." 오인탁은 플라톤의 동굴의 비유를 적극적으로 해석해서 "강제"라고 이해하고 교육에는 강제성이 필연적으로 동반될 수밖에 없다고 해석합니다만, 이 해석을 수용할 것인가에 대해서는 열어두고자 합니다. 적어도 이것이 물리적·심리적 폭력성을 의미하는 것은 아니어야 한다는 것이 현대 사회의 공감대입니다. 그러나 죄수가 방향을 전환할 때, 길을 오를 때, 그리고 동굴을 나서던 모든 순간에 작용하였던 어떤 강제적 힘의 불가피성에 대해서는 일정 정도의 개인적·사회적 공감대가 형성될 수도 있을 것입니다. 물론 그것이 어떤 종류의 강제적 힘인가에 대해서는 이론적 논의가 필요할 것입니다.

셋째, 전환입니다. "전환을 통하여 모든 통찰은 비로소 유익하고 의미있게 되며, 인간의 영혼 전체가 파이데이아에 들어오게 된다. 그래서 전환은 동굴의 비유를 해명하는 열쇠언어이다. 전환이 의미하는 바의 핵심은 이것이다. 파이데이아는 지금까지 전혀 볼 수 없었던 자에게 봄의 능력을 부여하는 것이 아니라, 이미 볼 수 있는 자가 그의 봄의 능력을 사용하여 바르게 보도록 인도하는 것이다. … 동굴의 비유에서 그리고 있는 교육에는 독학이 없다. … 그는 낯선 교육의 손길을 필요로 한다. 그 뿐만 아니라 그는 자신의 의지와는 반대로 낯선 교육의 강요에 따라 자신을 굽히지 않으면 안 된다."

넷째, 교사의 필요성입니다. "교육의 길을 자신의 능력과 노력으로

걷는 것은 처음부터 불가능하다. 교육의 길로 들어서는 것 자체를 인간은 거부한다. 모든 교육적 노력은 처음에는 교육을 받지 않으면 안 되는 상태에 있는 인간의 저항에 직면한다. 동굴의 비유는 이를 분명히 보여주고 있다."

다섯째, 귀향의 의무와 교사의 책무성입니다. "최고의 지식에 도달한 자에게 요청되는 것은 동굴의 세계로 돌아가서 무교육의 상태에 있는 인간들을 교육하는 일이다. 최고의 지식을 학습하는 유일한 목적은 동굴의 세계에서 살아가는 인간의 파이데이아 … 동굴로의 귀향은 최고의 지식의 의미와 과제에 대한 최종적 대답이다. … 선의 이데아라는 최고 지식의 실천적 성격에 직면하고 선의 이데아를 인식한 자는 모든 존재와 인식의 원리만이 아니라 모든 생활과 실천의 원리까지 꿰뚫어 본 자이다."

여섯째, "Philodoxie로부터 Philosophie로"입니다. 우선 Philodoxie φιλόδοξος는 '좋아하다'를 의미하는 φίλο와 의견·추측·억견을 의미하는 δόξα의 합성어입니다. 이를 통해 오인탁은 동굴의 비유의 메시지를 "의견·추측·억견을 사랑함으로부터 지혜를 사랑함으로의 해방"이라고 해석합니다.

아래에서는 오인탁의 글에서 몇 문장을 더 발췌하여 소개합니다.

- 교육의 본질은 어둠에서 빛으로, 그림자에서 실체로 인식과 존재를 전환하여, 선의 이데아를 관조하고 깨달아 알게 하며, 다시 빛의 세계에서 어둠의 동굴로 돌아가는 해방적 파이데이아와 에피스테메로 묘사되고 있다. 즉, 교육은 선의 이데아로부터 인간이 엮어낼 수 있는 해방적 드라마이다.

- 교육은 해방이요, 인식의 능력이며, 인식이요, 새로운 삶의 에토

스이다.

- 플라톤의 이데아는 해방적 이념이다. 플라톤은 선의 이데아를 교육의 이념으로 삼아서 닫힌 사회를 여는 시도를 한다.
- 파이데이아는 억견의 벗Philo-doxie으로부터 지혜의 벗Philo-sophie로의 해방을 의미한다.
- 교육은 묶인 자를 풀어주며, 어둠 속에서 거니는 자를 밝음에로 인도하며, 밝음 속에서 현존하면서 어둠 안으로 들어가서 죽음을 무릅쓰고 해방과 광명에로 무교육의인간을 인도하는 활동이다. 이렇게 폐쇄적인 세계를 파개하는 일이 곧 교육이다. 인간을 교육하는 일은 곧 사회를 열린 사회의 구조로 개조하고 보존하는 일이다.

제8장

이상주의의 명암(明暗)과 교육

이상주의의 명암(明暗)과 교육

플라톤 철학을 접할 때면 항상 등장하는 단어가 있습니다. 바로 "이데아"입니다. 제7장의 동굴의 비유에서 소개하였던 이원세계론에서도 이 단어는 등장합니다. 즉, 동굴 속 세계와 동굴 밖 세계의 질적 차이를 이루는 가장 중요한 요소인 태양이 곧 이데아의 상징이라고 할 수 있습니다.

이데아

플라톤에 따르면 이데아는 모든 사물이나 현상의 근원이자 원형으로서, 생성과 소멸과 무관한 영원불변의 궁극적 실체를 의미합니다. 그는 세계를 현상계와 이데아계로 구분합니다. 플라톤의 저서 『국가』에는 이데아와 관련하여 세 가지 비유, 즉 태양의 비유[제6권], 분할된 선분의 비유[제6권], 동굴의 비유[제7권]가 등장합니다. 그리고 이에 더하여 삼각형의 예시가 활용되기도 합니다.[1]

---

1 본장에서 인용되는 플라톤의 『국가』는 Plato. 박종현 역주 (1997). 『플라톤의

이데아 — 태양의 비유

"태양은 보이는 것들에 '보임'의 '힘'을 제공해 줄 뿐만 아니라, 또한 그것들에 생성과 성장 그리고 영양을 제공해 준다고 … 그것 자체는 생성_{生成되}는 것이 아니면서 말일세."

"굉장한 아름다움을 말씀하고 계시군요. 그것이 인식과 진리를 제공하지만, 그것 자체는 아름다움에 있어서 이것들을 넘어선다는 말씀입니다."

이데아 — 분할된 선분의 비유

"더 나아가, 마치 같지 않은 두 부분으로 나뉜 하나의 선분을 취한 것처럼 하고서, 이 각각의 부분, 즉 [눈에] '보이는 부류'의 부분과 '지성에 알려지는 부류'의 부분을 다시 같은 비율로 나누게나."

태양의 비유에 비하여 선분의 비유는 그 의미가 단번에 포착되지는 않습니다. 이 비유의 의미를 명확하게 이해하기 위하여 〈표 VIII-1〉를 참고해 보겠습니다.

〈표 VIII-1〉은 오른쪽으로 이동하면서 점층적으로 고양되는 인식의 단계를 나타내고 있습니다. 즉, 상상·짐작으로부터 믿음·확신을 거쳐 추론적 사고와 지성에 이르는 과정은 동굴의 비유 속 죄수가 자신의 처음 자리로부터 풀려나서 동굴 밖으로 나가게 되는 과정과 동일합니다. 보다 구체적으로 대입하여 보자면 다음과 같습니다.

① 상상·짐작은 그림자를 보면서 그것이 참일 것이라고 짐작하는 단계입니다. 이것은 그 다음 단계로도 이어집니다. ② 개인의 짐작이

국가 政體』(pp. 448-503). 서광사에서 발췌함.

가시적인 것들(ta horata) 감각 대상들(ta aisthēta)		지성에 의해서 알 수 있는 것들 (ta noēta)	
대상들: 상(영상, 모상), 그림자	실물들 (동·식물들 및 일체의 인공물들)	수학적인 것들 (도형들, 홀·짝수 등)	이데아 또는 형상들

선 분: A ——— D ——— C ——— E ——— B

주관의 상태들: 상상, 짐작 (eikasia)	믿음, 확신 (pistis)	추론적 사고 (dianoia)	지성에 의한 앎, 인식 (noēsis, epistēmē)
의견, 판단(doxa)		지성에 의한 앎(이해)(noēsis)	

<표 VIII-1> 선분의 비유 정리2

믿음·확신으로 굳어진 나머지 어둠 속에서 실물을 조금 경험하고서도 기존의 믿음이 변하지 않는 상태를 말합니다. ③ 그 다음은 동굴 밖으로 나가지만 여전히 눈이 충분히 밝아지기 전, 아직은 투영된 것을 통하여 추론적 사유를 감행하는 상태입니다. ④ 이제 태양을 직접 대면하는 이데아의 단계에 이르게 됩니다. 즉, 선^善의 형상을 이해하게 되는 단계입니다.

일반적으로 학계에서는 "눈에 보이는 것"을 "가시계"로, "지성에 의해 알 수 있는 것"을 "가지계"로 명명하고 있습니다. 그러나 맨 처음 단계인 상상·짐작은 보이는 것을 본 결과라기보다는, 실제로는 보지 못하였지만 마치 본 것으로 믿는 의견과 억견의 상태라 할 수 있습니다. 그러므로 이 경우는 엄밀하게는 가시계라는 표현이 맞지 않습니다. 전체적으로 선분의 비유는 제7장에서 언급하였던 "Philo-doxie로부터 Philo-sophie로" 이행하는 과정을 기술한 것이라고 볼 수 있습니다.

분할된 선분의 비유를 통해서 제가 여러분들께 요청드리고 싶은 것

2 Plato. 박종현 역주(1997). 『플라톤의 국가 政體』(p. 441). 서광사.

은 우리들 각자가 어느 단계에 있는지에 대한 성찰의 필요입니다. 우리는 매일 자기만의 방식으로 정보를 취합하고, 사유하고, 이에 근거하여 판단하고 행위합니다. 그러나 때로는 나의 판단과 행위가 가지계가 아니라 가시계에 근거를 두고 이루어질 가능성도 배제할 수 없습니다. 즉, 나는 나만의 독단과 억측에 기반하여, 또는 특정한 우리들만의 무근거한 신념에 기반하여 우리는 왜곡된 형식으로 세계에 반응하기도 합니다. 특히 부지불식간에 가짜뉴스에 무방비하게 노출되거나 혹은 정보를 무의식적으로 편취하는 일이 다반사인 오늘날, 우리들 자신이 선분의 비유의 어느 단계에 위치하고 있는가를 성찰하는 일은 무척 중요합니다. 그리고 이것은 당연하게도 각자의 교육적 행위와 의사결정에 영향을 미칩니다.

이데아 — 삼각형의 비유

"삼각형은 세 직선으로 만들어진 도형이다. 그러나 정말 엄밀한 의미의 삼각형은 이 세상에서는 볼 수도 없거니와 그려 낼 수도 없다. 실은 삼각형은 '삼각형'이라는 이데아로 우리 머리 속에 정신적으로만 존재하는 관념적 실재이며, 그것은 우리가 이 세상의 경험 또는 사물 교육을 통해 만들어진 것이 아니기에, 이데아계, 즉 '저세상'彼岸에만 존재하는 것이다. 우리가 이 세상에서 볼 수 있는 삼각형은 '저세상'에 존재하는 완전한 삼각형의 이데아의 불완전한 모상에 지나지 않는다. 플라톤은 이런 삼각형에서의 예를 모든 대상에 확대해서 적용시켰다."3

우리 모두는 정삼각형이 무엇인지 알고 있습니다. 정삼각형은 세 변의 길이가 같고, 세 각의 크기가 같은 도형입니다. 우리는 이 도형을 본 적 있다고 믿고 있습니다. 그러나 엄밀한 의미에서 우리는, 교과서

3 김정환(1987). 『교육철학』(p. 97). 박영사.

에서든 혹은 컴퓨터 화면에서든, 완벽하게 구현된 정삼각형을 실물로 본 적이 없습니다. 이들은 모두 정삼각형의 정의를 최대한 구현한 모 사이었습니다. 그럼에도 불구하고 우리는 정삼각형을 알고 있으며, 그 에 상응하는 심상도 또렷이 갖고 있습니다. 플라톤이 말하는 이데아는 이런 것입니다. 우리가 현상계에서 보고 있는 현상들 이면에는 혹은 그 너머에는 그에 상응하는 불변의 관념이 있으며, 이것이 곧 이데아 라는 것입니다.

물론 이러한 설명 방식에는 한계가 있습니다. 비유를 통해서만 설명 이 가능한 그것을 우리는 우리의 언어로 직설할 수 없다는 점입니다. 그러므로 어쩌면 이데아는 우리의 언어가 미처 다 포착할 수 없고, 인 간의 인식이 미처 다 해명할 수 없는 어떤 것이기에, 결국 우회로를 통한 간접적 이해의 영역으로 남게 됩니다.

교육의 목적

이제 교육의 영역으로 한 걸음 들어가 보겠습니다. 교육의 목적은 무엇일까요? 이와 관련하여 우리는 플라톤에게서 "좋음^善의 이데아"라 는 표현을 자주 보게 됩니다.

> "시각을 통해서 드러나는 곳을 감옥의 거처에다 비유하는 한편으로, 감 옥 속의 불빛을 태양의 힘에다 비유함으로써 말일세. 그리고 위로 '오름'과 높은 곳에 있는 것들의 구경을 자네가 '지성에 의해서[라야] 알 수 있는 영 역'으로 향한 혼의 등정으로 간주한다면, 자네는 내 기대에 적중한 셈이 될 걸세. … 인식할 수 있는 영역에 있어서 최종적으로 그리고 각고 끝에 보게 되는 것이 '좋음(善) 의 이데아'이네. 그러나 이를 본 다음에는, 이것이 모든 것에 있어서 모든 옳고 아름다운(훌륭한) 것의 원인이라고, 또한 '가시적 영 역'에 있어서는 빛과 이 빛의 주인을 낳고, '지성에 의해서[라야] 알 수 있

는 영역'에서도 스스로 주인으로서 진리와 지성을 제공하는 것이라고, 그리고 또 장차 사적으로나 공적으로나 슬기롭게 행하고자 하는 자는 이 이데아를 보아야만 한다고 결론을 내려야만 하네."4

플라톤의 철인을 교사라고 규정할 수 있다면, 교사는 어떤 자질을 갖춘 사람이어야 할까요? 플라톤에 따르면 교사는 좋음善의 이데아를 경험한 사람이어야 합니다. 즉, 가시계를 지나 가지계의 최종 단계인 선의 형상에 관한 지식을 깨달은 상태가 바로 교육의 최종 목적이자 교사의 핵심적 자질인 것입니다. 교사·교육자인 여러분들은 지금 어느 단계에 계신지요? 혹은 현재 어느 단계를 향해 나아가고 계신지요?

그러나 플라톤의 제안에 지나치게 속박될 필요는 없습니다. 물론 그의 제안은 설득력 있고 대단히 유의미하지만, 그의 제안 역시 보편적 구속력을 갖는 것은 아니기 때문입니다. 2000여 년 전과는 달리 다양성과 다원성으로 특징지워질 수 있는 오늘날, 어떤 이들은 플라톤의 이데아 관념에 대해 의문을 제기할 수 있습니다. 아래에서 간략하게 정리하게 되겠지만, 플라톤의 이데아론은 철학의 여러 갈래 중 이상주의Idealism. 관념론의 출발점이 되었지만, 우리 모두가 이상주의의 지지자가 되어야 하는 것은 아닙니다.

플라톤은 이데아론에 입각하여 이상적인 인간과 국가의 모습을 제안합니다. 그에 따르면, 이상적인 국가는 생산자농민·수공업자, 수호자경찰·군인, 통치자철인로 이루어진 세 계층이 조화를 이루는 정의로운 국가입니다. 이들은 각각 절제와 용기와 지혜의 덕을 연마하여야 하는데, 이는 음악, 체육, 변증법을 통해 이루어질 수 있다고 합니다. 이상적

---

4 Plato. 박종현 역주(1997). 『플라톤의 국가 政體』(pp. 453f). 서광사.

국가가 이 세 계층의 조화로운 상태이듯, 이상적 인간은 욕망과 의지
와 이성이 조화를 이룬 상태입니다.

국가		덕	인간 본성과 지식	교육
생산자 계층	농민 · 수공업자	절제	욕망(감각)	음악
수호자 계층	경찰 · 군인	용기	의지(견해)	체육
통치자 계층	철인	지혜	이성(지식)	변증법

<표 VIII-2> 플라톤 - 이상적 국가와 인간과 교육[5]

물론 이 세 가지 요소가 완벽한 조화를 이룬 상태를 상정하는 것 자
체도 이상적이지만, 오늘날의 관점에서는 이러한 조화가 이루어졌다
고 하여도 그것이 이상적인 인간과 국가의 실현이라고 확신할 수도
없습니다. 우리가 사는 오늘날의 세계는 이것보다 더욱 복합적이기에,
생산 · 수호 · 통치나 절제 · 용기 · 지혜, 욕망 · 의지 · 이성의 조화만으로
설명되거나 해소되지 않는 현상들이 많을 것입니다.

그럼에도 불구하고 이것을 이상적 상태로 상정하였던 플라톤의 경
우, 그가 살았던 시대적 맥락이 함께 고려된다면 이해의 범위가 넓어
질 것입니다. 플라톤은 아테네가 펠로폰네소스 전쟁에서 크게 패하였
던 시대에 살고 있었습니다. 즉, 그는 국가적 위기의 시대에 속해 있
었고, 무엇보다도 개인적으로는 그가 민주정의 뼈아픈 과오라고 인식
하였던 스승의 상실을 경험한 상태에 있었습니다. 그에게 있어서 이상
적 국가의 재건은 동시에 이상적 인간의 교육을 의미하였으며, 이것은
곧 교육의 과제였습니다. 그가 제안하였던 이상적 국가 건설을 위한 7

---

5 Lamprecht, S.P. (1995). Our Philosophical Traditions: A Brief History of
  Philosophy in Western Civilization. (pp. 41 - 43) Appleton-Century-Crofts;
  주영흠(1995). 『서양교육사상사』(p. 25). 양서원.

단계 교육론은 아래와 같습니다.[6]

① **태교:** 결혼의 사회적 제한과 통제, 태아를 위해 부부동침 억제, 신체적
· 정신적 · 정서적 영양이 꾸준히 모체에 공급되어야 함

② **출생-17세:** 읽기/쓰기/셈하기/음악/체육의 기초 다짐

③ **17-20세(군사전수기):** 국가 보웅에 필요한 강건한 신체력 의지력 훈련

④ **20-30세(고등교육기):** 수학(대수,기하, 화성학, 천문학: 과학4과), 하급
공무원 임명

⑤ **30-35세(철학교육기):** 문법/수사/변증(변증3학), 영원불변의 이데아를
파악하는 자질 연마

⑥ **35-50세(실천 봉사기):** 교육 군사 정치실무 종사를 통해 국가에 봉사

⑦ **50-죽음(은퇴/사생활):** 정치가나 원로원 의원 봉직

현대적 관점에서 혹자는 계층에 따라 교육이 제한적으로 이루어지
도록 규정되어 있는 것은 아닌가라는 질문을 할 수 있습니다만, 그렇
지는 않습니다. 플라톤의 구상 속에서는 모든 사람이 ①-②단계 교육
에서부터 시작은 하지만 모두가 ④-⑥단계의 교육에 이르러야 하는
것은 아닙니다. 각 단계는 누군가에게는 교육의 마지막 단계가 되기도
하며, 다음 단계로까지 나아가는 사람의 경우 그 단계에 맞는 역할이
부여되는 것입니다.

사후적 관점에서 보자면 플라톤이 제안한 이러한 교육은 역사적으
로 실현된 적은 없습니다. 스승 소크라테스의 죽음 이후 플라톤은 아
테네를 떠나 이집트와 이탈리아로 여행하였고, 이후에 정치인이 되기
를 포기하고 집필과 후학 양성에 매진하였습니다. 그는 이후 80세에

---

6 Plato. 박종현 역주 (1997).『플라톤의 국가 政體』(pp. 447-503). 서광사; 김정
환(1987).『교육철학』(p. 50). 박영사.

이르는 동안 정치 고문 역할을 잠시 수행한 것 외에는 현실 정치 영역에 관여한 바가 없습니다.

이데아와 Idealism(이상주의)

앞서 언급되었던 이상주의와 관련하여서도 부연하고자 합니다. 이상주의는 이데아와 관련이 있으며, 따라서 그 시작점을 플라톤에서 찾습니다. 이와 관련된 몇 가지 정의를 소개하겠습니다.

"우주를 형성하는 궁극적인 참된 실재, 즉 진실로 존재하는 것으로서 만물은 그것으로 인하여 성립되고 생성되며 변화하는 그러한 궁극적인 실재란 마음 또는 정신이라고 믿는 철학설"[7]

"궁극적 가치, 절대적 목적에의 접근 내지 실현 가능성, 인류와 인격의 어떤 완성가능성에 대한 신뢰 위에 서서, 모든 현실적 존재 및 실천을 이 이념적 목적에 비추어 규제하고 방향 잡으려는 인생관과 세계관을 총칭"[8]

"이상주의의 정신적 접근 … 이상주의적 교육철학은 무엇보다도 의식을 중시하게 하였다. 마음은 궁극적으로 정신적인 것이지 물질적인 것이 아니다. 절대자의 본성을 나누어 가졌기에 달리 될 수 없다. 물론 육체나 환경의 힘이 없는 것은 아니다. 그러나 이러한 것들은 궁극적으로는 마음의 힘에 의해 정복된다. 그러기에 내성에 의해 이루어지는 이런 사실을 소홀히 하는 교육심리학이 있다면 그것은 믿을 바 못된다. 인간의 본성은 그 환경의 자극에 반응하는 행동적 유기체 이상의 것이라고 보아야 한다."[9]

7 이돈희(1983). 『교육철학개론』(p. 336). 교육과학사.
8 김정환(1987). 『교육철학』(p. 98). 박영사.
9 Brubacher, J.S. (1969). Modern Philosophies of Education(p. 346). McGraw -Hill.

이 세 가지를 함께 놓고 보자면, 이상주의의 개념은 "궁극적, 절대적, 참된, 정신, 의식" 등과 깊은 연관이 있다고 할 수 있습니다. 즉, 이상주의는, 궁극적이고 절대적이고 참된 것은 있으며, 그것은 인간의 정신·의식을 통해 접근이 가능하기에, 물질보다는 정신과 의식과 관념을 중시하여야 한다는 세계관이라 할 수 있습니다. 플라톤이 현상계보다 이데아계를 더 근원적이라고 생각한 것도 이와 같은 맥락에서입니다.

Anti-Idealism

이상주의의 개념을 더욱 분명히 확인하고 이와 관련된 교육적 사유의 유형을 확인하기 위하여, 그와 상반되는 사유의 유형들을 열거해 보겠습니다. 크게 다음 세 가지를 꼽을 수 있습니다.

첫째, 자연주의Naturalism입니다. 이것은 정신이나 인식이 아니라 자연을 유일한 실재reality로 여기는 사유 유형입니다. 이러한 생각에 따르면 물질적 우주가 실재의 전부이며, 따라서 정신적 존재나 영혼적 존재는 인정되지 않습니다. 탈레스"만물의 근원은 물", 루소"자연을 관찰하라"가 그 대표적 사례입니다. 이들은 행복한 삶은 자연의 길을 따라가는 것이고, 교육은 자연의 원리에 따르는 것이라는 생각을 공유합니다.

둘째, 실재론Realism도 이 유형에 속합니다. 이들은 독립성의 원리, 즉 사물이 인간에게 지각되지 않고도 존재할 수 있다는 생각에 동의를 표합니다. 아울러 일치성의 원리, 즉 실재는 감각되고 지각되는 바로 그것이라는 생각도 공유합니다. 이러한 사유에 따르면 교육은 사물에 대한 지각 능력과 우주에 대한 지식을 갖추고, 그 속에서 질서와 법칙을 이해하는 지적 능력을 성숙시키는 일이라고 개념화됩니다. 이러한 사유의 유형은 문화적 실재론, 언어적 실재론, 사회적 실재론, 감각적 실재론으로 나눌 수 있습니다.

셋째, 유물론Materialism입니다. 이것은 물질이 정신을 규정한다는 대전제를 긍정하는 대표적 반反이상주의입니다.

이상주의와 교육

이상주의적 사유 방식에 따르면, 교육은 진리나 절대자나 절대적 존재에 대한 인식을 기반으로 불변의 관념들의 역사적·체계적 해석을 통해 교육과정을 구성하여 다음 세대에 전달하는 행위의 일체를 의미합니다. 그야말로 이상적ideal인 그것이 교육의 내용임과 동시에 교육의 목적이기 때문입니다.

삶의 이상적 목적에 대한 진지한 성찰과 추구, 그리고 인간의 정신과 의지를 중시한다는 점은 긍정적으로 평가하고 수용할 만한 것입니다. 그러나 이상주의가 맹목적 열정과 편협한 독선에 사로잡힐 때 발현될 수 있는 위험성은 경계할 필요가 있습니다. 즉, 유토피아적 이상주의가 현실과 유리되는 것도 문제이지만, 그것이 현실 속에서 공적 권력을 등에 업고 현실을 왜곡하고 억압할 때 소외되는 객체들이 발생할 위험성은 상존합니다. 역사적으로는 특정 개인이나 시스템에 맹목적 헌신을 강요하는 이단종교나 유사종교의 경우가 유토피아적 이상주의의 대표적인 부정적 사례라고 할 수 있습니다. 이상주의가 독재자의 정치적 도구가 될 때는 대단히 위험한 결과를 초래할 수도 있습니다. 왜냐하면 정치와 교육은 실행력을 갖기 때문입니다. 이런 사례들에 대해서 김정환은 "타락한 이상주의"10라는 표현을 쓰기도 합니다. 플라톤의 사유와 관련하여, 우리는 이상주의가 어떻게 오용될 수

10 김정환(1987). 『교육철학』(p. 108). 박영사.

있는지에 대해 잠시 살펴보고자 합니다.

이상주의의 그림자

앞서 언급된 바와 같이, 플라톤은 민주정의 지지자가 아니었습니다. 그는 민주파와 과두파집단독재체제가 대립했던 시기를 경험하였으며, 그 과정에서 자신의 스승이 부당하게 희생되는 사례를 목도하였습니다. 물론 오늘날의 관점에서 2000년 전의 인물인 플라톤이 민주주의의 지지자였는지 여부를 판결하는 것은 타당하지도 유의미하지도 않을 것입니다. 그럼에도 불구하고 그의 발언들을 통해 이상주의가 독단에 사로잡힐 때 발현될 수 있는 위험성에 대해 성찰하는 것은 필요할 것입니다. 플라톤의 생각을 들어보겠습니다.11

"그러므로 우리가 여자들을 남자들과 같은 목적에 이용코자 한다면, 여자들에게도 같은 것을 가르쳐야만 하네."

"이들 모든 남자의 이들 모든 여자는 공유하게 되어 있고, 어떤 여자도 어떤 남자와 개인적으로는 동거하지 못하게 되어 있다네. 또한 아이들도 공유하게 되어 있고, 어떤 부모도 자기 자식을 알게 되어 있지 않으며, 어떤 아이도 자기 부모를 알게 되어 있지 않다네."

"이들의 입법자로서, 남자들을 선발했던 것처럼, 마찬가지로 여자들도 선발해서, 가능한 한 유사한 성향들을 갖는 사람들을 그들에게 넘겨 줄 걸세. 그러나 이들은 공동의 주거를 가지며 공동식사도 하고, 그 누구도 그와 같은 것을 전혀 개인적으로 소유하지 못하므로, 함께 살 것이며, 체육 훈련이나 그 밖의 양육에 있어서도 함께 어울리게 되어, 자연적 필연성에 의해 상호의 성적 관계로 유도되네."

---

11 Plato. 박종현 역주(1997). 『플라톤의 국가 政體』(pp. 322-347). 서광사.

"어떻게 하면 가장 유익한 혼인이 되겠는가? … 첫째로, 비록 이것들이 혈통 좋은 것들이긴 하나, 바로 이것들 중에서도 어떤 것들은 최선의 것들이며 또 그런 것들로 드러나지 않는가? … 자네는 모두한테서 똑같이 새끼를 얻는가, 아니면 최선의 것들한테서 최대한으로 새끼를 얻으려 열심인가? … 어떤가? 가장 어린 것들한테선가 아니면 가장 늙은 것들한테선가, 또는 최대한으로 절정기의 것들한테선가?"

"이미 동의한 것들에서 이런 결론이 나오네. 최선의 남자들은 최선의 여자들과 가능한 한 자주 성적 관계를 가져야 하지만, 제일 변변찮은 남자들은 제일 변변찮은 여자들과 그 반대로 관계를 가져야 하고, 앞의 경우의 자식들은 양육되어야 할 것이로되, 뒤의 경우에는 그럴 필요가 없다네. 만약에 우리의 무리가 최상급이려면 말일세. 그리고 수호자 지반이 최대한 분쟁이 없는 상태로 있으려면, 이 모든 일은 통치자들 자신들을 제외하고는 아무도 모르게 행하여져야만 하네."

"따라서 몇 차례의 축제 행사와 제물 바치는 행사가 법으로 정해져야만 할 것이니, 여기에서 우리가 신부들과 신랑들을 서로 만나게 할 것이며, 거행되는 혼인들에 어울리는 찬가들도 우리의 시인들에 의해 지어져야만 하네. 혼인의 수는 통치자들의 재량에 우리가 일임할 것이니, 이는 그들이 전쟁과 질병 그리고 이와 같은 모든 것을 고려해서, 남자들의 수를 최대한 같게 유지하도록 하기 위해서이네. 그래서 우리의 이 나라는, 가능한 한, 커지지도 작아지지도 않을 걸세."

"그리고 젊은이들 중에서도 전쟁이나 또는 다른 데서 빼어난 사람들에겐 아마도 포상과 그 밖의 상이 주어져야만 하며, 여자들과의 한결 잦은 동침의 자유가 허용되어야만 하겠는데, 이는 이걸 핑계로 동시에 최대수의 아이들을 이런 사람들한테서 얻게 되도록 하기 위하여서일세."

"이들 관리들은 빼어난 자들의 자식들을 받아서는, 이 나라의 특정 지역에 떨어져 거주하는 양육자들 곁으로, 보호구역 안으로 데리고 갈 것으로 나는 생각하네. 반면에 열등한 부모의 자식들은, 그리고 다른 부류의 사람들의 자식으로서 불구 상태로 태어난 경우에는, 그렇게 하는 것이 적절하듯, 밝힐 수 없는 은밀한 곳에 숨겨 둘 걸세."

"사람들이 저마다 다른 것을 두고 '내 것'이라 일컫게 됨으로써, 한 사람이 자기가 남들과 따로이 가질 수 있는 것이면 무엇이든 자기 자신의 집으로 끌고 가며, 다른 한 사람도 자기 자신의 집으로 그렇게 끌고 가고, 또한 아내도 자식들도 따로 갖고, 사사로운 것들에 대한 사사로운 즐거움과 고통도 나라에 생기게 함으로써 분열하게 하는 일이 없도록 말일세. 오히려 이들이 자기 자신들의 것에 대한 한 가지 신념으로 동일한 것을 목표로 삼고서, 고통 및 즐거움과 관련하여 모두가 최대한 '공감 상태'(homopatheia)에 있도록 만들지 않겠는가?"

위 인용문들은 역사상 가장 위대한 철학자로부터 일반적으로는 기대하기 어려운 내용들을 담고 있다고 생각될 수도 있습니다. 굳이 그를 변론하자면, 플라톤은 현대의 인물이 아니며, 아울러 현대적 기준에서 계승할 가치가 있는 사유만을 선보인 철학자도 아니었습니다. 다만 그가 철학의 역사에서는 이데아 철학을 통해 이상주의의 굳건한 토대와 기둥을 마련하였다는 점에서, 그리고 교육학의 역사에서는 동굴의 비유를 통해 필로소피^{지혜에 대한 사랑}의 의미를 일깨워 주었다는 점에서 존중과 환기의 대상이 되고 있는 것입니다. 위 인용문의 내용을 정리하면, 아래와 같습니다.

① **남녀평등**: 그는 남녀의 평등을, 특히 교육과 직업과 국방의 분야에서, 주장하였습니다. 그러나 현대적 의미와 같은 양성평등을 주장하였다고 보기는 어렵습니다. 그에게 있어서 남녀평등은 국가부흥과 보웅을 위한 수단의 의미가 강하였습니다.
② **국가주도적 공동육아**: 육아의 과업 역시 국가주도적으로 이루어져야 한

다고 그는 주장합니다. 심지어 부모·자식 관계가 불명확해야 한다거나 혹은 집단 양육 체제를 지지하기도 합니다. 즉, 그는 누가 부모인지 혹은 자식인지 모르게, 모두가 부모고 모두의 자식인 것처럼 양육되어야 한다고까지 주장합니다. 그러나 신체적으로 나약하거나 지적·정서적으로 부족함이 있어 보이는 영유아는 국가의 양육 대상에 포함되지 않습니다. 흔히 말하는 우수한 유전 형질의 사람들만 국가의 자녀이자 양육의 가치가 있다는 의미입니다.

③ **국가주도적 결혼·출산 정책:** 그는 결혼이나 출산 정책도 국가가 주도해야 한다고 말합니다. 심지어 그는 성관계와 출산마저도 국가가 주도적으로 통제해야 한다고 주장합니다. 즉, 국가가 우수한 유전 형질의 청년들을 위한 연회를 베풀고, 이들 사이의 교제와 결혼과 출산을 장려해야 할 필요가 있다는 것입니다. 이것은 사실상 지금으로부터 한 세기 전에 인류를 비극으로 몰아넣었던 우생학과 동일한 사유방식입니다. 우생학은, 아주 간략히 표현하자면, 더 강하고, 더 젊고, 더 똑똑하고, 더 유망해 보이는 존재를 생산하기 위한 시스템을 뒷받침하는 사유 체계라 할 수 있습니다. 그런 특정한 종류의 사람들을 국가가 의도적으로 생산해 낼 수 있는 생물학적 체제 및 사회적 구조를 갖추겠다는 것이 우생학의 구호였습니다. 국가가 약한 인간과 비정상적 인간을 임의로 규정하고, 이를 토대로 국가가 특정 개인과 집단의 낙오를 제도적·구조적 차원에서 강제로 시행한다는 것이 우생학의 기본적인 발상이었고, 이러한 생각은 1800년대 말에서 1900년대 전반까지 전세계적으로 유행하였습니다. 2000년 전 플라톤의 주장은 한 세기 전 우생학의 사유와 닮았습니다.

④ **가족제도·사유재산 불허:** 그는 가족제도나 사유재산 제도도 허용하지 않습니다. 이것은 "분열을 방지하고 동일 목표를 추구하고 공감의 상태를 강화하기 위함"이라고 플라톤은 말하였지만, 과연 이것이 최종적으로 무엇을 위한 "공감 상태"인지에 대해서는 생각해 볼 필요가 있습니다.

⑤ **철인정치 및 엘리트의 국가사회적 선발:** 그는 철인 정치를 주장하고, 엘리트의 국가사회적 선발을 주장했습니다.

위와 같은 사유 방식은 현대적 용어로 유토피아적 전체주의라고 규정될 수 있습니다. 'u-topos'에서 비롯된 유토피아는 어원상 '곳장소-없음'을 의미합니다. 즉, '이 땅에는 그러한 곳이 없음'을 뜻합니다. 그래서 유토피아입니다. 그리고 전체주의는 전체에 우선적인 가치를 두고 전체를 위해 부분들을 복속·희생시키려는 사유와 제도를 의미합니다. 그것이 때로 조직이 될 수도 있고, 종교가 될 수 있고, 또 때로는 국가가 될 수도 있습니다. 오늘날 전체주의 사회를 동경하는 사람은 거의 없습니다. 심지어 전체주의적 체제를 표방하는 일부 국가의 국민들도 그 내면에 있어서 전체주의를 전적으로 옹호하지는 않을 것입니다.

그러나 유토피아적 전체주의가 그야말로 이상과 관념으로만 있다면 그 자체로는 나름 존중의 대상이 될 수는 있겠지만, 이것이 정치와 교육이라는 수단을 통해 현실에 영향을 미치려 하거나 혹은 제도화하려 할 때는 문제가 발생합니다. 그리고 이 문제는 여지없이 "타락한 이상주의"라는 방향으로 향하게 되어 있습니다. 그 역사적 예시로 히틀러의 나치즘을 들 수 있습니다.

타락한 이상주의

히틀러A. Hitler는 국가사회주의 독일노동자당Nationalsozialistische Deutsche Arbeiterpartei. 1920-1945의 당수였습니다. 나치Nazi라는 용어는 이 당명에서 비롯되었습니다. 히틀러가 주도하였던 이 정당은 인종주의에 바탕을 둔 자민족 중심주의적 색채를 강하게 띠었습니다. 히틀러는 자신의 연설과 저술에서 아리아 인종의 순수성과 우월성을 여러 차례 역설하기도 하였는데, 이것은 당시 유럽 사회 전반을 휩쓸고 있었던 우생학과도 밀접한 관련이 있습니다.

우생학의 주창자로 알려진 골튼F. Galton에 따르면, 우생학은 "미래세대 인종의 질을 개선 또는 저해하는 사회적으로 통제가능한 수단에 관한 연구이자, 인종의 타고난 질을 개량하는 모든 영향과 그 질을 최대한으로 발전시키는 모든 요인에 관해 연구하는 학문"[12]입니다. 이것은 19세기 말부터 20세기 전반에 세계적으로 유행하였던 사유의 유형이자 유사과학pseudoscience입니다. 영국에서 시작된 이 유사과학은 영국 우생학교육협회1907의 창립으로 사회운동의 성격도 띠게 되었습니다. 골튼이 초대 회장으로 추대되었던 이 협회는 전국을 순회하면서 우생학의 정신을 홍보하는가 하면, 정신박약인들을 제도적으로 격리하자는 취지의 "영국 정신 결함법"1913를 관철시키고, 나아가 정신박약인들의 단종을 제도화하는 "자발적 단종법안"1937을 제안하기도 하였습니다. 물론 후자는 입법에 이르지 못하였습니다.

주목할 대목은, 교육은 기본적으로 우생학과 무관함에도 불구하고, "우생학교육협회"라는 단체가 조직되어 활동하였다는 사실입니다. 이들은 교육이라는 명칭 하에 캠페인 또는 프로파간다를 자행하였고, 유토피아적 전체주의의 사회적 실현을 위한 도구를 자처하였습니다. 이와 같은 영국의 우생학적 발상들은 대서양을 건너 미국에서는 갖가지 기형적 결과로 이어졌습니다. 미국의 경우, 1907년 정신장애인들의 단종을 허용하는 법안이 인디애나 주의회에서 통과되었고, 이후 30년이 흐르는 동안 35개 주에서 이와 유사한 법이 채택되었습니다.[13]

독일도 마찬가지입니다. 독일은 1933년 히틀러가 정권을 장악한 직

---

12 Galton, F. (1909). Essays in Eugenics (pp. 35, 81). Eugenics Education Society.
13 "다윈 진화론이 낳은 돌연변이, 우생학". 『벌거벗은 세계사』 97화 (tvN, 2023년 5월 2일)

후 유전위생법을 제정하였습니다. 이것은 강제적 단종을 통해 아리안 종족의 순수 혈통을 보존하겠다는 취지의 법안입니다. 이로 인하여 2차 세계대전이 시작될 무렵 정신질환이나 선천적 장애를 가진 320명이 단종되었습니다. 또한 이 법은 각급 학교에까지 침투하여 자신들이 설정한 기준에 따라 인간의 종류를 나누고 차별하는 제도를 일상화하였습니다. 그리고 대학에서는 우생학 강좌가 다수 생겨났습니다. 특히 1930년대 후반부터 1945년까지 우생학은 거의 모든 대학에서 그리고 심지어는 교육학과에서 필수과목으로 설강되기도 하였습니다. 그리고 1945년 종전과 함께 우생학은 자취를 감추게 됩니다. 이 역시 인종^{우월}주의라는 이상과 국가 권력이 결합하면서 이상주의가 왜곡되어 나타난 사례라고 할 수 있습니다.

그 구체적인 사례를 한 가지 소개하겠습니다. [그림 VIII-1]에 보이는 건물은 1940년 베를린 티어가르텐 4번지에 있던 건물입니다. 이곳

[그림 VIII-1]
Aktion T4[14]

[그림 VIII-2]
베를린 필하모니 앞
AktionT4 기록물 전시

[그림 VIII-3]
베를린 필하모니 앞
추념물[15]

14 그림출처: https://www.gedenkstaetten-bw.de/geschichte-grafeneck
15 2006년에 설치된 조형물을 포함하여 2014년에 새롭게 조성한 이곳의 정식 명칭은 "'안락사'-살인 희생자를 위한 추모와 정보의 장소"(Gedenk-und Informationsort für die Opfer der "Euthanasie"-Morde이다. 그림출처: 필자 소장

은 나치 정권의 "악치온 T4"Aktion T4, 즉 집단학살과 안락사 프로젝트가 기획된 장소입니다. T4는 이곳의 주소인 티어가르텐 4번지의 약자입니다. Aktion T4는 전국에 6개 지부를 두고 있었고, 치료를 위한다는 명분 아래 각종 장애인들을 약 500개의 시설로 불러 모은 뒤 개인의 의사와 무관한 안락사를 통해 단종을 감행하였습니다. 이를 통해 1939–1945년 사이 약 300,000명이 학살된 것으로 알려져 있습니다.

현재 이 자리에는 베를린 필하모니 음악당이 세워져 있습니다. 그리고 그 앞마당에는 Aktion T4의 희생자들을 추념하는 추념물이 세워져 있습니다[그림 VIII-3]. 아울러 당시 학살자들과 조력자들의 만행에 관련된 기록물에 관한 전시가 상시 이루어지고 있습니다[그림 Viii-2]. 굳이 비유하자면, 도쿄 필하모닉 오케스트라 앞마당에, 그리고 서울 광화문 세종문화회관 앞마당에 일본제국주의의 조선인 학살 만행에 관한 추념물과 기록물들을 365일 전시하는 것과 같다고 할 수 있습니다. 비뚤어진 유토피아적 전체주의의 폐해는 동서고금을 막론하고 그리고 21세기 대한민국에서도 발생가능하며, 언제라도 기억하고 경계하여야 할 인류의 적입니다.[16]

나치의 국가사회주의 교육

히틀러와 나치가 그들의 타락한 이상주의를 토대로 교육이 아닌 교화indoctrination와 조작Manipulation을 어떻게 기획하고 수행하였는가와 관

---

16 우생학의 시작 및 역사적 흐름에 관해서는 김호현(2009). 『우생학, 유전자 정치의 역사 (영국, 미국, 독일을 중심으로)』을, 그리고 우생학과 교육의 관련성에 대해서는 우정길(2019). 『포스트휴머니즘과 인간의 교육 (7-9장)』을 참조바람. 특히 후자는 21세기 과학기술의 비약적 발달과 함께 되살아나고 있는 우생학의 망령에 관한 교육학적 회의와 성찰을 담고 있기에 일독의 가치가 있다.

련하여 아래와 같이 정리해 볼 수 있습니다.[17]

① 교육의 중앙집권적 장악 및 정치조
직화

② 정치교육의 이름 하에 의식 개조:
나치의 인식과 사명 고취 – 국가의
우선성, 개인은 국가를 위한 수단이
라는 의식교육(Du bist nichts, dein
Volk ist alles: You are nothing,
your nation is everything.)

[그림 VIII-4]
"하켄크로이츠 아래에서의 수업"[18]

③ 교육학계의 정치화와 분열: 환영(Spranger, Flitner등) vs. 저항과 축출
(약 3천명)

④ 초중등학교의 군대식 조직화: 히틀러유겐트(Hitlerjugend), 히틀러유겐
트 여학생회(Bund Deutscher Mädel in der Hitlerjugend), 돌격대(SA:
Sturmabteilung)

⑤ 국가사회주의 엘리트사관학교(NAPOLA: Nationalpolitische Erziehungs
anstalt. 1933)[19] 및 아돌프히틀러 학교(1937)

⑥ 나치독일 대학생연합(1933년 4월): "Kampfausschuss"(투쟁단) 조직하
여 대학 내 유대인 축출 및 유대인 서적 불태움

⑦ 분서(焚書)축제(1933년 5월 10일): SA(Sturmabteilung 돌격대), SS(Waff

---

17 김정환(1988). 『현대의 비판적 교육이론』. (pp. 267-270) 박영사; Keim, W.
(1988). Das nationalsozialistische Erziehungswesen im Spiegel neuerer
Untersuchungen. Zeitschrift für Pädagogik 34, 109-130; Scholtz, H.
(2009/1985). Erziehung und Unterricht unterm Hakenkreuz. Vandenhoeck
& Ruprecht.
18 라이파에서 이루어진 학교 수업(Schulunterricht in Leipa: Böhmen, 1940년
경). Scholtz, H. (2009/1985). Erziehung und Unterricht unter Hakenkreuz
(하켄크로이츠 아래에서의 교육과 수업). Vandenhoeck & Ruprecht. 그림출
처: 저서 표지.
19 나치의 엘리트 중등 사관학교인 NAPOLA는 영화로도 제작되어 있다. NAPOLA
(D. Gansel 감독, 2004)

en-SS 친위대), 히틀러유겐트 등 교수와 학생 7만여 명 집결하여 대학 도서관에 소장된 유대인의 책과 논문을 불태움

⑧ **유전위생법(1933):** "독일 민족은 내적으로나 외적으로나 정화되었다는 것을 증명해야 한다."(J. Goebbels)

⑨ **여성교육:** 민족의 후대를 위한 집단모성 고양

⑩ **인문계학교(김나지움) 축소**

⑪ **실업계학교 확대:** 독일민족학 및 실용적 자연과학 위주

⑫ **대학:** 우생학 강좌 확대[20]

[그림 VIII-5] 분서(焚書) 의식
(1933.5.10. 베를린 베벨플라츠)[21]

[그림 VIII-6] 베를린 베벨플라츠(21C)[22]

위 ⑥번 항의 나치독일 대학생 연합과 관련하여 한 가지 부연하고자 합니다. 당시 연합조직의 학생들은 앞장서서 대학 내 유태인 교수와 학생을 축출하는 만행을 자행하였습니다. 그리고 당대뿐만이 아니라 과거 유태인에 의해 저술된 모든 서적을 도서관 서고에서 꺼내어 대학 광장에서 불태워 버리는 분서焚書 의식을 전국 각지에서 거행하였습니다.

---

20 우정길(2019). 『포스트휴머니즘과 인간의 교육』(p. 227, 253). 박영스토리.
21 그림출처: https://de.wikipedia.org
22 그림출처: https://de.m.wikipedia.org

[그림 VIII-7]
"침몰한 도서관(Versunkene Bibliothek)"
(Micha Ullmann. 1995:
베를린 베벨플라츠)[23]

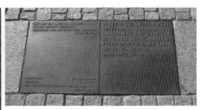

"그것은 단지 시작에 불과했다.
책을 불사르는 곳에서는
결국에 인간성도 불태워질 것이니"
(Heinrich Heine, 1820)

[그림 VIII-8] 하인리히 하이네 싯귀 동판
(베를린, 베벨플라츠)[24]

　　[그림 VIII-6]은 분서 의식이 행해졌던 바로 그 광장의 오늘날 모습입니다. 그리고 광장 중앙의 바닥에는 저녁마다 불이 환하게 켜져 있는 지하 공간이 있고, 텅빈 지하 공간에는 빈 책장들이 놓여 있습니다. 이것은 1933년 5월 10일 집단광기에 의해 자행되었던 이른바 "분서 축제"의 비극을 잊지 않기 위하여 설치한 "가라앉은 도서관, 침몰한 도서관 Versunkene Bibliothek이라는 제목의 조형물[그림 VIII-7]입니다. 낮에는 잘 보이지 않는 이 작품은 밤이면 땅바닥을 환하게 밝히는 불빛으로 오히려 더욱 창백해 보이는 텅빈 책장들의 공간입니다. 독일 사회는 그날의 문화 테러, 지식 테러, 인간 테러가 자행되었던 바로 그 현장에 이러한 조형물을 설치함으로써 기록하고 기억하는 일을 지속하고 있습니다. 그리고 그 옆 동판에 새겨 넣은 하인리히 하이네의 예언적 싯귀는 역사의 어느 시점에라도 발생가능한 타락한 이상주의를 경계하라는 메시지를 던집니다[그림 VIII-8].

---

23 그림출처: 필자 소장
24 그림출처: 필자 소장

역사 교육의 현장을 두 가지만 더 소개하고자 합니다. 독일 전국 도심의 곳곳에는 손바닥 만한 쇠가 땅속에 박혀 있고, 그 속에는 글씨가 들어 있습니다. 이것의 이름은 걸림돌Stolperstein입니다[그림 VIII-9]. 예술가 뎀니히G. Demnig가 처음 시작

[그림 VIII-9]
걸림돌(Stolperstein)[25]

한 이 프로젝트를 통해 2024년 현재까지 1265개의 걸림돌이 독일 각지에 설치되었습니다. 이 걸림돌의 표면에는 나치에 의해 죽임을 당한 사람의 이름과 사유가 간략히 새겨져 있습니다. 나치 시대에 억울하게 죽임당했던 사람들에 관한 민간의 조사 및 행정관청의 확인 절차를 거쳐 걸림돌이 설치되고, 이곳을 지나는 사람들이 그 아픔의 역사를 기억하고 되새길 수 있도록, 즉 마음의 걸림이 이루어지게 할 목적으로 이 프로젝트는 지금도 진행 중입니다.

또 하나의 예시로 베를린의 홀로코스트 추념물Holocaust Memorial을 들 수 있습니다. 이 추념물은 홀로코스트 희생자들을 추모하려는 취지에서 조성된 거대한 조형물입니다 [그림 VIII-10]. 19,073m²의 부지에 콘크리트 비석 2,711개가 서로 다른 크기와 기울기로 서 있는 이 추념물은 그 자체로 하나의 박물관이자 추념공원이라고 할 수 있

[그림 VIII-10] 베를린 홀로코스트 추념물[26]

25 그림출처: https://www.stolpersteine.eu/start. "걸림돌 프로젝트"에 관한 상세한 내용도 동일 홈페이지를 참조바람.
26 그림출처: 필자 소장

습니다. 더욱 놀라운 점은 바로 이 추념물이 위치한 장소입니다. 이곳
은 독일연방의회와 주독 미국대사관의 지근거리에 위치하고 있습니다.
굳이 비교하자면, 대한제국을 침략했던 일본의 수도 도쿄의 중심부에
축구장 3개 면적의 부지를 확보하고, 그곳에 일본제국주의가 동아시아
인들에게 저질렀던 수많은 학살과 만행을 반성하고 사과하고 기억하려
는 취지에서 저 거대한 조형물을 설치한다는 것과 유사합니다.

물론 동아시아의 현실은 그와 상반된 양상으로 전개되고 있습니다.
그러하기에 더욱 홀로코스트 추념물은 보는 이들에게 놀라움을 선사
하고, 동아시아의 역사 교육을 위하여 시사하는 바가 큽니다. 역사는
곧 기억이고, 기억은 곧 기록입니다. 그 기록이 책 속에 잠들어 있는 것
이 아니라, 온 대지와 전 인류의 마음속에 걸림돌이 되고 기억의 촉진
제가 되어서 개인적·사회적 망각을 방지하는 방부제가 되어야 할 것
입니다.

교육이 타락한 이상주의의 도구로 전락하지 않도록

우리는 이상주의가 왜곡된 신념의 형태로 나타날 때, 그리고 이것이
정치의 도구로 전락할 때, 이것은 인류를 비극으로 몰고 가는 타락한
이상주의로 귀결된다는 사실을 확인하였습니다. 이러한 타락한 이상
주의의 실현을 위한 교육은 사실상 교육의 이름으로 자행되는 교화와
조작이라 할 수 있습니다. 교화와 조작은 인간을 위한 것이 아니라 여
타의 목적 실현을 위하여 인간을 도구화하는 것입니다.

이전 장에서 다루었던 만듦making으로서 교육 또는 이것의 강화된
형태인 전지전능 교육관 역시 타락한 이상주의를 만나면 비극적 결과
를 초래할 가능성이 있습니다. 이것은 만듦으로서 교육 그 자체가 그

롯된 개념의 교육이라는 뜻이 아닙니다. 인간을 만든다고 할 때, 그 만들고자 하는 이상태가 과연 인간성·인류성에 부합하는 것인지 그리고 그 목적을 근거짓는 신념의 토대가 인간성·인류성에 반하는 것은 아닌지 여부에 따라, 그 행위가 교육인지 혹은 교화와 조작인지가 결정된다는 것입니다.

어쩌면 히틀러와 나치는 전지전능 교육관을 통해 자신들의 이상주의적 신념 혹은 유토피아적 전체주의의 신념을 실현하는 것이 인류를 위함이라고 진심으로 믿었을 수도 있습니다. 물론 이때 인류를 위함이라는 구상은 지극히 편협한 자민족중심적 개념에 불과합니다. 그러나 역사를 돌이켜보건대, 그들의 지성의 수준은 플라톤이 가시계라고 칭하였던 그 단계에 머물러 있었던 것이 분명합니다. 아울러 플라톤의 국가사회주의적 교육관 역시, 대단히 역설적이게도, 가시계의 차원에 머물러 있었던 것으로 해석될 수도 있습니다. 이데아 철학이라는 지고지순한 사상의 제안자 역시 왜곡된 이상주의의 덫을 피할 수 없었던 것입니다.

그러므로 오늘날의 교사들도 개인적 차원에서 그리고 사회적 차원에서 성찰을 멈추지 말아야 할 것입니다. 철인의 자질을 갖추라는 플라톤의 권면은 수용하고 응당 그 고귀한 이상을 내면화하도록 노력하여야 할 것입니다. 그러나 독단적 이상에 사로잡힌 나머지 교육의 이름으로 인간을 조작하려는 욕망에 사로잡히지 않도록 깨어 있어야 할 것입니다. 민주주의가 번영하는 21세기에도 각양각색의 독재자들과 비뚤어진 신념에 사로잡힌 이상주의자들이 곳곳에서 인류의 비극을 초래하고 있듯이, 교사 역시 자신만의 왜곡된 이상주의를 앞세워 부지불식 중에 교실과 학교의 작은 독재자가 될 수도 있기 때문입니다.

코메니우스와 플라톤 — 이원적 세계와 이원적 인간학, 그리고 교육

이제 플라톤의 동굴의 비유를 정리하겠습니다. 동굴의 비유를 통해 우리는 죄수, 그림자, 동굴, 방향의 전환과 오름, 상승, 태양과 이데아와 교사, 지혜 사랑과 측인지심, 계몽 등의 개념들을 떠올릴 수 있게 되었습니다. 추가적으로 언급하고자 하는 연결점은 제6장[그림 VI-13]에서 고찰한 바 있는 코메니우스의 교육 구도입니다.

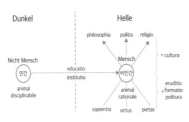

[그림 VIII-11] 코메니우스 "범교육학 구조도"27　　[그림 VIII-12] 플라톤 "동굴의 비유"28

　　두 그림을 함께 놓고 보면, 그 유사성이 명확하게 드러납니다. 이원적 세계, 이원적 인간학, 인간의 교육가능성과 교육필연성, 그리고 교육과 교직과 교사상 등 모든 주제영역에 걸쳐 유사한 구도가 발견됩니다. 비록 플라톤과 코메니우스 사이에는 약 2000년의 시차가 있지만, 교육과 교직을 파악하는 관점은 크게 다르지 않다는 점을 확인할 수 있습니다. 그리고 이와 같은 전통적 교육학의 기본 구도와 구상은 근대 학문의 발흥기를 거쳐 계몽의 시대가 저물 때까지도 큰 변화 없이 지속되었습니다.

27 Schaller, K. (1958). Die Pampaedia des Johann Amos Comenius. Quelle & Meyer.
28 그림출처: 제7장 [각주2] 참조.

제9장
이성과 자유,
그리고 『교육학에 대하여』

이성과 자유,
그리고 『교육학에 대하여』

제9장에서는 칸트Immanuel Kant. 1724-1804를 주제로 이야기를 이어가도록 하겠습니다. 본 장의 제목은 "이성, 자유 그리고 교육학"입니다.

칸트가 태어난 곳은 쾨니히스베르크Königsberg입니다. 그러나 이 쾨니히스베르크라는 지명은 지금은 존재하지 않습니다. 프로이센의 고도古都이자 동프로이센의 주도州都였던 쾨니히스베르크는 독소전쟁1941-1945에서 소련소비에트 사회주의 공화국 연방이 도시를 점령하면서 그 역사가 종식되었습니다. 그후 이 도시는 소비에트 연방 최고회의 상무회 주석1939-1946을 역임하였던 미하엘 칼리닌의 이름을 따서 칼리닌그라드Калининград로 불리게 되었습니다. 일반인에게는 "쾨니히스베르크 다리 건너기 문제"로 그 지명이 친숙한 이곳은 폴란드와 리투아니아 사이에 위치하고 있습니다.

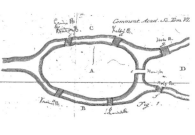

[그림 IX-1]
(구)쾨니히스베르크 (현)칼리닌그라드[1]

[그림 IX-2] "쾨니히스베르크 다리 문제"
오일러(1735)의 스케치[2]

쾨니히스베르크는 오랫동안 프로이센 왕국의 수도였고 크게 발달했던 곳이기도 했습니다. 그러나 두 번의 전쟁 중 시가전으로 인해 많은 부분이 파괴되었고, 그래서 사실상 구 프로이센의 유적은 대부분 사라졌다고 볼 수 있습니다. 현재 남은 프로이센의 흔적으로는 쾨니히스토르왕의 문, 구 쾨니히스베르크 성당, 십자가교회, 칸트 동상, 그리고 칸트의 묘비 정도입니다. 사실상 칸트의 흔적이 많이 지워지긴 했지만, 이 도시의 대학교 이름이 Immanuel Kant Baltic Federal University라는 사실에서 200여 년 전 칸트의 명성을 짐작해 볼 수 있습니다. 이

---

1 그림출처: 구글지도 캡처.
2 일명 "다리 7개를 한 번에 건너는 문제" 또는 "한 붓 그리기 문제"로도 알려진 이 난제는 쾨니히스베르크 시내에 흐르는 프레겔 강을 건너기 위해 건설된 일곱 개의 다리를 소재로 하고 있다. 이와 관련된 대표적 수학자로는 스위스 바젤 출신이자 상트페테르부르크 대학의 교수로 재직하였던 오일러(L. Euler)가 있는데, 그는 1735년 쾨니히스베르크의 프레겔 강에 있는 두 개의 큰 섬과 각 섬을 연결하는 총 7개의 다리들을 한 번씩만 건너면서 처음 시작한 위치로 돌아오는 길이 존재하는가가에 관한 논문을 발표한 바 있으며, 이것이 그래프 이론의 시초로 여겨진다. 오일러 논문 및 그림출처: http://eulerarchive. maa.org//docs/originals/E053.pdf

명칭 외에도 이 대학은 Immanuel Kant Russian State University, Kant University, Kaliningrad State University 등과 같은 이름으로 불리기도 합니다. 물론 역시 가장 간명한 명칭은 Kant University입니다. 독일은 제2차 세계대전의 결과로 포츠담 회담을 통해 쾨니히스베르크를 소비에트 연방에 양도하였기에, 칸트의 지적 유산이 스며있는 쾨니히스베르크는 자연스럽게 독일적 전통으로부터 멀어지게 되었습니다.

칸트는 1724년에 출생하였고 1804년에 생을 마감하였습니다. 8세부터 16세까지 경건주의 라틴어학교(Collegium Fridericianum)를 다닌 후, 16세에 쾨니히스베르크 대학에 입학하여 철학과 수학, 자연과학을 공부하였습니다. 이 시기 칸트는 뉴턴에 대하여 관심을 갖게 되었고, 근대 자연과학의 발달에 대해 조금씩 눈을 뜨면서 자연과학의 발견들을 어떻게 이해하고 자신의 철학 속으로 수용할 것인가에 대해서도 깊이 고민하였습니다. 청년기 이전에 부모님을 여의었던 그는 일찍부터 경제적으로 자립해야 했습니다. 젊어서는 가정교사 생활을 하였고, 이후 대학의 사강사, 즉 대학의 전임은 아니지만 전문성을 인정받은 강사로 활동하였습니다. 그리고 비교적 늦은 나이인 47세에 쾨니히스베르크 대학의 교수로 임용되었습니다.

칸트는 1755년 박사학위를 취득하였습니다. 이후 15년간 사강사로 지내는 동안 칸트는 철학, 논리학, 형이상학, 도덕철학, 윤리학, 수학, 신학 등을 강의했습니다. 그는 1770년 쾨니히스베르크 대학의 교수로 임용된 후 주로 논리학과 형이상학을 교수하였고, 후에 쾨니히스베르크 대학에서 총장을 두 차례 역임하였습니다. 그러나 칸트는 당대의 자연과학으로부터도 많은 영향을 받았습니다. 칸트보다 한 세기를 앞서 살았던 인물로는 뉴턴이 있습니다. 뉴턴은 1669년부터 1696년까지

케임브리지대학 교수로 재직하였으며, 만유인력과 미적분의 발견을 비롯한 여러 가지 수학적·자연과학적 업적을 남긴 인물이기에, 철학자 칸트 역시 지성사적 측면에서 뉴튼의 영향을 받았으리라는 점은 자명합니다. 칸트의 저서로는 3대 비판서들, 즉 『순수이성비판』1781, 『실천이성비판』1788, 『판단력비판』1790이 있으며, 그 외에도 그는 『프롤레고메나』1783, 『도덕형이상학의 기초』1785, 『이성의 한계 내에서 종교』1793, 『도덕형이상학』1797 등의 저서를 집필하였습니다.

Zwei Dinge erfüllen das Gemüt mit immer neuer und zunehmender Bewunderung und Ehrfurcht, je öfter und anhaltender sich das Nachdenken damit beschäftigt: Der bestirnte Himmel über mir und das moralische Gesetz in mir. (Kritik der praktischen Vernunft, 1788)

생각할수록 더욱 새롭게 그리고 더 커지는 경외감과 두려움의 정서를 갖게 하는 두 가지가 있다. 밤하늘에 빛나는 별과 내 마음속의 도덕률이 그것이다.　　　　　『실천이성비판』(1788)

[그림 IX-3] 칸트 묘비3

칸트는 1804년에 노환으로 임종을 맞게 됩니다. 그가 임종할 때 마지막으로 남긴 말은 "Es ist gut!""좋다!"였다고 합니다. 칸트의 묘비[그림 IX-3]에 새겨져 있는 문구는 음미해 볼 가치가 있습니다. 이것은 『실천이성비판』의 맨 마지막 장의 문장이며, 칸트가 평생 천착하였던 문제의 단면을 드러냅니다. 그리고 묘비에는 새겨져 있지 않지만, 이어지는 문장 하나를 더 소개하자면 다음과 같습니다. "나는 이 둘을 생생

---

3 그림출처: Kant, I. (1788). Kritik der reinen Vernunft. 백종현 옮김 (2002). 『실천이성비판』. 아카넷.

히 보면서 이들을 내 실존의 의식에 바로 연결시킨다."4 우리는 묘비의 문구들에서 칸트가 가졌던 철학적 사유의 계기를 짐작해 볼 수 있습니다. "밤하늘의 빛나는 별, 그리고 내 마음 속의 도덕률" – 이 두 가지는 칸트가 평생 마음에 품었던 철학적 사유의 두 축이었다고 볼 수 있습니다. 이와 관련하여 슈툼프와 피저Stumpf & Fieser의 해설을 참조해 보겠습니다.

> "그에게 별이 빛나는 창공 … 세계는 운동 중인 물체들의 체계이며, 거기에서의 모든 사건은 특수하고 결정적인 원인을 갖는다는 사실 … 동시에 모든 인간은 도덕적 의무감을 경험한다. 그런데 그 경험은 인간이 자연의 다른 요소들과 달리 자신들의 행동의 자유를 소유하고 있다는 사실을 함축하는 것이다. 그러므로 사건들에 대하여 모순되는 듯한 두 가지 해석, 즉 모든 사건은 '필연'의 산물이라는 하나의 주장과 인간 행동의 어떤 측면에는 '자유'가 있다는 다른 하나의 주장을 어떻게 조화시키느냐 하는 것이 문제였다."5

슈툼프와 피저의 관점에서 칸트의 저 문장이 의미하는 것은 첫째, 자연에는 불변하는 법칙들 즉 필연의 법칙들이 있다는 점, 그리고 둘째, 인간이라는 존재는 자유의 존재이며 그 자유는 이성과 불가분의 관련 속에 있다는 점입니다. 필연과 자유가 어떻게 만날 수 있으며, 이것을 하나의 조화로운 원리로 어떻게 자신의 철학 속에 수용하고 설명해 낼 수 있을 것인가가 칸트가 고민했던 주제라고 슈툼프와 피

---

4 "Ich sehe sie beide vor mir und verknüpfe sie unmittelbar mit dem Bewusstsein meiner Existenz." Kant, I. (1788). Kritik der reinen Vernunft. 백종현 옮김 (2002). 『실천이성비판』(p. 327). 아카넷.

5 Stumpf, S.E. & Fieser, J. (2003). Socrates to Sartre and Beyond. 이광래 역 (2004). 『소크라테스에서 포스트모더니즘까지』(pp. 432f). 열린책들.

저는 해설하고 있습니다. 자연과 우주의 법칙에는 불변하는 것이 많습니다. 아침에는 태양이 뜨고 밤에는 달이 집니다. 이것은 필연입니다. 물론 태양과 달은 늘 그 자리에 있고, 지구가 자전과 공전을 거듭하는 가운데, 우리는 각 개인의 관점에서 우주적·자연적 현상의 필연성을 체감합니다. 그런가 하면 나는 나의 사유와 행위를 자유의 원칙에 의거하여, 즉 자율적으로 해 나갑니다. 적어도 20세기 말 후기 구조주의적 사유가 등장하기 전까지 인간의 자유와 자율성은 각 개인에게서 지울 수도 없고 앗아갈 수도 없는 실체이자 가치로 인식되었습니다. 그리고 18세기의 칸트에게는 이 두 가지 보편 원리들, 즉 필연성과 자유가 어떻게 공존가능한가가 중요한 문제로 인식되었습니다.

그리고 사람들은 "내 마음속의 도덕률"을 이른바 정언명령定言命令, Kategorischer Imperativ과 연결시키기도 합니다. 칸트가 제시한 정언명령은 어떠한 조건이나 결과에 상관없이 그 행위 자체가 선善하므로 절대적이고 의무적으로 행할 것이 요구되는 도덕법칙을 의미합니다. 여기에는 다섯 가지 정식이 있지만, 그중에서 가장 널리 알려진 두 가지는 다음과 같습니다. 그 첫째는 제1정식, 즉 보편법칙의 정식입니다. 저유명한 문장, 즉 "너의 의지의 준칙이 항상 동시에 보편적 법칙의 수립의 원리로서 타당할 수 있도록, 그렇게 행위하라"6는 것입니다. 우리들 각자의 규범이 마치 모든 사람에게 통용될 수 있는 것처럼 하라는 말은 나의 주관적인 판단과 규범이 보편적 판단과 규범에 부합하도록 하라는 것입니다. 역으로 말하자면, 보편 규범이 나의 규범과 합치될 수 있도록 자의성을 극복하고 보편성 안에서 길을 찾으라는 뜻

---

6 Kant, I. (1788). Kritik der reinen Vernunft. 백종현 옮김 (2002). 『실천이성비판』(p. 327). 아카넷.

입니다. 그리고 두 번째는 제3정식으로서, 인간성의 정식입니다. 이것
은 너는 너 자신의 인격과 다른 모든 사람의 인격에 있어서 인간성을
언제나 동시에 목적으로 간주하여야 하며 결코 단순한 수단으로 간주
해서는 안 된다는 것을 의미합니다. 인간을 수단으로 대하지 말고 목
적으로 대하라는 뜻입니다.

『교육학에 대하여』(1803)

칸트가 남긴 많은 저작들 중에는 조금은 특별한 위치에 있는 책이
한 권 있습니다. 즉, Über Pädagogik입니다. 한국어로는 『교육학에
대하여』이고, 영어로는 On Education으로 번역되어 있는 책입니다.
이 책은 쾨니히스베르크 대학에서 "교육예술Erziehungskunst"7이라는 주제
하에 이루어졌던 강연 시리즈 중 칸트가 1776-1787년 사이 행했던
네 차례 강연을 그의 제자 링크F.T. Rink가 정리하여 1803년에 출판한 것
입니다.

---

7 이 주제는 당시 쾨니히스베르크 대학의 교수이자 신학 자문위원이었던 보크
(D. Bock)가 집필하였던 교재 『교육(예)술』(Erziehungskunst)을 염두에 둔
것이다. 그러나 정기적으로 이루어진 강연의 내용은 교재에 제한받지 않았으
며 강연자에 따라 자유롭게 구성되었던 것으로 보이며, 그 연장선상에 칸트의
교육학 강의가 있다(https://www.deutschestextarchiv.de/book/view/kant_pa
edagogik_1803?p=3). 참고로, 칸트의 이 강의와 관련하여 D. Bock와 혼동되
는 당대의 인물로는 또 다른 보크(F.S. Bock: 1716-1785)가 있다. F.S. Bock
는 1750년부터 1770년까지 쾨니히스베르크 대학의 그리스학·신학 교수로 재
직하였으며, 그 이전까지는 쾨니히스베르크 왕립 도서관 사서로 오랫동안 재
직한 인물이다. 칸트는 1766년에 이 도서관의 사서로 고용된 적 있으며, 이때
가 그로서는 처음으로 정기적 급여를 받은 시점임과 동시에 F.S. Bock와의 인
연이 시작된 시점이기도 하다. Henry R. Meisels (1981). Immanuel Kant and
the Royal Castle Library in Königsberg. The Journal of Library History, 16
(3), 517-522 (https://www.deutsche-biographie.de/sfz4855.html).

[그림 IX-4]
Über Pädagogik (1803)[8]

칸트는 철학자이며 교육학자는 아니라는 점을 유의할 필요가 있습니다. 이 책 역시 교육과 교육학에 대해 집필된 체계적 연구의 결과라고는 보기 어렵습니다. 그러나 이 저서는 교육학이라는 이름으로 대학에서 이루어진 최초의 강의를 담고 있다는 점에서 교육(학)사적 의의가 크다는 사실에 우리는 주목할 필요가 있습니다.

합리론과 경험론

칸트의 교육학 논의로 들어가기 전에, 칸트의 사상사적 위치와 의의에 대하여 설명을 드리고자 합니다.[9] 대략적으로 보자면, 유럽의 근대 철학의 흐름은 합리론과 경험론의 공존과 교차의 역사이기도 합니다. 우선 합리론에 대하여 말씀드립니다. 합리론이 출발점으로 삼는 질문은 바로 인식의 토대에 관한 것입니다. 즉, 사람이 인식하면서 산다고 할 때, 인식의 기반 또는 토대는 과연 무엇인가라는 질문입니다. 그 토대를 이성적 직관이라고 여겼던 사유의 전통을 철학에서는 합리론이라고 통칭합니다. 합리론자들은 인간의 영혼 또는 이성에는 수학적 질서가 원래부터 부여되어 있다고 믿었습니다. 즉, 이들은 인간은 태어날 때부터 신으로부터 선천적 본유 관념이라는 것을 부여받았으며,

---

8 그림출처: https://archive.org/details/berpdagogik00kant
9 칸트의 사상사적 위치와 의의에 관련된 해설은 다음 영상자료를 적극적으로 참조하였음을 밝혀둔다. 한자경(2016). "순수이성비판"(플라톤아카데미TV. https://www.youtube.com/watch?v=E7TTwhh1lJs)

이것에 기반하여 연역적 추론을 할 수 있으며, 이것을 통하여 보편적이고 절대적인 인식과 앎에 이를 수 있다고 주장하였습니다. 수학적 인식이야말로 이러한 보편 이성과 절대 이성을 통해서 가질 수 있는 지식의 전형이라는 주장도 이러한 맥락에서입니다. 데카르트, 스피노자, 라이프니츠 등의 사상가들이 이러한 유형의 생각을 공유하였던 합리론자들입니다.

여러분들은 인간이 태어날 때부터 보편 이성, 절대적 이성을 갖고 있고, 그것에 바탕하여 추론의 능력이 발현되며, 나아가 수학적 인식과 지식에까지 이를 수 있다는 주장에 동의하시는지요. 합리론의 주장을 수용하자면, 교육의 출발점과 목적지는 처음부터 확정되어 있습니다. 즉, 보편 이성입니다. 보편 이성의 기반 위에서 교육이 가능하며, 보편 이성의 발현과 완성이 곧 교육의 과정이자 목표여야 합니다. 이 경우 교육은 일견 복잡할 것이 없어 보입니다. 그러나 정작 문제는 형식이 아니라 확증가능성 여부에 있습니다. 즉, 보편 이성의 보편성은 과연 그리고 어떻게 근거지워질 수 있는가가 문제입니다. 시대와 문화마다 역사적 맥락과 사회문화적 배경이 다르고, 아울러 개인마다 사유의 방식이 다르다면, 그리고 결정적으로 종교적 신념의 유형이 다르다면, 이 모든 차이를 가로지르는 보편은 어떻게 존재할 수 있고, 그것은 어떻게 인식할 수 있으며, 또한 이것을 어떻게 지속해 나갈 수 있는가가 난제인 것입니다. 자연과학적 지식과 수학적 인식 등의 순수학문의 영역을 제외하면, 합리론에 기반한 교육은 다차원적으로 논란과 논의의 과제를 남깁니다.

구분	합리론	경험론
대표자	데카르트 스피노자 라이프니츠	로크 버클리 흄
인식의 기반	이성적 직관 / 연역	감성적 경험 / 귀납

<표 IX-1> 합리론과 경험론

그런가 하면, 경험론의 범주에 속하는 사유의 흐름도 있었습니다. 경험론자들이 합리론을 향해 제기한 문제는 바로 이것이었습니다. 즉, 합리론자들이 주장하는 바와 같이 모든 사람들에게 선천적 본유관념이라는 것이 있다면 모든 사람이 예외없이 그러해야 하겠지만, 어린이나 백치의 경우에는 그렇지 않다는 것입니다. 즉, 인간의 영혼에 선천적이거나 보편적인 질서 또는 본유관념이라는 것은 없기에 합리론자들이 주장하는 선천적 본유관념은 일종의 발명품이며, 그런 주장을 지속하는 것은 독단이라는 것이 경험론자들이 제기하는 합리론의 문제입니다. 경험론자들의 관점에서는 선천적 본유관념 같은 것은 실체가 없습니다. 이들에 따르면, 인간의 영혼은 마치 백지와 같아서 오로지 감각 기관을 통해서, 즉 감각 경험을 통해서만 인식을 획득할 수 있습니다. 그리고 경험론자들은, 일반 원칙이라는 것은 선천적 본유관념이라는 검증불가능한 실체 또는 개념에서 연역되는 것이 아니라 경험을 통해서 획득되는 것이라는 주장을 펼칩니다. 즉, 다양한 감각적 경험들로부터 일반적인 원리가 도출되는 방식, 즉 귀납적 방법을 통해서 일반원칙에 도달할 수 있다는 것입니다.

그런데 곰곰이 생각해 보면 이 감각적 경험이라는 것이 시간적·공간적 제한성을 가지며, 또한 귀납적 방법을 통해 얻어지는 일반 명제가 과연 일반적·보편적일 수 있는가에 대해서도 의문이 발생할 수 있습니다. 각 개인의 경험이 다르면, 즉 각 경험이 발생하는 시간과 공간과 사회문화적 맥락이 다르고 감각적 경험의 개인적 차이가 개입한다면, 이로부터 귀납되는 원칙들 역시 일반화되기 어려울 수 있습니다. 이런 의미에서 경험론자들의 사유는 결국 회의주의에 봉착하게 됩니다.

교육에서도 경험론적 접근이 가능합니다. 혹자는 개별성으로부터 보편성이 도출될 수 있다는 생각을 바탕으로 하여, 교실환경 안에서도 모든 개별성들의 공통적인 부분들을 도출한 후, 이것을 일반 원칙으로 승화하는 형식의 교육을 기획할 수 있습니다. 그러나 이 경우 개별적 사례들의 교육적 일반화의 가능성에 대한 의문이 제기될 수 있습니다. 나아가 교실의 범주를 벗어나서 학교 전체, 사회 전체, 세대 전체에 대해서까지 이런 방식으로 일반 원리를 도출해 나가고자 할 경우, 그 가능성과 타당성에 대한 회의는 더욱 커지게 될 것입니다. 그리고 이것은, 그 단위가 소규모이든 혹은 대규모이든, 모든 교육의 기획이 필연적으로 마주하게 되는 난제이기도 합니다.

우리 사회가 당면한 다문화교육의 난제도 동일한 맥락에서 이해해 볼 수 있습니다. 흔히 다문화라고 할 때, 혹자는 이것을 다양한 문화들의 집합 또는 총합이라고도 생각할 수도 있습니다. 즉, 다양하고 상이한 문화들을 한 데 모아두고, 이것을 다문화사회라고 명명한다면, 그야말로 다문화교육은 피상적 성공에 그칠 가능성이 큽니다. 숫자가 많다는 것이 일반과 보편을 자동적으로 보장해 주지는 않기 때문입니다. 오히려 많고 다양하다는 것은 일반과 보편의 도출에 장애가 되는 경우가 많습니다. 다문화교육도 마찬가지입니다. 21세기 대한민국이라는 시공간 속에서 어떤 언어와 문화를 주도적 언어와 문화로 설정할 것인가라는 문제뿐 아니라 각종 다양한 사회적, 정치적, 윤리적 의사결정의 단계로 들어갈수록 다문화교육은 대단히 복잡한 양상을 띨 수밖에 없는 현안이 되어가는 것입니다. 이런 의미에서 다문화교실 속에 서 있는 교사들의 고민은 경험론적 접근으로도 쉽게 해소될 성격의 사안은 아닙니다.

칸트 — "내용 없는 사고는 공허하고, 개념 없는 직관은 맹목적이다."10

합리론이 독단주의의 문제를 안고 있었다면, 경험론은 회의주의의 난제에 봉착할 수 밖에 없었습니다. 그렇다면 합리론의 독단주의와 경험론의 회의론 사이에서 인식의 확실성은 어떻게 보장될 수 있을까요? 칸트의 고민도 바로 여기에 있었습니다. 그리고 이제 칸트의 비판철학이 등장합니다. 그의 철학이 찾고자 한 것은 선천적 본유관념에서 출발하는 합리론의 독단주의를 피하는 동시에 모든 인식을 경험으로부터 도출하려는 경험론의 회의주의로도 빠지지 않는 제3의 길이었고, 그것이 곧 그의 비판철학이었습니다. 그는 이렇게 말합니다. "우리의 지식은 경험과 함께 출발하지만, 그렇다고 해서 지식 모두가 경험에서 나온다는 것은 아니다. … 정신은 우리의 경험을 능동적으로 조직한다. 즉, 사유 작용은 우리의 감각을 통한 인상의 수용 행위는 물론이거니와 우리가 경험한 것에 대한 각자의 판단 행위도 포함한다."11 즉 우리 모두가 무엇인가를 경험하면서 세상을 살고 있고, 이 경험으로부

---

10 Kant, I. (1781). Kritik der reinen Vernunft. 최재희 옮김 (1972). 『순수이성비판』 박영사 참조; 김재호(2004). 칸트 『순수이성비판』. 『철학사상』 별책3(16), 52.
11 Kant, I. (1781). Kritik der reinen Vernunft. 백종현 옮김 (2006). 『순수이성비판1』(p. 215). 아카넷.

터 우리의 인식이 작용을 하며, 또한 그로부터 우리가 일반적인 판단을 하지만, 그렇다고 해서 경험을 통해서만 인식이 형성되고 지식이 생성되는 것은 아닙니다. 때로는 구체적으로 경험하지 않아도 이해할 수 있게 되는 혹은 알게 되는 지식이라는 것도 있습니다. 그러나 칸트의 "내용 없는 사고는 공허하고, 개념 없는 직관은 맹목적이다"라는 언명은 반추해 볼 가치가 충분히 있습니다. 이것은 비단 합리론과 경험론 사이의 철학에 관해서만이 아니라 교육을 포함한 모든 인생의 현장에 적용되는 말입니다. 인식과 경험이 서로를 보완할 때 그리고 형식과 내용이 잘 어우러질 때, 철학도 교육도 인생도 순항할 수 있을 것이기 때문입니다.

'비판'철학 = 인간의 인식 작용 자체에 대한 검토

교육학과 직접적으로 관련되는 것은 아니지만, 비판철학의 '비판'이 무엇을 의미하는지에 대해서도 간략하게 말씀드리겠습니다. 우리말의 '비판'은 일반적으로 현상이나 사물의 옳고 그름을 판단하여 밝히거나 잘못을 지적하는 일을 의미합니다. 아울러 이것은 사물을 분석해서 각각의 의미와 가치를 인정하고, 전체 의미와의 관계를 분명히 하며, 그 존재의 논리적 기초를 밝히는 일을 의미하기도 합니다. 칸트의 '비판'은 후자에 가깝습니다. 아울러 칸트의 비판은 인식 작용의 한계 또는 순수이성의 한계에 대한 규정을 목적으로 한다고 볼 수 있습니다. 비판에 관한 이야기가 나왔으니, 한 가지만 더 말씀드리겠습니다.

---

12 한자경(2016). 순수이성비판 (플라톤아카데미TV. https://www.youtube.com/watch?v=E7TTwhh1lJs) 참조.

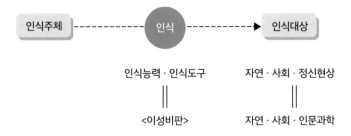

[그림 IX-5] 인식과 이성비판12

　[그림 IX-5]에서와 같이 모든 인간은 세계를 인식합니다. 이때 인간은 이성을 통하여 세계를 인식합니다. 나누어 생각해 보면, 인식의 이편에는 인식하는 '나', 즉 인식의 주체가 있고, 또 인식의 저편에는 인식되는 대상이 있습니다. 이 인식의 대상은 자연 현상일수도, 사회 현상일수도, 혹은 인간의 정신 현상일수도 있습니다. 우리가 자연 현상을 인식하고 그것에 대해서 체계적으로 정리하여 틀을 만들 경우, 우리는 그것을 자연과학이라고 부릅니다. 사회 현상에 대해서도 마찬가지입니다. 사회현상 역시 우리가 인식작용을 통해 객관화하고 체계화할 경우, 우리는 이것을 사회과학이라고 부릅니다. 인간의 정신 현상에 대해서도 마찬가지입니다. 이 경우 그 결과물은 인문과학이 됩니다.

　그러나, 칸트에 따르면, 대상에 대한 이해와 인식의 결과는 이렇게 체계적 언어로 표현되어 있지만, 이 대상을 바라보는 인식 주체의 인식작용 그 자체는 당시까지도 관심의 대상이 되지 못하였다는 것입니다. 그래서 칸트는 인식 행위 자체에 대한 연구가 필요하다고 생각하였고, 그래서 그는 이성비판이라는 이름 하에 이 연구를 종합적으로 수행하게 되었습니다. 역사학은 역사에 대해서 연구하는 행위이자 분야이고, 물리학은 사물의 이치에 관하여 연구하는 행위이자 분야입니다.

그렇다면 역사를 연구하는 연구자의 인식을 탐구하는 분야는 무엇이며, 물리 현상을 연구하는 연구자의 인식 작용과 체계를 다루는 분야는 무엇일까요? 칸트는 이 영역을 이성비판이라고 명명하였고, 그것을 자신의 철학의 본령으로 삼았습니다. 그런 의미에서 칸트의 철학은 인식 주체의 정신활동에 대한 탐구라 할 수 있습니다. 세계를 인식하는 인간의 능력과 도구가 무엇인가라는 질문에 대해 칸트는 곧 이성이라고 답합니다. 우리가 칸트 철학의 중심 과제를 이성비판이라고 규정한다면, 그것은 곧 인식의 내용과 대상에 관한 것이 아니라 인식을 가능하게 하는 이성 그 자체에 대한 탐구를 의미하는 것입니다. 이성의 근원이 무엇이고, 인식의 범위와 한계는 무엇인가를 다룬 저서가 곧 『순수이성비판』입니다. 이성으로써 이성의 작용을 비판하고 검토한다라는 것이 이 저서의 주제입니다. 물론 칸트의 '이성'은 우리가 흔히 말하는 이성보다는 포괄적 의미를 갖습니다. 그의 이성 개념은 인식 능력 전체에 관한 것입니다. 즉, 여기에는 감각 자료를 받아들이는 능력으로서 감성Sinnlichkeit, 개념화하여 판단하는 능력으로서 오성/지성Verstand, 그리고 추리하고 협의하는 능력으로서 이성Vernunft이 모두 포함됩니다.

그런데 이성 이야기를 이어가다 보니, 한 가지 현상을 보게 됩니다. 앞선 장에서 자주 등장하였던 신에 관한 논의가 칸트에 와서는 담론의 주변부로 밀려났다는 사실입니다. 물론 기원전 인물이었던 플라톤 편에서도 신은 등장하지 않았습니다. 그러나 절대와 불변의 상징이었던 그리고 이데아의 상징이었던 태양은 지속적으로 등장하였습니다. 17세기 코메니우스의 교육사상에서는 신이 직접적으로 모습을 드러내었습니다. 때로는 태양이라는 아이콘으로, 때로는 눈의 아이콘으로,

또 때로 고도의 추상적 아이콘들의 조합으로 신은 적극적으로 자신의 모습을 드러내었습니다. 그렇게 유럽 교육사상의 역사는 절대자 또는 신의 형상을 중심으로 17세기까지 이어져 왔습니다.

그런데 18세기에 이르면 신은 점차 모습을 감춥니다. 과거에 신이 있던 자리에 이제는 이성이 자리하게 되었습니다. 물론 이것은 17세기까지 존재하였던 신이 18세기 들어 갑자기 사라졌다는 것을 의미하는 것은 아닙니다. 물론 신은 19세기에도 그리고 오늘날까지도 인류의 마음과 신념과 일상 속에 존재하고 있습니다. 다만 교육학적 사유에서 신의 존재감이 시나브로 희미해져 갔다는 사실만은 분명합니다.

이제 유럽의 '근대'라는 것을 정리해 볼 필요가 있을 것 같습니다. 유럽 근대는 이성을 강조한 시대입니다. 이성은 이 시대의 열쇠어이자 자랑이었습니다. 17세기 코메니우스와 데카르트 이후에 신은, 적어도 철학자들의 생각 속에서는, 차츰 이성이나 자연으로 대체되기 시작합니다. 이성은 점차 보편타당한 수학의 언어로 옷을 갈아입었고, 절대적 시공간을 전제하는 물리학의 도포를 걸치게 됩니다. 이를 통해 인류는 신으로부터의 독립을 위한 인간적 사유의 큰 걸음을 내딛기 시작하였습니다. "신이 사유한다면, 수학적으로 사유할 수 밖에 없을 것"이라는 진지한 농담이 회자되기 시작하였던 시대가 곧 서양의 근대라고 볼 수 있습니다.

그 유산을 이어받은 현대 사회는 수치로 표현된 것들에 대단히 큰 신뢰를 보내고 있습니다. 키와 몸무게는 물론이거니와 지능과 도덕성과 사회성과 심미성과 행복감에 관한 각종 지수들 그리고 나아가 사회와 지구와 우주의 현황을 나타내는 모든 지표들에 이르기까지, 우리는 숫자로 표기된 가치들에 익숙한 채로 일상을 영위하고 있습니다.

어쩌면 절대적 존재에 대한 믿음의 시대에서 절대화된 수의 언어의 시대로 건너 온 것이 서양 근현대를 규정하는 또 하나의 방법일 수도 있습니다.

“계몽이란 무엇인가에 대한 답변”(1784)

칸트의 교육학으로 다시 돌아와서 계몽에 대한 이야기로 이어가겠습니다. 앞서 말씀드린 바와 같이, 신에 대한 담론이 희미해진 자리에 이성에 대한 확신이 뿌리를 내리고 있었고, 이것은 곧 계몽의 사상으로 연결되었습니다. 이성의 작용에 기초한 계몽, 이것은 곧 계몽주의 철학자 칸트의 표제와도 같은 것이었습니다.

1784년 12월, 칸트가 베를린 월간지Berlinische Monatsschrift에 기고한 글 “‘계몽이란 무엇인가’에 대한 답변”에는 이에 대한 칸트의 확고한 신념이 표명되어 있습니다. “계몽이란 인간이 스스로 초래한 미숙의 상태에서 벗어나는 것이다. 미숙함이란 타인의 지도 없이는 자신의 오성Verstand을 사용하지 못하는 것을 의미한다. 만약 이 미숙함의 원인이 오성의 결여에 있지 않고 다른 사람의 지도 없이 자신의 오성을 사용하려는 결단과 용기의 결여에 있다면, 스스로 책임을 져야 하는 것이다. 따라서 과

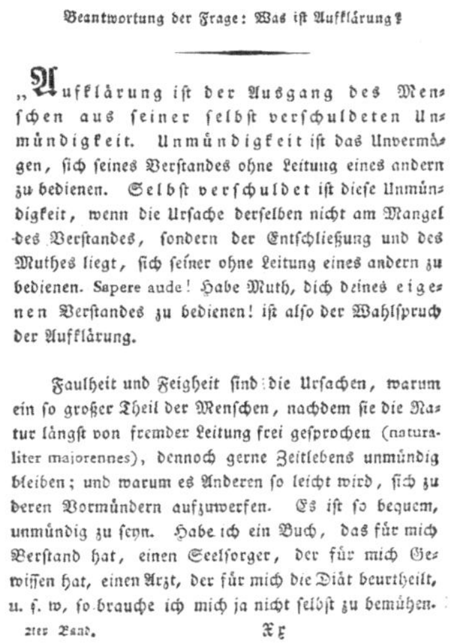
Beantwortung der Frage: Was ist Aufklärung?

„Aufklärung ist der Ausgang des Menschen aus seiner selbst verschuldeten Unmündigkeit. Unmündigkeit ist das Unvermögen, sich seines Verstandes ohne Leitung eines andern zu bedienen. Selbst verschuldet ist diese Unmündigkeit, wenn die Ursache derselben nicht am Mangel des Verstandes, sondern der Entschließung und des Muthes liegt, sich seiner ohne Leitung eines andern zu bedienen. Sapere aude! Habe Muth, dich deines eigenen Verstandes zu bedienen! ist also der Wahlspruch der Aufklärung.

Faulheit und Feigheit sind die Ursachen, warum ein so großer Theil der Menschen, nachdem sie die Natur längst von fremder Leitung frei gesprochen (naturaliter majorennes), dennoch gerne Zeitlebens unmündig bleiben; und warum es Anderen so leicht wird, sich zu deren Vormündern aufzuwerfen. Es ist so bequem, unmündig zu seyn. Habe ich ein Buch, das für mich Verstand hat, einen Seelsorger, der für mich Gewissen hat, einen Arzt, der für mich die Diät beurtheilt, u. s. w, so brauche ich mich ja nicht selbst zu bemühen.

2ter Band. Xx

[그림 IX-6] ‘계몽이란 무엇인가’에 대한 답변(Kant, 1784)[13]

13 그림출처: https://de.wikipedia.org

감히 알려고 하라! 너 자신의 오성을 사용하려는 용기를 가져라! 이것이 계몽의 표어이다."14

이 글에 나타난 계몽의 주제는 자신의 이성을 사용하여 직접 생각하고 직접 판단하고 결단하라는 것입니다. 이것은 더 이상 여타 존재에게 의존하지 말고, 인간 자신의 이성의 힘으로 독립할 용기를 가지라는 시대적 요청이기도 하였습니다. 이러한 요청은 곧 계몽주의 교육학의 구호가 되었고, 지난 200여 년 동안 교육학의 주된 기조와 성격을 규정해 온 사상적 토대가 되었습니다.

독일 관념론(Idealismus. 이상주의)의 흐름

우리는 지금 교육학에 관해 이야기하고 있지만, 칸트가 나왔으니 유럽 근대철학, 좀 더 구체적으로는 독일 관념론의 흐름을 간략하게 정리하여 소개하도록 하겠습니다. 앞서 플라톤 편에서 이데아가 등장하였고, 여기서 파생된 관념론에 대해 간략히 언급한 바 있습니다. 이것이 근대라는 시대에는 어떤 모양으로 전개되었는지에 대해 부연설명하고자 합니다.

대륙의 합리론과 영국의 경험론이 각각 마주한 독단주의와 회의론의 극복에 있어서 칸트의 역할이 중요했다는 말씀을 앞서 드린 바 있습니다. 그리고 칸트의 비판철학을 계승한 것이 독일 관념론입니다. 피히테와 쉘링과 헤겔이 그 대표자들입니다. 피히테는 절대자의 주관적 관념론이라는 이름으로, 쉘링은 절대 자연의 객관적 관념론이라는 이름으로, 그리고 헤겔은 주객합일적 절대정신의 절대적 관념론이라

---

14 Kant, I. (1998a). Beantwortung der Frage: Was ist Aufklärung (Dez. 1784). Immanuel Kant. Bd. VI. (p. 53). Hrsg. von Wilhelm Weischedel. WBG.

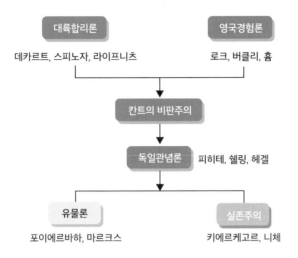

[그림 IX-7] 독일관념론의 흐름15

는 이름으로, 그들은 각자의 관념론을 제안하였습니다. 이렇게 세 명으로 압축되는 철학자들이 칸트 이후의 독일 관념론을 계승하고 체계화했다고 볼 수가 있습니다. 그중 특히 헤겔에게는 형이상학의 완성자라는 칭호가 부여되었습니다. 유럽대륙의 합리론과 영국의 경험론이라는 두 물줄기가 독일의 칸트라는 한 호수로 모여들고, 거기서 생긴 독일관념론의 흐름이 헤겔이라는 큰 바다에 이르러서 유럽 형이상학이 형성되었다고 정리해 볼 수 있습니다. 서양철학은 헤겔 형이상학에 대한 비판과 반동이다라는 말이 회자될 정도로 독일 관념론의 계보에 있어서 칸트와 헤겔이 차지하는 위치는 독보적입니다. 그리고 헤겔의 형이상학에 대한 반응도 두 갈래, 즉 헤겔 좌파론과 우파론으로 나뉩니다. 전자인 헤겔 좌파론은 헤겔식 정신을 비판하면서 물질과 신체성을 강조하는 포

---

15 한자경(2016). 순수이성비판 (플라톤아카데미TV. https://www.youtube.com/watch?v=E7TTwhh1lJs) 참조.

이에르바하 그리고 마르크스의 유물론이라 할 수 있습니다. 후자인 헤겔 우파는 실존주의입니다. 헤겔식 보편을 비판하면서 개체성과 유한성을 강조하는 키에르케고르, 니체의 실존주의, 야스퍼스나 샤르트르나 까뮈 그리고 하이데거에 이르는 일련의 학자들이 이 흐름에 속합니다. 이러한 계보가 교육학과 직접적 관련을 맺는 것은 아닙니다. 다만 칸트를 주제로 다루게 되었기에, 독일 관념론의 계보를 간략히 정리하여 소개합니다. 참조하시기를 바랍니다.

『교육학에 대하여』(1803)

다시 칸트의 교육학으로 돌아와서 『교육학에 대하여』속으로 한 걸음 더 들어가 보겠습니다. 철학자 칸트에 의해서 강의된 이 저서의 내용이 교육에 대한 체계적 사유를 통해 유명해진 것은 아닙니다. 오히려 우리는 이 저서가 갖는 교육학사적 의의로 인하여 이 저서에 주목할 필요가 있습니다.

이 강의록이 출판된 시점은 1803년입니다만, 이 강의는 1776년에서 1787년 사이 네 차례에 걸쳐 이루어진 것으로 알려져 있습니다. 즉, 고등교육기관에서 '교육학'이라는 주제 하에 이루어진 세계 최초의 강의였다는 것이 이 저서가 갖는 교육학사적 의의입니다. 물론 칸트 이전에도 교육학Pädagogik이라는 용어는 사용되고 있었습니다. 17세기의 대표적 교육사상가인 코메니우스도 자신의 교육사상을 집대성한 저서 『범교육학Panpädagogik』을 집필한 바 있기에, 교육학이라는 용어 자체가 칸트 당대에 새로운 것은 아니었습니다. 그러나 19세기 이전, 특히 일반적으로 근대교육학의 출발점으로 간주되는 헤르바르트의 『일반교육학』Allgemeine Pädaogik. 1806 이전의 교육학은 그 내용과 체계에 있어서 독립적 학문 분야로 인정되지는 않습니다. 아울러 칸트 이전 시대에 교육학의 이름으로 대학에서 강의된 사례가 없었다는 점도 오늘날 칸트의 교육학 강의에 특별한 역사적 의미를 부여하는 이유가 됩니다.

근대 교육학의 시작점이 되었던 헤르바르트와 관련하여 간략히 부연하자면 다음과 같습니다. 앞서 언급한 『일반교육학』1806에서 그는 근대적 학문으로서 교육학을 두 가지 중요한 기둥으로 구성해 내었습니다. 즉, 그는 철학윤리학으로부터 교육목적론을, 그리고 심리학으로부터는 교육방법론을 도출해 내었고, 이 둘을 체계적으로 엮어서 일반교육학이라는 이름의 교육학을 제안하였습니다. 물론 헤르바르트 당시에는 이것이 교육학임과 동시에 교육철학이었지만, 이후 현대 교육학의 분화과정에서 교육학의 다양한 하위분과들이 탄생하게 되었습니다.

헤르바르트의 일반교육학 전통의 흔적이 남아있는 독일 교육학의 경우 일반교육학은 교육철학, 교육인간학, 전기연구 및 질적 연구, 교육이론연구 등의 하위 분야들을 포괄하는 용어로 사용되고 있습니다. 한국의 경우 1945년 해방 이후에 미국 교육학의 영향력이 꾸준히 늘어나면서, 우리가 오늘날 경험하고 있는 교육학의 분과들, 즉 교육철학, 교육사학, 교육사회학, 교육심리학, 교육공학, 교육행정학, 교육측정 및 평가, 교육과정 등의 분야들로 분화하게 되었습니다만, 이 역시그 출발점으로 거슬러 올라가면 1806년의 헤르바르트가 있다고 볼 수있습니다. 그는 칸트의 후임으로 1809년부터 1833년까지 쾨니히스베르크 대학의 교수로 재직하였으며, 이후 독일 괴팅엔 대학으로 자리를 옮겨 교수직을 이어 나갔습니다.

아래에서는 『교육학에 대하여』의 주요 문단을 발췌하여 관련 해설을 가미하도록 하겠습니다. 문장 앞머리에 있는 문단 번호는 원문에는 없습니다만, 원문과의 대조가 용이하도록 임의로 부여한 것입니다. 아울러 이하에서 사용될 번역문은 김영래2003. 『칸트의 교육이론』의 부록 "교육학에 대하여"번역에서 발췌한 것임을 밝혀둡니다.16

[1문단] "인간은 교육을 받아야 하는 유일한 피조물이다."

칸트의 『교육학에 대하여』가 교육학계에서 유명한 이유가 또 있다면, 바로 이 강의의 첫 문장 때문일 것입니다. 이 문장은 거의 모든 교육학 개론서나 또는 교육철학 관련 저서에서 인용되는 문구입니다. 이 선언적 문장은 이 책을 펼치는 모든 독자들이 마주하게 되는 첫 문장이기에, 더욱 강렬한 인상을 남깁니다. 그런 이유로 철학자 칸트가 교육학에 직접적으로 기여한 업적이 크지 않음에도 불구하고, 칸트는 항상 교육학의 중심에 서 있는 듯한 착시현상이 야기되기도 합니다.

그런데 제가 여러분들과 함께 생각해 보고자 하는 것은 바로 우리가 칸트의 이 선언적 명제에 동의하는가 여부입니다. 즉, 인간은 과연 교육을 받아야만 하는 유일한 피조물인가요? 근래 한국 사회에서는 반려동물에 대한 이해가 깊어지면서 반려동물에게도 더러는 교육이라는 용어를 사용하기도 합니다. 심지어 어떤 이들은 반려동물을 '아이'라고 부르기도 합니다. 동시에 그 앞에 서 있는 자신을 '아빠·엄마'라고 호칭합니다. 주인이나 보호자라고 부르던 시절도 이제는 과거가 되어 가고 있습니다. 이와 같은 반려동물의 의인화 경향에 동조한다면, 반려동물도 교육을 받아야 하는 피조물의 대상에 포함될 수 있을 것입니

16 Kant, I. (1998b). Über Pädagogik(1803). Immanuel Kant. Band VI (pp. 695-778). Hrsg. von Wilhelm Weischedel. WBG. 김영래 옮김. 『칸트 교육학 강의(1803)』. 김영래(2003). 『칸트의 교육이론』(pp. 193-222). 학지사.

다. 그럴 경우, 칸트의 명제는 확장될 필요가 있을 것입니다. 즉, "인간은 교육받아야 하는 여러 피조물 중 하나이다"와 같이 말입니다. 그러나 엄밀한 의미에서 동물에 대해서는 교육이라는 표현을 사용하지 않고, 훈련이라는 표현을 사용합니다. 오늘날 동물의 반려인들이 반려동물들을 향해 "이 아이는 교육을 받을 필요가 있어"라는 표현을 사용하기도 하지만, 막상 반려동물의 '교육'을 담당하는 전문가들을 교육자라고 부르지 않고 훈련사라고 부르는 데서 우리는 교육과 훈련의 전문적 구분 기준을 확인할 수 있습니다.

다시 칸트의 명제로 돌아옵니다. 어쩌면 자명해 보이기까지 하는 칸트의 명제, 즉 "인간은 교육을 받아야 하는 유일한 피조물이다"라는 선언에 대해 동의하느냐라는 질문이 어쩌면 당황스럽게 느껴질 수도 있을 것입니다. 물론 이 질문에는 두 가지 의도가 내포되어 있습니다. 우선은, 당연해 보이는 것에 대해 과연 그러한가라고 질문하고 탐구해 보시라는 권유의 의도가 들어 있습니다. 그리고 두 번째, 제가 이 책의 제9장과 10장을 통해 제기하고자 하는 교육인간학적 문제를 미리 환기해 두고자 하는 의도도 들어 있습니다. 이 문제는 제10장에서 구체적으로 다루겠습니다.

[3문단] "훈육은 동물성을 인간성으로 변화시킨다. 동물은 이미 그의 본능에 의해 모든 것이 갖추어져 있다. 외재적인 이성이 그를 위해서 이미 모든 것을 준비해 놓고 있는 것이다. 그러나 인간은 자기 자신의 이성을 필요로 한다. 그의 본능을 가지고 있지 않으므로 자기의 행동계획을 스스로 세워야 한다. 그러나 인간은 미성숙의 상태로 태어나기 때문에, (나자마자) 곧바로 자신의 행동의 계획을 세울 능력이 없으며, 따라서 타인이 그를 대신하여 행동계획을 세워주어야 한다."

제3문단에는 칸트가 교육적 인간을 바라보는 틀과 그 인간학적 근거에 대한 내용이 들어 있습니다. 이것을 '이원적 인간론'이라고 명명할 수 있을 것입니다. 본문에 기반하여 보자면, 칸트는 한 사람 속에 두 종류의 공간이 있다고 규정합니다. 즉, 동물성의 공간과 인간성의 공간이 그것입니다. 달리 표현하자면, 그는 교육의 대상인 인간을 동물적 인간과 인간적 인간이라는 이원적 존재로 파악하고 있습니다.

또 한 가지 눈에 띄는 점은, 칸트가 인간을 동물과 비교하여 파악하고 있다는 사실입니다. 우리는 교육학에서 빈번하게 등장하는 인간과 교육에 대한 비유들을 제1장에서 다룬 적이 있습니다<표 I-1> 참조. 루소에서 볼 수 있는 바와 같이, 인간을 식물에 비유하기를 즐겨하는 경우 교육은 '(식물을) 기르다'로 표현될 수 있으며, 이때 교육자는 정원사·원예사에 비유될 수 있습니다. 루소와 달리 칸트는 인간과 교육을 동물로부터 파악하기를 즐겨합니다. 그래서 그는 동물에 비하여 비교적 덜 갖추어진 본능 혹은 상대적으로 연약한 능력을 갖고 태어난다는 인간을 미성숙한 상태로 태어난다고 규정합니다. 물론 동물에 비교할 경우 그렇다는 것입니다. 그리고 현대 교육학에서는 인간에 대한 이런 유형의 이해를 '결핍존재론'Defizitwesen이라고 명명합니다. 인간이 미성숙의 존재 또는 결핍된 존재로 태어난다는 일련의 이론들은 모두 결핍존재론의 범주에 속합니다. 그리고 이 결핍존재론은 자연스럽게 다음 단계로 연결됩니다. 즉, 대리인론입니다. 그리고 그 논리는 간단합니다. 인간이 미성숙의 상태로 태어나기 때문에, 이 인간이 미성숙의 상태에 있는 일정 기간 동안은 필연적으로 대리인을 필요로 한다는 것입니다.

위 내용을 정리해 보자면 이렇습니다. ① 칸트에 따르면, 인간은 동물성의 공간과 인간성의 공간을 지닌, 즉 이원적 존재이다. ② 동물과 비교하여 볼 때 인간은 본능적으로 미성숙한 혹은 결핍된 상태로 태어나고, ③ 그래서 인간은 결핍과 미성숙의 기간 동안 대리인을 필요로 한다. ④ 그리고 이 대리인 기능이라는 것은 곧 교육의 필연성의 근거가 된다. 이렇게 이원적 존재론, 결핍존재론, 그리고 대리인 기능은 교육의 가능성과 필연성에 대한 논리적 연결고리를 이루게 됩니다.

여기서 한 가지 짚고 넘어갈 내용이 있습니다. 즉, 우리는 인간이 동물에 비하여 미성숙한 상태로 태어난다거나 혹은 약한 본능의 존재로 태어난다는 칸트의 생각에 동의하는가입니다. 인간은 치타보다 빨리 뛸 수 없습니다. 그러나 인간은 치타보다 오래 달릴 수는 있습니다. 인간의 턱힘은 맹수들의 그것보다 분명 약합니다. 그러나 인간의 평균 수명은 맹수들의 그것보다 깁니다. 물속에서 인간은 분명 수중 생물들보다 오래 버틸 수 없습니다. 그러나 같은 원리로 물고기도 물밖에서 오래 버틸 수는 없습니다. 그리고 인간이 독수리만큼 높이 그리고 멀리 날 수는 없습니다. 그렇다고 해서 인간이 공중을 나는 새들에 비하여 본능이 약하다거나 혹은 결핍되어 있다고 생각하는 것이 정당화될 수는 없을 것입니다. 잘 알려진 바와 같이 캥거루는 엄마의 주머니 속에서 오랜 기간 보호받은 후에야 비로소 독립적 개체가 됩니다. 이런 사례들을 염두에 두고 보자면, 이 모든 생물들과 비교해서 인간이 미성숙하게 태어난다거나 혹은 인간을 결핍존재라고 규정하는 것, 그리고 이로부터 대리인 기능을 정당화하여 그것을 교육의 가능성과 필연성의 근거로 삼는 것이 과연 타당한가에 대해 다시 생각해 보게 됩니다.

[4문단] "훈육은 인간이 동물적 충동에 의하여 그의 본분(Bestimmung) 즉 (보편적) 인간성으로부터 벗어나지 않도록 지켜주는 것이다. … 야만성은 법칙에 대한 비의존성이다."

"야만성은 법칙에 대한 비의존성"이라는 문장은 대단히 멋진 표현입니다. 규칙을 잘 지키지 않거나 규칙이 무의미한 혹은 심지어 규칙이 부재한 상황은 당연히 야만의 상태입니다. 칸트에 따르면, 인간 내면의 동물성을 억제하지 못한 상태는 곧 야만의 상태이기에, 그 억제를 위한 수단으로서 훈육이 필요하다는 것입니다. 훈육이라는 용어의 현대적 의미는 별도로 있겠습니다만, 칸트는 훈육이라는 용어를 동물적 충동의 억제, 즉 야만성의 억제를 위한 수단이라는 뜻으로 사용하였습니다.

[4문단] "인간은 나면서부터 자유에 대한 매우 강한 성향을 가지고 있어서 만일 그가 한동안만이라도 자유에 맛이 든다면 그는 자유를 위해 모든 것을 희생시킬 것이다. 바로 이런 이유에서 훈육은 … 매우 일찍부터 행해져야 한다. 그렇지 않으면 나중에 가서 인간을 변화시킨다는 것은 어렵기 때문이다. 그리되면 인간은 모든 (변덕스러운) 기분에 따라 행동하게 된다. 우리는 미개국가의 주민들이 유럽인들에게 오랫동안 봉사한 뒤에도 유럽인들의 생활방식에 적응하지 못한다는 사실을 알고 있다. 그들의 생활방식은 루소 등이 생각했던 바와 같은 자유에로의 고귀한 성향이 아니라 동물이 자기 안에 인간성을 어느 정도 이상 발달시키지 못한 데서 연유하는 미개함인 것이다. 그러므로 인간은 어려서부터 이성의 지시를 따르는 데에 익숙해져야 한다. … 인간은 자유에로의 성향을 지니고 있기 때문에 그에게서 야만성을 제거해 내는 일이 불가결하다. 동물에게 있어서는 그의 본능 때문에 그것이 필요치 않은 것이다."

칸트의 논리는 이렇습니다. 즉, 동물과 인간을 비교하는 가운데, 인간이 동물성의 지배 하에 있기를 원치 않는다면 인간 속의 자유의 성향을 일찍부터 계발하여야 하고, 그것을 위해서는 훈육이 필요한데, 훈육이 성공하지 못할 경우 인간성에 도달하기 어렵다는 것입니다.

이 논리의 정합성과 논거를 고찰하기 전에 한 가지 짚어야 할 모종의 불편함이 있습니다. 칸트가 언급하고 있는 "미개국가의 주민들"은 누구일까요? 그리고 유럽인들에게 "봉사하였다"는 표현은 또 사실에 부합하는 것일까요? 칸트가 자신의 논의를 프로이센에 국한하지 않고 "미개국가의 주민들과 유럽인들"로 확대하였기에, 우리는 중세 이래 유럽의 제국주의와 식민주의의 어두운 역사를 환기하지 않을 수 없습니다. 19세기에 본격적으로 이루어진 유럽 열강의 제국주의 역사는 칸트 이후의 시대이니 논외로 하더라도, 1095년부터 약 200년간 지속된 십자군 전쟁과 15세기 이래 대항해 시대에 이루어진 식민화 물결만 염두에 두더라도, 그 대답은 자명할 것입니다. 세계인을 미개국의 주민들과 유럽인들로 나누고, 전자가 후자에게 봉사하였다는 유럽중심주의적 인식은, 그 이름이 아무리 위대한 철학자 칸트라 하더라도, 인류의 고귀함에 반(反)하는 것이라는 사실은 분명해 보입니다.[17] 심지어 그들,

---

17 "서구는 식민주의를 진행시키면서 식민지 민중들을 인간으로 보지 않으려 했다. 인간으로 보게 되면 자신들의 식민주의를 정당화하기 어렵다. 식민주의를 위한 맞춤 담론이 오리엔탈리즘이었다. 전제주의에 고통받고 자유는 전혀 없는 비서구, 비인간적 문화, 창의성이라고는 찾을 수 없는 수천 년간의 정체 상태, 이런 것은 서구가 비서구를 향해 투사한 이미지다. 자신들이 만든 이미지를 의심 없이 믿었다. 비서구인들을 향한 이런 조롱에서 비서구는 서구의 침탈 대상으로만 여겨졌다. 비인간이었기에 이들을 향한 무제한적 폭력은 은폐되었다. 칸트 역시 오리엔탈리즘을 벗어나 있지 않았다. 칸트는 개별적 역사가 아닌 거시적 보편사를 구상했다. 거대담론적 보편사를 정식화한 최초의 문건이 1784년 발표한 '세계시민적 관점에서 본 보편사의 이념'이다. 이 글을

즉 미개국 주민들의 저 상태가 자기 안의 인간성의 발현을 이루지 못하였기에 머무르게 된 동물적 미개함이라고 표현한다면, 그리고 그들의 저 야만성을 훈육을 통해 억제해야 한다고 말한다면, 이 표현에 해당되는 당사자들은 대단히 억울할 것입니다. 이것을 제3자의 상황이 아니라 칸트가 "미개국가의 주민들"이라고 명명한 그들의 입장에서 생각해 본다면 그 의미가 더욱 분명해 질 것입니다.

예를 들어, 노예제도를 옹호하였던 미국 남부 아메리카 연합군의 초대 대통령이자 유일한 대통령이었던 데이비스Jefferson Davis. 1808-1889는 흑인을 말고기보다 조금 더 가치있는 재산의 한 형태로 간주했습니다. 그는 이 인종이 절망적이게도 열등하고 발전가능성이 없으며, 따라서 영구적으로 노예의 지위에 머무를 운명이라는 견해를 공개적으로 밝힌 바 있습니다.[18] 그러나 그가 그토록 경멸하였던 그 노예들이 어떤 폭력적 과정을 통해 그곳에 오게 되었으며, 또한 어떻게 그러한 처지에 처하게 되었는지에 대해 조금이라도 성찰한다면, 저러한 무지성적 견해를 공개적으로 표명하지는 못하였을 것입니다. 아울러 일제강점기에 일본의 어느 지성인이 "조선이라고 불리는 미개국가의 사람들이 우리 일본인에게 오랫동안 봉사한 뒤에도 우리 일본인들의 생활방식

통해 칸트는 사람들의 구체적이고 개별적 역사를 인류의 보편사로 정립하려 한다. 파편적인 역사를 특정한 관점의 보편사로 꿰맞추고자 하는 지점이면, 칸트의 오리엔탈리즘이 돌출한다. 역사학자 김기봉은 논문 '독일 역사철학의 오리엔탈리즘'(2004)에서 이렇게 적고 있다. "문제는 칸트가 이러한 보편사의 과정은 오직 문명화된 유럽인들만이 고대로부터 현재에 이르는 보편사의 과정을 인식할 수 있다고 본점이다. 즉, 역사의 주체는 오직 유럽인이라는 독선이 칸트의 보편사 구상에 깔려 있다." 김창훈(2019). 칸트의 '영구평화론'은 왜 폭력적인가. (https://www.pressian.com/pages/articles/228997)

18 Fleming, W.L. (1908). Jefferson Davis, the Negroes and the Negro Problem. The Sewanee Review 16(4), 407-427.

을 이해하지 못하고 있는데, 이것은 그들이 자신들 속의 동물성을 극복하지 못한 데서 오는 미개함을 아직도 가지고 있기 때문이다"라고 말한다면, 우리는 그의 언사를 지성의 발현으로 받아들일 수는 없을 것입니다. 물론 칸트의 시대는 18세기였기에 오늘날과는 그 민감도에 있어서 분명 차이가 있을 것입니다. 그럼에도 불구하고 이 대목에서 우리는 세계의 그리고 세기의 지성인에게서 기대하기 어려운 언사를 접하고 있는 것은 사실입니다. 또한 이런 정도의 유럽중심적 혹은 자민족중심적 사유가 교육(학) 강의에서 등장했다는 깃이 놀랍기도 합니다. 21세기의 교사들은 이런 주제에 관하여도 민감도를 유지할 수 있어야 할 것입니다.

[7문단] "인간은 오로지 교육을 통해서만 인간이 된다. 인간은 교육이 만들어낸 것에 불과하다."

이 문장은 제1문단에서 보셨던 "인간은 교육을 받아야 하는 유일한 피조물이다"라는 문장과 함께 가장 널리 알려진 교육인간학적 선언 중 하나입니다. 고등교육 역사상 최초의 교육학 강의라는 의의에 위대한 철학자 칸트의 권위가 더해져서 이 두 문장은 이후 큰 반향을 이루게 되었습니다. 이것은 또한 교육학의 역사에서 가장 일반적이고 전형적인 교육관공학적 교육관, 유기체적 교육관 중 공학적 교육관을 표상하는 대표적인 문장이라 할 수 있습니다. 이것은 이성의 효능을 중시하는 계몽주의 교육사상과 어우러져 낙관주의 교육관의 흐름을 형성하였으며, 이것이 심화된 경우 교육 만능주의의 부작용을 낳기도 하였습니다.[19]

19 이와 관련하여 1977년 루취키(K. Rutschky)가 제안하였던 "검은 교육학"이라는 개념을 환기할 필요가 있다. 그녀는 당시까지도 지속되었던 교육적 신념,

[18문단] 교육을 통하여 인간은 (1) 훈육되어야 한다. 훈육이란 동물성이 개인에게 있어서나 인간사회에 있어서나 인간성을 해치는 것을 방지하려는 노력을 말한다. 훈육이란 그러므로 단지 야만성의 제어이다. (2) 문화화(Kulturalisierung)되어야 한다. 문화화란 교수와 지도를 포함한다. 문화화는 숙련성을 제공한다. 숙련성이란 모든 임의적인 목적을 실현하기에 충분한 능력을 소유하고 있는 것을 말한다. 숙련성은 그러므로 어떠한 목적도 규정하지 않으며, 따라서 다만 차후적으로 상황에 따라 목적이 정해진다. ··· 목적이 많기 때문에 그에 따른 숙련성의 종류도 거의 무한하다. (3) 교육을 통하여 인간은 영리해지며 사회에 적응하게 되고, 남들의 호감을 살 수 있게 되며, 남들에 대하여 영향력을 갖게 된다는 것을 우리는 중시해야 한다. 여기에는 우리가 문명화/시민화(Zivilisierung)라고 일컫는 일종의 양성이 속한다. 이를 위해서는 기교적인 수법들, 예의범절과 어느 정도의 영리함이 요구되는데, 그러한 것들을 통하여 모든 인간을 자신의 최종목적을 위하여 이용할 수 있게 된다. 시민화는 매 시대의 가변적인 취향에 따르게 된다. 그리하여 사람들은 몇 십 년 전까지도 교제에 있어서 의식을 선호했던 것이다. (4) 우리는 도덕화(Moralisierung)를 중시해야 한다. 인간은 단지 모든 종류의 목적들을 달성하는 데 능숙하기만 해서는 안 되며, 순수하게 선한 목적들을 선택하는 신조를 지녀야 한다. 선한 목적이란 필연적으로 모든 사람에게 승인되며, 동시에 모든 사람의 목적이 될 수 있는 것을 말한다.

제18문단에는 네 가지 용어가 등장합니다. 이것은 칸트가 제안하는

즉 인간은 최고 수준의 자기 개발을 달성하기 위하여 타고난 성향과 행동 양식을 극복하여야 하며, 이를 위해 의도적 형성과 훈련을 필요로 한다는 신념을 비판하고자 이 용어를 사용하였다. 즉, 피교육자에 대한 처벌과 통제, 모욕과 협박과 폭력까지도 용인될 수 있다는 교육적 실천을 검은 교육학으로 규정하고, 이러한 수단을 동원하여 어린이와 청소년을 교육자에 종속시키려는 생각과 실천을 강하게 비판하였다. 제8장에서 소개한 나치의 국가사회주의 교육도 그 범주에 속하거니와, 교육이라는 이름으로 행해지는 다양한 양상의 통제와 조작과 교화와 폭력과 가스라이팅이 이에 속한다. 근래 한국 교육학계에 소개된 슈레버-사례(Schreber-case)도 참조할 만한 검은 교육학의 예이다. Rutschky, K. (1977). Schwarze Pädagogik. Ullstein Materialien; 우정길 (2019). 『포스트휴머니즘과 인간의 교육』(pp. 29-131). 박영스토리 참조.

교육의 네 단계입니다. 한 가지 부연하여야 할 것은 위 네 가지 용어가 현대의 의미와 조금씩 다르다는 점입니다. 앞서도 언급한 바와 같이 칸트의 "훈육"은 오늘날의 쓰임과는 달리 "야만성의 억제"만을 의미합니다. 그리고 "문화화" 역시 익숙해지는 것, 즉 숙련성을 의미하는 것으로 이해되어야 합니다. 세 번째 단계인 "문명화/시민화"도 현대적 용어로는 "사회화"로 대체하여 사용하여도 무방합니다. 그리고 칸트는 "도덕화"를 교육의 최종적 단계로 제안하고 있습니다. 앞서 언급한 바 있는 정언명령, 즉 너의 행동의 준칙이 보편 준칙이 되게 하고, 인간을 수단으로 말고 목적으로 대하라는 말의 의미를 우선적으로 연상하는 것이 도움이 될 것입니다. 『교육학에 대하여』라는 저서의 전반부는 교육의 이 네 가지 단계를 제시하는 것으로 맺습니다.

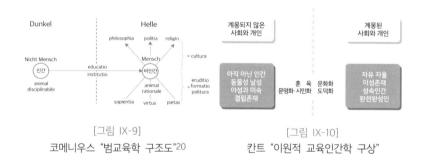

[그림 IX-9]
코메니우스 "범교육학 구조도"20

[그림 IX-10]
칸트 "이원적 교육인간학 구상"

[그림 IX-9]은 제6장에서 제시한 적 있던 코메니우스의 범교육학 구조도입니다. 그런데 코메니우스의 범교육학 구조도에 칸트의 구상을 포개어 보면 흥미로운 유사성을 발견할 수 있습니다. 이원적 인간론과 결핍존재론 그리고 대리인기능론으로 연결되는 칸트의 교육인간

---

20 Schaller, K. (1958). Die Pampaedia des Johann Amos Comenius. Quelle & Meyer.

학 구도에서는 계몽되지 않은 개인과 사회가 왼쪽에, 그리고 계몽된 사회와 개인이 오른쪽에 자리합니다. 칸트는 왼쪽의 교육받기 이전의 인간을 "아직-아닌-인간"Noch-nicht-Mensch/still-non-human으로 명명합니다. 그리고 이들의 속성을 동물성Tierheit/animalness, 날성Rohheit/rawness, 야성 Wildheit/wildness 등의 용어를 동원하여 묘사합니다. 이 표현들이 단지 비유적 의미로 사용되었다고 보기에는 칸트의 이원적 인간론은 대단히 체계적이고 직설적입니다. 그는 교육받기 이전의 인간과 교육받은 인간을 질적으로 분명히 구별하였고, 그 질적 차이를 가능케 하는 교육의 효능을 강조하였습니다. 칸트에 따르면 훈육과 문화화, 문명화·시민화와 도덕화로 구성된 교육은 본능적 결핍의 보완을 위한 유일한 수단이며, 미숙한 존재가 성숙한 존재로 변모되는 가장 확실한 길입니다. 아직-아닌-존재, 즉 결핍존재를 자율과 자유의 인간으로 만드는 일, 이것이 고등교육 역사상 최초의 교육학 강연을 통해 칸트가 역설한 교육의 가능성이자 교육의 필연성입니다. 그리고 흥미롭게도 이 구조는 앞서 소개하였던 강의에서 소개하였던 코메니우스와 플라톤 그리고 나아가 다수의 전통적 교육이론에서 유사한 모습으로 등장합니다. 인간과 세계를 어둠과 밝음의 상태로 나누고, 이전과 이후로 나누어진 인간과 사회 사이에 질적인 차이를 창출하는 일 - 교육은 전통적으로 이러한 이원적 이론 모형에 기반하여 설계되고 실행되어 왔습니다.

자유를 위한
부자유의 교육

자유를 위한
부자유의 교육

제9장에서는 칸트의 생애와 철학의 소개 그리고 『교육학에 대하여』 1803를 중심으로 그의 교육학 구상을 살펴보았습니다. 그 내용을 기반으로 제10장에서는 다음 세 가지 관점에서 칸트의 교육학 속으로 한 걸음 더 들어가 보도록 하겠습니다. 이 세 가지 관점은 이원적 인간론과 결핍존재론, 대리인 기능, 그리고 '부자유강제를 통한 자유'의 역설입니다.

이원적 인간학과 결핍존재론

주지하는 바와 같이 『교육학에 대하여』는 "인간은 교육되어야 하는 유일한 피조물이다"라는 대단히 간명하고 선언적인 인간학적 규정으로부터 출발합니다. 이 규정에 대해 칸트가 제공하고 있는 해설을 재구성해 보자면 아래와 같습니다. 따옴표 속의 문장은 칸트의 것이고, 꺾쇠 속 단어를 포함한 나머지 글은 제가 추가한 것입니다.

"이 동물[사람]이 자기 속에서 아직 인성으로 발달시키지 않은 야성"은 오로지 교육을 통해서만 참된 인성이 될 수 있다. "사람은 교육이 그로부터 만들어내는 것에 다름 아닌데", 이는 "사람은 단지 길들여질 수도 기계적으로 다뤄질 수 있기도 하고, 또는 진정으로 계몽될 수도 있기 때문이다. 우리가 동물을 길들이듯 사람 역시 길들일 수 있다". 교육은 "훈육시키고, 문화화하고, 문명화하고, 도덕화하는" 하나의 "예술"이며, 이러한 교육을 통해 사람은 아직 완성되지 않은 상태로부터 벗어나 완전한 존재로 만들어진다.1

제9장에서도 지적한 바 있지만, 칸트는 자신의 교육인간학 구상에서 두 종류의 인간을 상정하고 있습니다. 즉, "아직-아닌-인간"과 "완성된 인간"이 바로 그것입니다. 부연하자면, 칸트의 구상 속 인간 존재는 태어나기는 인간으로 태어나지만, 이것으로는 충분한 인간이라 할 수 없는 "아직-아닌-인간", 즉 동물성이 지배하는 인간이다가 교육을 통해서야 비로소 아직-아님의 상태로부터 벗어나서 완전한 존재로 만들어집니다. 그리고 이 아직-아님의 상태는, 칸트에 따르면, 동물성 또는 야성의 상태를 의미하는데, 이것을 달리 표현하자면 "인간 사회에 적응하기 힘든 어리석음의 상태 그리고 도덕적 무정부 상태"입니다. 그러므로 교육은 이러한 개인적, 사회적, 도덕적 아직 아님의 상태로부터 사람을 벗어나게 하는 도구이며, 자율이라는 미래시제 교육의 이상을 현재화하는 기능을 수행한다는 것이 칸트의 구상입니다. 달리 말하자면, 아직-인간이-아닌 한 인간이 미래 시제에 어떻게 되어있어야 할 것으로 설정한 그 완성된 상태를 가정하고, 그 이상태를

<hr />

1 Kant, I. (1998b). "Über Pädagogik." In: Immanuel Kant. Band VI(pp. 695-778). Hrsg. von Wilhelm Weischedel. WBG. 우정길(2007). 부자유를 통한 자유와 교육행위의 지향성. 탈주체성 또는 상호주관성의 교육이론을 위한 일 고찰. 『교육철학』 38, 139-164.

향해 아직-아님의 상태로부터 벗어나도록 하는 예술이 곧 교육이라는 의미입니다. 그러므로 칸트에게 있어서 교육받기 이전의 인간, 교육의 대상, 즉 아동은 "미성숙한 또는 온전하지 않은 존재", 즉 결핍존재입니다. 즉, 칸트의 아동은 행위할 수 없는 혹은 제대로 행위할 가능성이 아직은 작은 존재, 결정력이 결여된 개인, 자유로울 혹은 자율적일 능력이 아직은 없으므로 자신의 행위와 의사결정 그리고 나아가 자신의 인생에 대해 아직은 책임질 준비가 되어있지 않은 사람"이라고 정의할 수 있습니다.[2]

현대사회는 '미성년'이라는 개념을 공유하고 있습니다. 한국은 현재 법률상 만19세에 이르지 않은 사람을 미성년으로 여깁니다. 미성년자는 판단능력이 불완전하지만 행위무능력자인 피성년후견인_{과거의 금치산자}, 피한정후견인_{과거의 한정치산자}과 구별되며 법률상 제한능력자로 인정되어 행위능력을 제한받습니다.[3] 미성년자를 무능력자로 규정하여 법정대리인을 두는 것은 각국의 입법이 일치하지만, 성년의 시기가 반드시 동일하지는 않습니다. 스위스 민법의 경우 만18세 이상된 미성년자에 대하여 법원이 성년으로 선고하는 성년선고제도를 두고 있고, 프랑스 민법은 15세 이상의 미성년자에게 일정한 범위에서 성년자와 같은 능력을 인정하는 자치산제도_{自治産制度}를 두었으며, 스위스·프랑스·일본

---

2 Masschelein, J. (1991). Kommunikatives Handeln und Pädagogisches Handeln: die Bedeutung der Habermasschen kommunikationstheoretischen Wende für die Pädagogik (pp. 126f, 146, 160). Übers. von Peter Welchering, Michael Astroh. Leuven University Press.

3 이와는 별개로 『형법』은 형사미성년라는 개념을 두어 14세 미만의 행위자의 행위는 처벌하지 않고 있다. 대한민국 법무부는 "소년범죄 종합대책"의 일환으로 촉법소년연령기준현실화(14세→13세) 입법을 예고한 바 있다(2022.10.26.: www.korea.kr).

및 대한민국의 민법 등은 미성년자가 혼인을 하면 성년자로 보는 혼인성년제를 두고 있습니다. 이와 같이 획일적인 기준에 따라 능력의 유무를 결정하여 법을 운영하는 것은 이른바 미성년자들의 거래의 안전을 보호하고자 하는 것이 그 취지입니다.

교육에서도 마찬가지입니다. 보호와 동행과 조력과 계발의 정신을 담은 교육이 특정 연령의 사람들을 미성년자로 대하는 것은 기본적으로 이들의 생물학적 상태를 잠정적인 것으로 이해하고 변화될 미래를 고려하는 가운데 교육의 대상을 최대한 존중한다는 사회적 취지가 반영되어 있는 것입니다. 그러므로 법적 보호라는 취지를 담은 미성년자라는 개념이 이들을 실존적, 행위론적, 사회적, 도덕적 결핍존재로 규정할 만한 충분한 근거가 되지는 못합니다. 우리는 우리가 교육의 현장에서 마주하게 되는 그 어떤 누구를 향해서라도 "인간사회에 적응하기 힘든 어리석음의 상태 그리고 도덕적 무정부 상태"라거나 혹은 "아직-아닌-인간"이라는 표현을 진지한 생각을 담아 하지는 않습니다. 어떤 누구도 타인을 향하여, 그들의 연령의 적고 많음과 무관하게, 그들의 아직-인간이-아님을 규정하지 않으며, 교육학 역시 그러합니다. 그리고 특히 영유아와 어린이들을 향해 "도덕적 무정부 상태"라고 규정할 수 있는 근거는 어디에도 없다는 사실도 우리는 잘 알고 있습니다. 특히 도덕성에 관한 한 어쩌면 성인이 어린이보다 더 많은 문제를 안고 있다는 사실을 우리는 경험적으로 알고 있습니다. 이 경우 오히려 미성숙과 성숙의 진행 방향이 칸트의 생각과는 반대로 되는 것이 아닌가라는 의구심을 종종 갖기도 합니다.

여러 가지 의문이 남습니다만, 여하튼 교육학의 전통에서는 어린이 또는 피교육자를 칸트와 같은 방식으로 규정해온 것이 사실입니다.

'어리다'는 말 자체가 어원상 미숙하다라는 뜻을 내포하고 있기도 합니다. 심지어 어린이라는 존재를 교육학적으로 발견한 역사가 그리 오래되지 않은 것도 사실입니다.[4] 그들은 늘 존재하였으나 우리 사회가 그들을 사회적 익명의 상태로 방치하였던 역사가 길었었기에, 우리가 칸트의 생각이 전제하고 있는 이원적 인간학 논리에 익숙한 것일지도 모르겠습니다. 심지어 성인교육이 만연한 현대사회에서조차도 교육의 대상을 일차적으로 "어리고 미숙한 애들"로 인식하는 경향이 있을 정도입니다. 이제 이러한 생각의 구조와 근거에 대해 재고해 보고자 합니다.

4 프랑스의 사례를 보고한 아리에스(P. Aries)의 연구에 따르면, 아동이 익명성으로부터 깨어난 것은 학교가 견습을 대체하였던 17세기부터였다. 즉, 학교가 학생을 이른바 가정과 가족으로부터 격리하여 감금하면서부터 모종의 아동성이라는 개념이 발견되었으며, 이와 동시에 가정은 아동의 존재에 대해 눈을 뜨면서 애정 표현의 공간이 되었다는 것이다. 이 시기에 아동이 중심에 자리하고 있는 가족 초상화(루벤스, 반 다이크, 할스, 르 브룅)가 다수 등장한 것도 아동의 발견이라는 역사적 경향과 관련이 있다고 그는 이해하고 있다. (Aries, P. (1960). L'Enfant et la vie familiale sous l'Ancien Régime. 문지영 옮김 (2003). 『아동의 탄생』. 새물결). 물론 교육학적 관점에서 아동의 발견을 본격적으로 이룬 것은 루소(J.J.Rousseau)의 『에밀』을 통해서였고, 그의 자연주의적 계몽주의의 전통은 19세기 신인문주의의 일부(페스탈로치, 프뢰벨 등)를 거쳐 20세기 신교육운동(몬테소리, 케이, 듀이 등)으로 이어졌다. 한국의 경우 아동의 발견이 본격화한 것은 일제강점기 천도교 청년회의 김기전, 방정환 등이 주축이 되고 사회주의 진영과 함께 진행하였던 어린이 운동이라고 볼 수 있다. 주지하는 바와 같이 이들이 진행하였던 어린이 운동은 1922년 '어린이 날' 제정으로 이어졌다(최서윤(2020). 『참된 어린이 – 생태 문명을 여는 어린이날의 역사와 참뜻』. 공명).

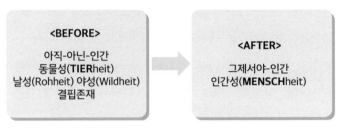

[그림 X-1] 칸트의 이원적 인간학[5]

　제9장에서 고찰한 바와 같이, 『교육학에 대하여』에서 칸트는 동물
과의 비교를 통해 인간을 규정합니다. 인간에게 사용되었던 동물성
Tierheit이라는 용어는 말 그대로 동물스러움을 의미합니다. 야성Wildheit
과 날성Rohheit도 마찬가지입니다. 즉, 동물과 비교해 보니, 인간이 본능
적으로 아직 덜 된 상태 즉 미숙의 상태로 태어나고, 그래서 인간은
동물과 비교해 보면 결핍존재라 할 수 있으며, 이러한 결핍을 보완하
기 위하여 교육이 필연적이며, 이를 통해야만 인간성Menschheit/humanness
에 도달할 수 있다는 것입니다. 교육을 통해서 인간은 "아직-아닌-인
간"에서 "그제서야-(비로소)-인간"Aber-dann-Mensch이 될 수 있다는 논
리입니다. 칸트는 교육 이전의 인간과 교육 이후의 인간을 질적으로
분명히 구분하였습니다. 그리고 그 구분의 근거는 바로 동물과의 비교
였습니다.

　그러나 칸트의 이원적 인간론을 진지하게 수용할수록, 그의 "인간은
교육을 통해서만 인간이 될 수 있다"는 명제는 모순에 처하게 됩니다.
왜냐하면 다음 두 가지 가능성 밖에 남지 않기 때문입니다. 즉, 인간
은 처음부터 인간이기에 교육이 필요없거나 혹은 교육을 통한다 하더

---

5 Ricken, N. (1999a). Subjektivität und Kontingenz (pp. 94-99). Königshausen
　& Neumann.

라도 동물이 인간이 될 수는 없기 때문입니다.[6]

20세기 생물학적 인간학

동물과의 비교라는 관점으로 인간과 교육에 대해 사유하였던 학자들은 20세기에도 있었습니다.[7] 대표적으로 스위스 생물학자 포트만A. Portmann을 들 수 있습니다. 그는 인간을 조기출산physiologische Frühgeburt이라는 개념을 통해 설명합니다. 즉, 인간은 동물에 비하여 너무 일찍 태어나서 앞 세대에 장기간 의존해야 하고, 이른바 "자궁 밖 1년"이라는 표현으로 상징되는 여러 가지 유형의 조력이 필요하다는 것입니다. 동물은 자연적 본능의 조정을 받는 데 반해, 인간은 사회집단이라는 객관적 정신과 규범, 즉 "제2의 본성"이라는 문화의 조정을 받을 필요가 있다는 논리입니다.

이와 유사한 주장은 독일의 사회학자이자 생물학적 인간학자인 그리고 독일사회주의노동자당일명, 나치 당원이기도 하였던 겔렌A. Gehlen에 의해 제기되기도 하였습니다. 그는 인간에 대하여 결핍존재Mängelwesen라는 개념을 직접 사용한 인물이기도 하였고, 앞서 언급된 결핍존재론이라는 용어의 직접적 제공자이기도 합니다. 그에 따르면, 인간은 기관이 비전문화된 상태로 태어나서 환경에 적응하기 어렵기 때문에 그것을 보상하는 도구를 발견하게 되었고, 고정되어 있지 않은 교미기로 인해서 항상 단란한 가정을 이룰 수 있습니다. 아울러 인간은 약한 유전적 본능으로 인하여 후천적 획득성이 강하고, 본능이 약하기 때문에 역설적으로 금식을 할 수도 있으며 혹은 타인을 위한 희생적 초월도

---

6 Ricken, N. (1999a). Subjektivität und Kontingenz (p. 98) Königshausen & Neumann.

7 김정환(1988). 『현대의 비판적 교육이론』(pp. 12-15). 박영사.

가능하다고 그는 말합니다. 겔렌이 최종적으로 주장하고자 하는 것은 인간이 이른바 결핍존재로 태어났기 때문에 이성과 문화의 필요성이 더 높아졌고, 그래서 인간이 동물보다 더 위대한 존재로 형성될 수 있다는 것입니다.

유사한 맥락에서 에스토니아 생물학자 윅스퀼J. v. Uexkull은 세계개방성론을 이야기합니다. 자극에 대한 반응이 동물의 경우는 특정한 감각과 특정한 본능에 충실하기 때문에 일견 발달되어 있는 것처럼 보이지만, 인간의 경우는 오히려 감각과 본능이 비특정적이기 때문에 유연하며, 따라서 더 개방적일 수 있다는 것입니다. 동물은 자신의 전문화된 감각이 미치는 좁은 세계에서만 안주하는데 반해 인간의 세계는 고정되어 있지 않아서 더 개방적이고, 동물은 사물을 자신의 주관성에 연결시켜서 파악하지만 인간은 사물을 있는 그대로 객관적으로 중립적으로 넓게 통합적으로 파악하며, 그래서 동물의 환경은 폐쇄적이고 인간의 환경은 아주 개방적이라는 것입니다. 즉, 인간은 동물에 비하여 자신의 주변에 대해 더욱 개방적이고, 그러므로 비교우위에 있다는 점을 강조하는 것입니다.

위 주장들을 종합하자면, 그리고 이들의 주장에 기댄 현대 교육학의 논리는 다음과 같습니다. 즉, 동물과 비교하여 드러나는 인간의 본능적·선천적 결핍성과 미숙성은 오히려 인간이 더욱 고등한 존재로 만들어지고 길러질 수 있는 토대가 되기에, 인간은 교육이 가능할뿐만 아니라 교육을 꼭 필요로 하는 존재라는 것입니다. 오해를 피하기 위하며 말씀드리자면, 저는 지금 위와 같은 주장이 틀렸다는 말씀을 드리고 있는 것은 아닙니다. 다만 근대 교육학은 위와 같은 결핍존재론에 근거해서 인간 교육의 필요성과 가능성을 이론적으로 피력해 왔다는 사실을 상기할 필요가 있다는 것입니다.

발라우프 — "생물학적 인간학의 교육학적 부적절함"(1962)

그런데 위와 같은 논리에 정면으로 반박하는 학자도 있었습니다. 독일의 교육철학자 발라우프T. Ballauff는 "생물학적 인간학의 교육학적 부적절함"1962이라는 논문에서 이렇게 단언합니다. "인간 존재의 고유함은 동물을 통해 파악되는 것이 아니다. … 인간 존재의 고유함을 위한 조건은 오로지 인간 안에 주어져 있다." 발라우프에 따르면, 우주를 비생물세계와 생물세계 그리고 인간세계로 구분하고, 그중에서 이른바 정신 존재라고 자칭된 인간이 특별한 지위를 점하고 있다고 많은 사람들이 생각하고 있지만, 인간에게 이와 같은 특별한 지위를 부여하는 주장들은 그 근거가 사실상 불충분합니다. 그의 주장의 핵심은 서로 상이한 존재들을 비교하는 것 자체가 불가능하고 무의미하다는 것입니다. 그래서 그는 아래와 같이 강한 어조로 말합니다.

> "그럼에도 불구하고 우리가 생물학적 인간학에 의존하여 '인간학'을 말하고자 한다면, 이 인간학은 자연과학이 '발견'해 낸 인간학이 아니라, 자연과학의 이름으로 인간학이 발견하고 '싶어 했던', 즉 다분히 의도적으로 왜곡된 또는 발명된 인간학이다. 우리는 생물학적 연구를 통해 인간학을 한다고 하지만, 그러면서 사실 우리는 특정한 하나의 인간학을 이미 전제하고 있다. 우리는 동물을 통해 인간을 이해할 수 있다고 생각하지만, 사실상 우리는 인간에게서 동물을 뒤져내고 있는데, 즉 우리는 인간의 자기이해로부터 [인간자신을] 이해하려고 하는 것이다. … 생물학의 연구가 인간에게 가까워진다고 생각되면, 우리는 우리가 이미 상정해 둔 '인간상'을 학문적으로 뒷받침하는 데 이것을 이용한다. 이런 식으로 '생물학적 인간학'은 인간의 존엄 그리고 자명한 것으로 여겨지는 자연과학의 위엄과 관련을 맺는 것으로 비쳐지게

된다. 인간학이 동물에 대해 이야기하는 한 인간학이라 할 수 없으며, 생물학적 인간학이 인간에 대해 이야기하는 한 생물학적 인간학이라 할 수 없다."[8]

발라우프의 비판은 다음과 같이 요약될 수 있습니다. 즉, 생물학적 인간학이 있는 그대로의 인간 그리고 있는 그대로의 생물의 상태를 관찰하여 기술하는 데서 멈추는 것이 적절할 것입니다. 그러나 생물학적 인간학이 그 시작에서부터 모종의 인간중심적 · 인간우위적 의도를 가진다면, 그 과정은 애초부터 비교불가능한 혹은 비교무의미한 것들을 서로 비교하는 것이 될 것이며, 그 결과 역시 왜곡되어 나타나게 될 것입니다. 그리고 이것은 과학적이지 않은 것입니다.

논의가 다소 번지고 있습니다만, 다음 두 가지로 정리하겠습니다. 첫째, 우리는 지금 교육에 대해서 이야기하고 있습니다. 교육의 핵심적 요소는 무엇인가요? 맥락에 따라 그것은 교육적 행위일 수도 있고, 또는 교사나 교과서일 수도 있을 것입니다. 그러나 이 모든 교육의 요소들에 선행하는 것으로서 우리는 교육의 시작점이자 목적인 인간을 말하고자 합니다. 인간은 어떤 존재이길래 교육을 필요로 하며, 이 교육적 인간은 어떻게 규정가능한가가 이번 장에서 다루어지는 핵심 주제입니다. 그런데 이 인간을 이해하기 위해 교육학은 근대교육학이 시작된 것으로 지목되는 18세기에도 그리고 오늘날까지도 동물과의 비교를 통해 인간을 이해하고 규정하고, 이에 근거하여 교육의 이론을 구상하였다는 것입니다. 그리고 이 오래된 관행에 대하여 발라우프는 강력한 이의를 제기하고 있습니다.

---

8 Ballauff, T. (1962). Die pädagogische Unzulänglichkeit biologischer Anthropologie. Neue Deutsche Schule Verlagsgesellschaft.

앞서도 언급한 바와 같이, 우리는 반려동물과 인간을 종종 비교합니다. 그런데 반려동물과의 비교를 통해 인간이 우월하다는 결론에 도달할 때, 우리는 내심 뿌듯함을 느끼나요? 또는 반려동물이 인간과 생물학적으로 다르다는 사실을 확인하였을 때, 그 사실이 우리의 실존에 긍정적이든 혹은 부정적이든 의미를 부여하나요? 즉, 그 반려동물과 내가 다르다는 사실의 확인이 인간만의 고유함을 더욱 잘 이해하게 되는 어떤 통찰로 이어지게 되는지요? 혹은, 우리 인간은 이성적 존재이므로 동물보다 더욱 고등하고 위대한 존재라는 칭찬에서 우리는 모종의 자부심을 느끼나요? 만약 인간의 언어를 알아들을 수 있는 반려동물이 있어서 위와 같은 인간중심적·인간우위적 인간학을 듣게 된다면, 그들은 이것에 대해 어떻게 생각할까요? 종과 종을 비교하고 그것에 모종의 위계적 의미를 부여하는 것이 의미가 있을까요?

이것이 바로 발라우프가 제기하는 문제의 속뜻입니다. 인간학이 동물과의 비교를 통해서 인간의 본질을 연역하여 내는 경우, 그것은 엄밀한 의미에서 인간학이라 할 수 없습니다. 아울러 생물학적 인간학이 특정 관점에서 인간에 대해서 이야기한다고 하여도, 이것은 엄밀한 의미에서 인간학이라고 볼 수는 없을 것입니다. 인간은 인간이고, 인간이 아닌 여타 동물은 그 나름의 특정한 종류의 동물일 뿐, 인간과 비교되거나 위계적 의미를 부여받아야 하는 존재는 아닙니다. 인간은 동물을 통해서 인간의 정체성을 확인받고 싶어 하였으며, 이러한 이론적 경향은 오늘날까지도 이어지고 있지만, 그것은 자신을 어떻게든 이해하고 싶어하는 인간 욕망의 투사일 뿐 인간 그 자체에 대한 투명한 성찰을 담보하는 것은 아니라는 것이 발라우프의 주장입니다.

하이데거 — 인간 이해를 위한 충분히 인간적이지 않은 시도들에 대한 비판

발라우프와 유사한 문제를 제기하였던 학자가 또 있습니다. 독일의 철학자 하이데거M. Heidegger입니다. 그의 글에서 두 문단을 인용하겠습니다.9

"도대체 인간이 본질적으로 그리고 시원적으로 또한 그야말로 결정적으로 동물성의 차원 안에 놓여 있다고 생각하는가? … 이런 식으로 해서는, 비록 사람들이 인간을 동물과 동일시하지 않고 오히려 인간에게 하나의 종적인 차이를 인정한다 하더라도, 궁극적으로 인간은 동물성의 본질영역 속으로 내버려진다는 사실이다. … [이런 식으로는] 사람들은 원칙적으로 항상 동물적 인간(homo animalis)만을 사유한다. 그러한 정립이 형이상학적인 것이다. … 그래서 역사적 인류에게 인간의 본질적 유래는 항상 본질적으로 다가설 미래로 남아 있다. (현재의 손에 딱 붙잡히지 않는 어떤 상으로만 남아 있다는 것이다.) 형이상학은 인간을 동물성에 입각해 사유할 뿐, 인간의 인간다움을 향해서는 사유하지 않는다."

"인간의 본질이 동물적 유기체라는 점에 있지 않듯, 인간이 불멸적 영혼 또는 이성적 능력 또는 인격의 성격을 구비하고 있다고 해서, 인간에 관한 이 불충분한 본질규정이 제거되거나 상쇄되지는 않는다. 그 어느 때나 인간의 본질은 간과된다. 좀 더 정확히 말하자면, 인간의 본질은 동일한 형이상학적 기투를 근거로 간과된다."

인간을 인간으로부터 파악하지 않고 인간을 동물로부터 파악한다는 것은 인간이 만들어 낸 모종의 관념에 불과하다라는 것이 하이데거의

9 Heidegger, M. (1967). Wegmarken. Vittorio Klostermann; 이선일 옮김 (2005). 『이정표2』(pp. 134-136). 한길사.

비판의 핵심입니다. 즉, 인간은 인간의 고유함을 인간 자신으로부터 파악하려고 시도하여야 한다는 것입니다. 물론 그것이 여의치 않았기에, 전통적으로 사람들은 인간의 상을 신의 이미지로부터 연역하여 내거나 혹은 동물과 비교하여 도출해 온 것입니다.

물론 이러한 양상은 오늘날까지도 이어지고 있습니다. 전통적 담론 속에서 인간과의 비교를 위해 신과 동물이 위치하였던 그 자리를 오늘날은 기계가 대신하고 있습니다. 즉, 인공지능^AI^은 오늘날 인간의 가장 강력한 비교 대상이 되었습니다. 심지어 이제는 인공지능이라는 용어가 너무도 자연스러운 시대가 되어 버렸기에, 인간의 지능을 굳이 '자연' 지능이라고 불러야만 이해가 되는 상황이 되어 버렸습니다. 시나브로 우리가 인공지능이라는 현상에 더 익숙해졌기 때문에, 이제는 인공이 자연스럽게 느껴지고, 반대로 자연이 인위적으로 보이는 역설이 발생한 것입니다. 인간은 이제 자연이라는 가장자리로 내몰리게 되었습니다.

이렇듯 인간은 자기자신을 파악하기 위해서 다양한 거울들을 동원해 왔습니다. 신이라는 거울, 동물이라는 거울, 그리고 기계라는 거울이 그 대표적 사례입니다. 그런데 이 모든 거울들을 동원하여 인간의 모습을 파악하려는 모든 시도들을 하이데거는 "형이상학적"이라고 통칭하였습니다. 그리고 이 모든 형이상학적 시도들은 충분히 인간적이지 않다는 것이 그의 비판의 핵심입니다.

'비교적 인간'과 '교육적 인간'

칸트가 했던 것과 같이, 동물과 비교하여 인간을 이해하고자 한다면, 교사들은 이런 의문 앞에서 서게 됩니다. 교사인 내가 지금 마주하고 있는 학생들은 어떤 존재인가? 나는 이들을 어떤 존재로 이해하여야 하나? 이들은 동물인가, 혹은 동물보다 조금 낮거나 혹은 동물보다 훨씬 더 나아질 가능성을 지닌 존재들인가? 아니면 이들은 아직-아닌-인간인가 혹은 이미 충분히 인간인 인간인가? 제1장에서 우리는 "내가 벌써 '어른'이라서 '아직은 어린이'인 저들을 이해하지 못하는 것인가?"라고 자문하였던 교사1을 보았습니다.

[그림 X-2] "Before & After" - 교육의 가능성과 필연성을 피력하기 위한 이론의 구도

시각적 차원에서 Before와 After의 간격이 좁을 때와 넓을 때의 차이가 의미하는 바는 분명합니다. 즉, 그 간격이 넓을 때는 화살표의 효용성이 더욱 강조되는 효과가 있습니다. 그래서 누군가 Before와 After의 차이를 보다 도드라져 보이게 하고 싶다면, 이 둘 사이의 거리를 더욱 멀게 설정하고, 화살표의 강도를 더욱 강조할 것입니다. 교육이론에 있어서 Before와 After 사이의 거리가 멀다는 것은 이들 사이의 질적인 차이가 그만큼 크다는 것을 의미합니다. 바로 이 지점이 교육학 이론가들이 빠지기 쉬운 유혹의 장소입니다. 어떤 교육이론의 구상에 있어서 Before와 After의 질적인 차이를 크게 설정할수록 교육의 가능성과 교육의 필연성이라는 명분이 커보일 확률이 높아지고, 이로써 그 특정 교육이론의 효능 역시 강력해 보일 수 있습니다. 그래서

교육이론가들은 일반적으로 Before와 After의 차이가 선명하게 강조되는 모형을 선호합니다.

앞서 다루었던 코메니우스와 플라톤은 이러한 극적 대조의 대가들이었습니다. 이들은 그림교과서 속 아이콘들의 대조를 통해, 그리고 태양의 비유를 통해 어둠과 밝음의 확연한 대조를 시각화하였고, 그 사이에서 교육과 교사가 어떤 효능성을 갖는지를 대단히 설득력있게 설파하였기 때문입니다. 칸트의 경우도 마찬가지입니다. 동물과의 비교를 통해 도출해 낸 결핍존재는 오로지 교육을 통해서만 만들어질 수 있다는 그 이성과 자율과 자유의 존재와는 적어도 이론적으로는 완벽한 대조를 이룹니다.

그리고 이러한 이론의 달콤한 유혹을 현대의 교사들도 동일하게 경험합니다. 교사들 역시 자신의 교육적 행위를 통해 교육적으로 극적인 변화가 발생하기를 희망합니다. 부모를 포함한 교육자들 모두는 훈련사들에 의해 반려동물의 행동과 태도가 확연히 달라지는 방송프로그램에서나 볼 수 있을 법한 극적 전환의 사례가 자신의 교수행위를 통해서도 발생하기를 염원합니다. 그리고 이 염원은 이내 전지전능 교사관이 21세기에도 여전히 싹을 틔우고 원활히 작동하도록 하는 자양분이 됩니다. 물론 이것은 교사의 착각도 오만도 아닙니다. 다만 전통적 교육학 이론이 꾸준히 제공하여 온 착시현상이 동반하는 부작용, 즉 이상과 현실의 괴리에 대한 간과의 결과일 뿐입니다.

그러나 일상 속 교육의 현실은 우리의 바람대로만 진행되지는 않으며, 방송에서처럼 사전사후적으로 편집될 수 있는 성격의 것도 아닙니다. 그래서 오늘날의 교육자들은 전통적 교육 이론이 인류의 교육적 희망에 기초하여 설계한 이원적 교육인간론의 착시현상에 대해 냉정한 분별을 감행할 필요가 있습니다. 흡사 Before와 After를 과대 광고하는 성형외과 홍보지를 꼼꼼하게 감별할 때처럼, 교육자들도 교육 이전과 교육 이후의 극적인 변화를 장담하는 교육 이론에 대하여 차분하고 신중하게 따져볼 필요가 있습니다. 이를 위하여 교육자들은 교육학적 교양과 안목을 갖추도록 노력하여야 합니다. 그렇지 않을 경우, 나만 무소용한 교사이거나 나의 교육적 행위만 무효능하다는 자조감에 쉽게 휩싸일 수 있기 때문입니다. 어쩌면 현대의 모든 교육자들은 전지전능 교사관이 종언을 고하는 그 순간, 유구한 전통을 배경으로 하는 그 거대한 교직 이론의 커다란 싱크홀을 메워나가기 위하여 다각적인 노력을 경주하여야 할 수도 있습니다.

대리인 기능 — 자율과 타율 사이의 교육

결핍존재론과 대리인 기능은 항상 짝을 이루어 등장합니다. 대리인 기능에 관한 일반적 사항은 앞서 소개한 바 있기에, 여기서는 이와 관련된 이론적 문제를 중점적으로 말씀드리겠습니다. 우선 헬레만스의 다음 문장으로 대리인기능을 환기하고자 합니다.

> "그(교육자)는 아동이 아직 행위할 수 없으므로 행위 해 준다. 그는 아동이 아직 결정할 수 없으므로 결정해준다. 교육자는 아동이 아직 자유롭지 않으므로 아동의 자유라는 이름 아래 출연한다. 그는 이 젊은이가 자신의 인생을 책임질 능력이 아직 없으므로 이 젊은 인생에 대한 책임을 져 준다. 그는 아동이 부자유한 동안 대리인으로서 책임을 진다."10

10 Hellemans, M. (1984). Pädagogische Verantwortung. Danner, H. & Lippitz, W. (Hrsg.). Beschreiben-Verstehen-Handeln. Phänomenologische Forschung in der Pädagogik (p. 109). Gerhard Röttger Verlag.

그런데 대리인 기능은 이론적 차원에서는 해소되기 어려운 문제를 내포하고 있습니다. 이른바 "타율의 비윤리성에 따른 교육의 딜레마"가 그것입니다. 참고로 타율이라는 용어가 낯설 수도 있겠습니다만, 자율에 대비되는 개념으로 이해하시면 되겠습니다. 이 문제의 성격을 벨기에 교육철학자 마스켈라인은 다음과 같이 적고 있습니다.

> "이 '대리기능'이라는 것이 타율이라는 측면에서 문제가 된다. 이성적인 자아실현을 위한 가능성은 개인적 법칙실현을 위한 가능성이 된다. 이 '이성'은 더 이상 하나의 인간적 사회를 보장해 주는 것이 아니라, 단지 자기만족적일 뿐인 주체를 보존하는 데 그치고 만다. 이 순간 교육은 폭력(Gewalt/Violence)일 수밖에 없으며, 주관적 자율과 교육적 타율 사이에서 교육의 오래된 모순은 더 이상 정당화될 수 없다."[11]

위 인용문의 내용과 관련하여 부연설명이 필요할 것 같습니다.

교사: 이리로 오렴. 현명해지기 위해서는 공부를 해야 한단다.
학생: 현명해진다는 것은 어떤 건가요?
교사: 필요한 모든 것을 올바르게 이해하고, 올바르게 행동하고, 올바르게 말하는 것이란다.
학생: 그런 것을 누가 가르쳐 주나요?
교사: 신의 도움을 받아 내가 가르쳐 준다.
학생: 글쎄요...
교사: 내가 모든 사물을 통해 이끌어주마. 내가 모든 것을 제시하고 그 이름을 가르쳐 주겠다. 나도 어릴 때 그렇게 배웠단다. 나는 사회와 국가로부터 그렇게 위임받았고.
학생: 음... 제 생각은 좀 다릅니다만...
교사: 학생이 아직 뭘 잘 몰라서 그러는 것 같은데 말이지. 이게 옳은 거야.
학생: 제 생각이 틀렸다고 확신하시는 근거는 뭔가요?

[그림 X-3] 코메니우스 『세계도회』 "도입" 대화의 변용

---

11 Masschelein, J. (1991). Kommunikatives Handeln und Pädagogisches Handeln: die Bedeutung der Habermasschen kommunikationstheoretischen Wende für die Pädagogik (p. 5). Übers von Peter Welchering, Michael Astroh. Leuven University Press.

[그림 X-3]은 제5장에서 소개하였던 코메니우스의 『세계도회』 "도입"에 등장하는 그림과 대화를 변용한 것입니다. 원본 그림에 있던 태양의 아이콘^{우측 상단}은 지워진 상태입니다. 그런데 교사와 학생 사이의 대화가 코메니우스의 원래 의도^{대화의 윗부분}와는 다르게 진행된다면, 어떤 일이 발생하게 될까요? 어쩌면 원문의 그림에서처럼 하나의 태양이 떠 있다면, 그것도 지식과 지혜의 절대적 원천으로서 유일한 태양이 떠 있다면, 교사와 학생 모두 이 보편적 태양의 의미를 잘 이해하고 그 계시에 따라 교육적 삶을 영위해 나가면 모두에게 평화로운 교육적 대화와 교육적 일상이 이루어질 것입니다. 규범도 기준도 유일무이한 원천에 따르면 되기 때문에, 가르침과 배움도 여하한 혼란 없이 진행될 수 있을 것입니다. 그리고 시대가 바뀌어서 지식과 지혜의 유일무이한 원천이었던 태양이 보편 이성으로 대체되어도 큰 문제가 발생하지는 않을 것입니다. 이성이라는 공통의 채널을 통해 나의 의지의 준칙이 보편 준칙과 어김없이 포개어진다면, 교사와 학생, 또는 교육자와 피교육자는 별도의 조율 없이도 동일한 방향을 바라볼 수 있을 것이기 때문입니다.

그런데 만약 시대가 변하여서 과거의 유일무이한 태양이 빛을 잃게 된다면, 혹은 교육적 상황에 참여하고 있는 각 사람의 생각과 마음속에 각자의 태양이 떠 있게 된다면, 어떤 상황이 벌어지게 될까요? 교사는 교사의 이성을 따르고, 학생은 교사의 이성과는 다른 자기 나름의 이성의 목소리를 좇는 상황이 발생한다면, 교육은 어떤 형국에 직면하게 될까요? 이 경우 [그림 X-3]의 대화문 하단부에서와 같이, 학생은 교육적 인도자의 가르침을 전적으로 추종하지는 않을 것입니다. 그리고 이 상황 속에서 당황스럽기는 교육자와 피교육자가 마찬가지

일 것입니다. 이것은 "나도 어릴 때 그렇게 배웠단다. 이제 나는 신으로부터, 사회와 국가로부터 위임받은 대로, 너를 이끌어주마"라고 말하는 교사의 교육적으로 선한 의도가 벽에 부딪히게 되는 순간입니다.

신 담론과 이성 담론이 20세기 말 포스트모더니즘의 물결과 함께 그 영향력을 상당 부분 상실하였고 우리 사회가 다양성과 다원성을 존중하는 방향으로 나아가고 있는 오늘날, 이 벽은 더욱 높아져 가고 있습니다. 이 벽을 사이에 두고 마주 선 교사와 학생 사이의 긴장을 뚫고 교사가 다음과 같이 말한다면, 즉 "학생이 아직 어려서 뭘 잘 몰라서 그러는 것 같은데 말이지. 내가 지금 가리키는 이 방향이 옳은 거란다. 학생은 아직 지적으로, 사회적으로, 도덕적으로 미숙해서 그러는 거야. 그러니 아무 생각 말고, 나를 따라오면 돼", 이것은 교육일까요 혹은 교육의 이름으로 이루어지는 강요일까요? 앞서 인용된 문단의 화자는 이것을 "폭력·강요"Gewalt로 규정합니다. 그리고 그는 이것이 "주관적 자율과 교육적 타율 사이에서 오래된 교육의 모순"이라고 명명합니다.

플라톤의 '동굴의 비유' — 강제성을 동반한 교육

우리는 플라톤의 동굴의 비유에서도 강제성을 동반한 교육 또는 교육의 이름으로 이루어지는 폭력을 관찰한 바 있습니다. 교육과 강제폭력의 관련성과 관련하여, 오인탁이 정리한 동굴의 비유의 의미에는 다음과 같은 내용이 있었습니다.[12]

---

12 오인탁(1996). "플라톤". 『위대한 교육사상가들 I』(pp. 43-108). 교육과학사.

"그에게는 아직 자유의지가 없다. … 누군가가 그의 머리를 강제로 돌리지 않으면 안 된다. 따라서 폭력[강제]을 사용하여 강제로 그의 머리를 뒤로 돌려서 조상들을 보게 하고 … 교육의 시작은 폭력[강제]에 의하여 동반된 강요이다."

"동굴의 비유에서 그리고 있는 교육에는 독학이 없다. … 그는 낯선 교육의 손길을 필요로 한다. 그 뿐만 아니라 그는 자신의 의지와는 반대로 낯선 교육의 강요에 따라 자신을 굽히지 않으면 안 된다."

죄수가 철인이 되기까지의 길"교육의 길": [그림 VII-7] 참조에는 강제성이 전제되어 있습니다. 현대적 용어로 표현하자면, 모든 교육에는 일정 정도의 타율과 비민주성이 동반된다는 것입니다. 그리고 이것은 엄밀한 의미에서 비윤리적인 것입니다. 어떤 이유에서든 강제는 강제당하는 사람의 입장에서는 불편부당한 것입니다. 강제의 명분이 실존적으로 정당하며 사회적으로도 압도적 타당성을 확보할 수 있을 경우에만 타인에 대한 강제는 그나마 비윤리적이라는 비판으로부터 잠정적으로 자유로울 수 있을 것이기 때문입니다. 이 비윤리적 행위가 사회적으로, 잠정적으로, 그리고 부분적으로 용인되는 두 가지 근거는 첫째, 결핍존재인 피교육자의 미성숙과, 둘째, 교육적 행위가 선한 의도에서 이루어진다는 사회적 공감대입니다. 역으로 말하자면, 피교육자를 결핍존재로 규정하지 않을 경우, 그리고 교육이 피교육자를 위한 선한 의도를 동기로 하지 않을 경우, 타율적 행위인 교육이 동반하는 비민주성과 비윤리성은 용인되기 어렵게 됩니다. 교육에 종사하는 혹은 교육에 참여하는 모든 이들이 깊이 고민하고 성찰해 보아야 할 부분이 바로 이 지점입니다. 교육은 본질적으로 타자의 타자성에 대한 침해, 즉 폭력의 정당화로 이어질 수도 있는 민감한 사안입니다.

체벌에 관하여

강제성이 동반된 교육이 한국에서 사회문제로 다루어진 사례로 체벌을 들 수 있습니다. 2021년 1월 8일 대한민국 민법 제915조, 즉 "친권자는 그 자를 보호 또는 교양하기 위하여 필요한 징계를 할 수 있다"는 일명 "징계권"이 삭제됨에 따라 대한민국은 전 세계에서 아동 체벌을 완전히 금지한 62번째 국가가 되었습니다. 그러나 20세기까지는 직접 체벌이 그리고 근래에 들어서는 간접 체벌이 교육 현장에서 논란의 불씨가 되어왔습니다. 물론 이에 관한 학술적 논쟁의 역사도 유구합니다.

〈체벌찬성론〉 플라톤 "프로타고라스 대화편"	〈체벌반대론〉 퀸틸이아누스 『웅변학교』 제1권 제3장
1. 어린이의 윤리적 각성을 촉구하기 위함(쇠파리가 졸고 있는 말을 쏘아대어 잠에서 깨어나게 하듯 교사는 매를 들어 육체적 쾌감 따위의 지상적인 것에만 마음을 쏟는 아이의 영혼을 일깨워주어야. 단, 능력의 부족은 체벌의 사유가 아님). 2. 어린이가 저지른 잘못에 대하여 어린이 스스로가 응당한 책임을 지기 위함 3. 습성적인 그릇된 행동을 제지하거나 수정하기 위함.	1. 체벌은 원래 노예를 대상으로, 주인의 눈을 피해 게으름을 피는 노예를 노동시키기 위해 채택하는 방법이기에 자유인의 자녀를 위한 자유교육의 방법으로는 맞지 않음 2. 교육 방법 중 가장 졸렬. 교사의 기술이 모자라거나 인격 감화가 미치지 못할 때 쓰는 방법 3. 매의 습성화. 처음에는 효과 있으나, 점점 익숙해져서 효과 감소 4. 매는 정신적 공포감과 압박감을 주므로 해로움. 겁에 질려 하기 싫은 공부를 하는 피동적 아동, 남 앞에 모욕 당하기 싫어 일을 얼버무리는 아이를 만들기 쉬움 5. 매는 당사자 아닌 다른 아이들에게 공포심 조성 등 나쁜 영향을 주기 때문에 부정적

<표 X-1> 체벌찬성론과 체벌반대론

〈체벌찬성론 또는 절충론〉

1. 『탈무드』: "어린이는 한 손으로는 매맞고 한 손으로는 애무되어야 한다. 단 체벌은 11세 이상의 아동에게만 허용된다."

2. 키케로(Cicero): "체벌은 최후의 수단으로만 행사되어야 할 것이요, 아이의 인격이 모독 안되게, 공포심이 일지 않게, 교사와 학생이 일정 기간 서로 반성한 연후에, 학생이 그 체벌의 정당성을 인식한 후에만 행사되어야 한다."

3. 중세 교부 바질(St. Basil the Great): "체벌은 독방에 가두고 금식시키는 것으로 한정할 것. 체벌의 대상이 되는 비행은 거짓말, 하나님에 대한 모독적 언사, 호전적 태도로 한정한다."

4. 프넬론(루이14세 손자의 가정교사): "체벌은 너무 자주, 너무 가혹하게 주어서는 안되며, 꼭 체벌이 가해져야 할 경우 비공개적으로 해야 하며, 부득이한 경우에 한해서 공개적으로 집행되어야 한다."

5. 로크(J. Locke): "아이들의 명예를 위해 체벌은 바람직하지 못한 것이나, 단 거짓말을 했을 경우, 그리고 아버지나 조상 등 직계존속에게 욕을 했을 경우는 자기 인격과 명예를 더럽힌 것이기에 매로 다스려져야 한다."

6. 루소(J.J. Rousseau): "벌은 인위적으로 주어지지 말고 자연적으로 주어져야 한다. 예를 들면 아이들이 장난치다가 유리창문을 깨었을 때 설교를 하거나 때리지 말고, 유리가 깨져 찬 바람이 부는 그 방에서 기거하게 함으로써 자기 행위의 결과가 어떤 것인가를 알게 해야."

7. 슐라이어마허(F. Schleiermacher): "질서의 파괴에 벌은 불가피하다. 체벌이란 말이 나올 수 있다면, 그것은 질서 파괴의 경우에 한정되어야 한다. 학교와 같은 공동 생활과 공동 작업에는 어느 개인이 바른 시간과 바른 서열을 지켜 활동 않으면 질서가 무너진다." ① 능력이 없다고 벌해서는 안된다. ② 벌의 방법을 자세히 정해야 한다. ③ 벌은 최소한으로 줄여야 한다. ④ 인간적으로 가해져야 한다. ⑤ 벌의 관한 규칙/조항이 있어야 하며, 사전 통고되어야 한다. ⑥ 특히 인격도야를 기하는 과정에서의 신체적 고통의 단련 과정에서는 체벌이 필요하다.

<표 X-2> 체벌찬성론 또는 절충론

김정환은 체벌에 관한 한국사회의 논쟁이 뜨거웠던 1990년대에 체벌찬성론, 체벌반대론, 절충론의 대표적 사례들을 정리하여 기술한 바 있습니다.[13]

---

13 김정환(1995). 『인간화 교육 어떻게 할 것인가』(pp. 148-161.) 내일을여는책.

위 사례들을 정리하였던 김정환도 체벌에 관한 원칙과 방법을 아래와 같이 제안한 바 있습니다.

체벌의 3원칙	체벌의 방법
1. 사전 고지: 어떤 경우에 어떤 체벌이 가해지는가를 학생 모두에게 사전에 충분히 주지시킨다. 2. 사후 통보: 체벌을 가한 뒤에 그 사실을 교감, 교장, 그리고 특히 학부모에게 통고한다. 3. 협의 평가: 체벌에 대한 일반 원칙을 모든 교사가 지키도록 협의하고 평가하며, 그 결과에 대해서 교사가 공동으로 책임을 진다.	1. 부위 선정: 작은 충격이나 고통으로도 신체에 위험을 주는 부위는 피한다. 2. 간접 전달: 손으로 때리거나 발로 찰 경우 격한 감정이 직접 전달되어 본의 아닌 반감을 유발하기 쉬우므로, 회초리 등을 이용하거나 신체적 고통을 간접적으로 주는 작업을 시킨다. 3. 동의 확인: 학생이 자기의 잘못을 뉘우쳤거나 공동생활의 규율 등을 어긴 사실을 인식한 것을 확인하고 학생의 동의를 얻어내야 한다. 맞을 자세가 되어 있지 않은 아이에게는 체벌을 가해서는 안됨을 말한다.

<표 X-3> 체벌의 원칙과 방법

칸트 — 강제의 불가피성

그렇다면 칸트는 이 문제, 즉 교육의 이름으로 행해지는 타율의 강제성에 대해 어떤 입장을 취하였을까요? 『교육학에 대하여』에서 그는 다음과 같이 말합니다.[14]

---

14 Kant, I. (1998b). Über Pädagogik(1803). Immanuel Kant. Band VI. (pp. 695-778) Hrsg. von Wilhelm Weischedel. WBG. 김영래 옮김. 『칸트 교육학 강의(1803)』. 김영래(2003). 『칸트의 교육이론』(pp. 193-222). 학지사.

[30문단] "교육의 가장 큰 문제점은, 어떻게 하면 법칙의 강제에 대한 복종과 자신의 자유를 사용하는 능력을 결합시킬 수 있겠는가 하는 것이다. 왜냐하면 강제는 불가피하기 때문이다! 어떻게 하면 강제 가운데서 자유를 키워낼 수 있을 것인가?"

그의 문장은 대단히 간결합니다. 그리고 아쉽게도 그는 아무런 근거를 제시하지 않습니다. 그는 그저 "강제는 불가피하다"라고 말할 뿐입니다. 내 마음의 도덕률과 정언명령을 역설했던 위대한 철학자 칸트에게서 우리가 기대할 수 있는 대답치고는 대단히 무성의하다는 인상마저 남기는 장면입니다.

물론 『교육학에 대하여』라는 강의가 이루어진 계기나 형식이 엄밀한 학문성을 요구하였던 것 같지는 않습니다. 그리고 철학자인 그가 교육의 문제에 대해 그리 깊이 성찰하지 못하였던 한계도 함께 작용하였던 것을 감안하여 이해해 볼 수는 있겠습니다. 한 가지 다행스러운 점은, 칸트가 이 문제를 교육의 가장 큰 난제로 인식은 하였고, 이것을 교육학의 시작점에서부터 언급하였다는 사실입니다. 그럼에도 불구하고 이 문제의 본질에 대하여 교사들은 자문해 볼 필요가 있습니다. 나는 칸트의 생각에 동의하는가? 교육에 있어서 강제는 과연 불가피한가? 정말 그러하다면, 어느 정도의, 어떤 유형의 강제까지 나는 허용가능하다고 생각하는가? 그리고 그 근거는 무엇인가?

'부자유를 통한 자유'의 딜레마

"교육에 있어서 강제는 불가피하다"라고 말하는 칸트의 고민은 사실상 여기서 더 나아가지 않습니다. 그러나 그는 문제의 성격을 분명히 하는 데는 성공하였습니다. 즉, 그는 "어떻게 하면 강제 가운데서 자유를 키워낼 수 있을 것인가?"라고 묻는 데서 사실상 교육^학의 오래된 난제를 '난제'라고 규정하는 기여를 하였습니다. 그러나 거기까지였습니다. 그래서 현대 교육학계에서는 "이 지점에서 칸트는 교육학의 오래된 난제인 '부자유를 통한 자유의 딜레마'를 해결할 의지도 능력도 없었다"[15]라는 비판을 가하는 학자도 있습니다. 여러분께도 동일한 질문을 드립니다. 여러분들은 강제를 통해서 자유인을 길러내는 것이 가능하다고, 그리고 타당하다고 생각하시는지요.

플라톤으로 잠시 돌아가 봅니다. 동굴 밖 경험을 한 철인이 동굴로 돌아와서 예전의 동료를 데리고 밖으로 나가려고 합니다. 물론 그 과정에는 강제가 동원되고, 그에 힘입어 방향의 전환과 위치의 상승이 이루어지며, 종국에는 누군가를 동굴 밖 이데아의 세계로 인도하게 됩니다. 그리고 동일한 경험을 공유하는 사람들의 수가 점차 늘어나게 될 것입니다. 이것이 플라톤이 생각하였던 이상적인 전개일 것입니다. 즉, 강제를 동원해서 철인과 자유인을 만들어 낼 수 있다는 생각이 교육학의 주된 전통에 속하였다는 것입니다. 따라서 이 문제, 즉 '강제^부^{자유}를 통한 자유인 양성의 역설'이 교육학의 오래된 난제라는 점만은 분명한 사실입니다.

상이한 입장들

이 딜레마에 대한 현대 교육학계의 입장을 몇 가지만 소개하겠습니다. 우선 벤너D. Benner의 경우 이 딜레마를 교육적 상호작용의 기본 역설로 인정하기는 합니다. 즉, 이것이 이론적으로 해소되기 어려운 문

---

15 Ricken, N. (1999a). Subjektivität und Kontingenz (pp. 96f). Königshausen & Neumann.

제라는 것입니다. 그러나 이러한 난제를 이론적으로 해소하려는 노력보다는 앞서 소개한 결핍모형을 지지하는 입장을 취합니다. 그는 교육을 "자라나는이Heranwachsender가 아직-아닌 어떤 존재라는 사실을 인정하는 데서 출발하고, 그녀로 하여금 아직-못하는 어떤 것을 할 수 있도록 하는 일이다"이라고 규정합니다.16 즉 그는, 칸트와 마찬가지로, 피교육자를 결핍존재로 규정하고, 그것을 근거로 교육의 필요성과 가능성을 구성해 나가야 한다는 견해를 밝혔습니다.

카발라G. Cavallar 역시 칸트의 생각과 궤를 같이합니다. 그러나 옹호의 기제는 다소 상이합니다. 카발라는 칸트에게 있어서 자유와 강제는 역설 관계가 아니라 정비례 관계라고 해석합니다. 이를 위해 그는 칸트의 입장에 서서 강제와 훈육에 대한 이해를 보완합니다. 즉, 그는 칸트의 강제를 타인에 대한 강제가 아닌 자기 스스로에 대한 강제로 해석합니다. 아울러 그는 칸트의 훈육 역시 노예적 훈육이 아니라 비노예적 훈육이라고 이해합니다.17 이 논리에 따르면, 인간이 자기 스스로를 더 많이 강제할 수 있을수록 더 많이 자유롭고, 그러므로 더 자유로운 인간이기 위해서는 자기강제력이 되도록 많이 발휘할 수 있어야 합니다. 그리고 이것이 곧 교육의 목적이고 지향점이 됩니다. 형식상 동일한 강제일지라도, 타인을 강제하는 것은 노예적 훈육이지만 자기 자신을 강제하는 것은 더 많은 자유를 의미한다는 논리입니다.

카발라와 동일한 칸트 해석을 보이는 철학자로 김상봉을 들 수 있습니다. 철학자인 그는 교육학에도 관심을 갖고 『도덕교육의 파시즘』

---

16 Benner, D. (1982). Bruchstücke zu einer nicht-affirmativen Theorie pädagogischen Handelns. Zeitschrift für Pädagogik 28, 951-967.

17 Cavallar, G. (1996). Die Kultivierung von Freiheit trotz Zwang (Kant). Vierteljahrschrift für wissenschaftliche Pädagogik 72, 87-95.

2005을 출간하기도 하였습니다. 도덕교사 모임으로부터 받은 요청을 계기로 도덕과 도덕교육에 대하여 구체적으로 고찰해 볼 기회를 가졌다는 그는 그 이전의 대한민국 도덕교육이 오히려 비도덕적인 이데올로기를 확산하는데 기여했다고 평가합니다. 즉, 일제강점기와 군사독재기를 지나오는 동안 대한민국 도덕교육이 자유인 양성이 아닌 노예 양성에 의식적으로 주력하거나 혹은 무의식적으로 기여하였다는 것입니다. 그래서 그는 도덕교육이 본래 어떠해야 하는가를 칸트 철학에 근거하여 제시해 보려고 시도하였다고 이 저서에서 밝히고 있습니다. 결론적으로 그는 카발라와 유사한 해석을 제시합니다. 그가 이해한 칸트에 따르면, 강제에는 외부적 강제도 있고 자기 강제도 있지만, 외부적 강제는 굴종적 노예를 길러내는 데 반해 자기 강제는 자유인 양성에 기여한다는 것입니다.

> "철학자들이 도덕의 본질을 무엇이라 규정하든 간에, 도덕은 적어도 그 현상에서 볼 때에는 마음에 대한 강제로서 나타난다. 이 강제가 궁극적으로 정당성이 있든 없든, 현실 속에서 이 강제는 불가피한 것으로 보인다. … 그러나 도덕의 현상이 당위나 강제의 형식을 띠고 있다 해서 그것이 반드시 외적 강제나 타율적 강제가 되어야 하는 것은 아니다. 왜냐하면 같은 강제라도 도덕적 강제가 의지의 자기강제일 수도 있기 때문이다. 만약 도덕적 강제가 타자가 나에게 강요하는 타율적 강제가 아니라 내가 나 스스로 자신에게 부과하는 강제라면, 그것은 노예적인 굴종이 아니라 도리어 인간의 근원적 자유의 표현일 것이다. 왜냐하면 그때 도덕은 본능적 욕망의 형식으로 나의 의지를 구속하려는 자연적 강제에 대한 저항의 표현일 것이기 때문이다. … 도덕이 인간의 근원적 표현으로서의 자기강제와 자기형성의 능력이라면 … 도덕교육 역시 바로 그런 자율적인 자기강제와 자기형성 능력의 함양이어야 하리라는 것은 당연한 논리적 귀결일 것이다."[18]

18 김상봉 (2005). 『도덕교육의 파시즘 - 노예도덕을 넘어서』(pp. 20f). 도서출판 길.

김상봉이 해석하고 있는 칸트의 생각을 정리하자면, ① 인간은 자기 스스로를 형성하는 존재이고, ② 교육은 자율적 자기 강제와 자기 형성 능력의 함양을 목적으로 하는 행위이며, 따라서 ③ 도덕교육은 강제를 통한 자유인의 양성이다라고 할 수 있습니다. 우리 모두는 기본적으로 자기 강제를 통해서라도 더 자유로운 인간이 되고자 하는 마음을 갖고 있습니다. 그러므로 위와 같은 논리와 주장에 이의를 제기할 사람은 없을 것으로 생각됩니다.

그런데『교육학에 대하여』의 해당 장면을 다시 상기해 볼 필요가 있겠습니다. "교육의 가장 큰 문제점은, 어떻게 하면 법칙의 강제에 대한 복종과 자신의 자유를 사용하는 능력을 결합시킬 수 있겠는가 하는 것이다. 왜냐하면 강제는 불가피하기 때문이다."[19] 해당 문장뿐 아니라 전후 맥락을 고려하여 볼 때, 이것이 자기 강제가 아니라 타인에 대한 강제를 염두에 둔 것이라는 점은 명백합니다. 어쩌면 이것은 어떤 저자의 어떤 텍스트를 중심에 두고 논리를 구성하느냐의 문제일 수도 있겠습니다. 즉, 칸트의 철학 전체를 고려하는 가운데『교육학에 대하여』에 나타난 칸트의 생각을 보정적으로 해석하느냐 혹은『교육학에 대하여』를 중심 텍스트로 두느냐의 문제일 수도 있습니다.[20] 그

---

19 Kant, I. (1998b). Über Pädagogik(1803). In: *Immanuel Kant*. Band VI(pp. 695-778). Hrsg. von Wilhelm Weischedel. WBG. 김영래 옮김.『칸트 교육학강의(1803)』. 김영래(2003).『칸트의 교육이론』(pp. 193-222). 학지사.

20 더욱 상세한 견해와 논증은 다음 두 논문을 참조하기 바람. 우정길(2007). '부자유를 통한 자유'와 교육행위의 지향성.『교육철학』38, 139-164; 김상섭(2012). 칸트의 교육문제: '강제 속에서 자유의 계발'.『교육사상연구』26(2), 43-61. 전자(우정길, 2007)는 교육의 본질적 구조인 "존재와 당위의 긴장 관계"라는 관점에서 이 문제를 진지하게 논하고 있으며, 후자(김상섭, 2012)는 이 문제와 관련하여 "교육적 강제와 자유 함양의 동시성"이라는 칸트 해석을 선보이고 있다.

러나 분명한 것은, 칸트 자신이 『교육학에 대하여』라는 강의에서는 이 문제를 충분히 해소하지 않은 채로 남겨 두었고, 이것이 오늘날까지도 교육학의 난제로 논의의 대상이 되고 있다는 점입니다. 그리고 그 출발점은 앞서 언급한 결핍존재론입니다. 즉, 교육적 인간을 어떤 존재로 규정할 것인가라는 교육인간학적 문제입니다.

전지전능의 짐을 내려놓으려는 교사를 위한 변론

전지전능의 짐을 내려놓으려는 교사를 위한 변론

지금까지 우리는 근대 교육학이 교육의 가능성과 필연성의 이론적 근거로 여겨 온 인간학적 토대와 구조를 살펴보았습니다. 그것은 이원적 인간론과 결핍존재론, 그리고 이에 따른 자연스러운 귀결인 대리인 기능 및 이것이 필연적으로 동반하는 타율의 비윤리성의 문제입니다. 이들 모두는 플라톤과 코메니우스 그리고 칸트로 대표되는 전통적 교육학 이론의 구도를 지탱하는 중요한 요소들이자 이론적 해명이 요구되는 내용들입니다.

그리고 '부자유_{강제}를 통한 자유인의 양성'이라는 기획이 내포하는 모순적 구도의 성격을 확인하고, 교육학의 이 오래된 난제의 이해를 위한 몇 가지 관점을 소개한 바 있습니다. 이들은 공히 인간이 결핍존재라는 인간학적 규정에 동의하는 데서 출발하였습니다. 이 경우 우리가 선택할 수 있는 이론적 가능성은 다음 두 가지입니다.

첫째, 인간은 결핍존재이기에 결핍의 보완을 위해 피교육자가 성숙에 이르는 때까지 타자에 대한 강제, 즉 타율은 불가피하며, 그러므로 부자유강제를 통한 자유인의 양성이라는 기획, 즉 교육 속에 내포되어 있는 모순적 계기는 교육의 본질적 속성으로 인정하는 수밖에 없다는 것입니다. 교육적으로 선한 취지에서 비롯된 사회적 활동인 교육은 타자의 타자성을 제한하고 침해할 가능성이 있음에도 불구하고 해당 사회 문화가 용인하는 정도에 한하여 양해될 필요가 있다는 것입니다. 물론 이때 해당 사회 또는 문화가 용인하는 정도가 과연 어느 정도인가에 대해서는 논란의 소지가 있습니다.

둘째, '부자유강제를 통한 자유'라는 모순에 대한 총체적 부정입니다. 즉, 타율을 통한 자율이라는 구도에서 타율이 타자의 타자성을 제한하는 의미의 타율이 아니라 자율의 연장 또는 자율의 이면일 수 있다는 해석을 통해 이론적 모순의 가능성 자체를 차단하는 것입니다. 그 첫 번째 방법은, 결핍존재의 결핍성의 정도를 심각한 수준으로 설정하는 것, 즉 대리인의 대리 기능이 아니고서는 도저히 도덕적 판단과 사회적 행위가 가능하지 않은 수준으로 결핍존재의 결핍성의 정도를 설정하는 방법이 있습니다. 또 다른 방법으로는 관점의 일치태양-교사-학생의 동선성: 제6장, [그림 VI-11], [그림 VI-12]를 교육의 성립 조건으로 두는 방법이 있습니다. 즉, 교육의 방향에 대한 모든 참여자들의 관점이 일치하고 이견이 없을 경우, 타율의 비윤리성은 발생할 가능성이 원천적으로 차단됩니다.

그러나 완전한 결핍성이 전제된 피교육자, 자신의 관점이 사회와 교육자의 관점과 항상 일치하는 인간이 과연 현실 속에서 존재할 수 있는가는 상식적 차원에서 큰 의문의 대상입니다. 개인의 특별한 생물학적 상황 또는 다관점성이 원천적으로 차단된 독재 체제가 아니고서는 이러한 가능성을 전제한다는 것은 불가능에 가깝습니다. 그래서 인간은 결핍존재라는 규정으로부터 교육의 이론적 출발점을 설정하고, 이로부터 교육의 가능성과 필연성을 이론적으로 구성하려는 시도는 성공하기 어렵습니다. 그것은 비윤리성의 비난으로부터도 그리고 정치적 순진성과 맹목성이라는 비난으로부터도 자유로울 수 없습니다.

"우리 자체가 이미 인간이기 때문이다!"

그렇다면 "인간 = 결핍존재"라는 인간학적 규정을 처음부터 수용하지 않는 교육의 구상은 불가능한 것일까요? 지금부터는 칸트의 결핍존재론에 대해 진지하게 문제를 제기하는 일군의 학자들의 주장을 소개하겠습니다. 이들은 "논리적 근거는 불분명하지만, 교육에 있어서 강제는 꼭 필요하다"라는 칸트의 주장에 동조한다면, 칸트가 제안한 교육의 네 가지 단계인 "훈육, 문화화, 문명화·시민화, 도덕화"가 역사적으로 그리고 사회적으로 야기해 온 문제들에 대해 성찰해 보기를 권고합니다. 즉, 만약 훈육되어야 하고, 문화화되어야 하고, 문명화·시민화되어야 하고, 도덕화되어야 하는 대상의 개념이 비단 결핍존재로 규정된 어린이에 국한되지 않고, 성적, 사회적, 인종적, 국가적 혹은 심지어 민족적 개념으로 확장된다면, 이것이 어떤 결과를 야기할 수 있는가에 대해 우리가 진지하게 반추해 보아야 한다는 것입니다. 수 차례 언급한 바와 같이, 우리 사회는 피교육자에 대한 강제를, 이것이 교육적으로 선한 취지의 발로라는 명분을 근거로 하여, 일정 부분 그리고 잠정적으로 양해하고는 있지만, 이러한 강제적 수단의 적용이 교육의 범주를 벗어날 경우 혹은 자의적으로 설정된 교육의 범주속에서 이루어질 경우, 각종 문제가 발생할 수 있으며, 실제로 역사는 그러한 문제들로 점철되어 왔다는 것입니다.

"성인은 아동에 대하여, 문명화된 이들은 소위 원시인들에 대하여, 건강한 사람은 병자들에 대하여 (여기서는 권리라고는 없는 동물과 식물에 대해서는 말할 것도 없겠지만) 권리를 갖는다[라고 그들은 주장한다.] 아동과 원시인들의 경우엔 이성의 미숙태(Vorformen)가, 병자의 경우엔 이성의 오류태(Fehlformen)가 문제가 된다."1

훈육되어야 하고, 문화화되어야 하고, 문명화·시민화되어야 하고, 도덕화되어야 한다는 그 결핍존재의 개념이 이른바 비문명인에게, 여성에게, 장애인에게, 그리고 포괄적 의미에서 나 또는 우리와는 '조금 다른' 사람들에게 적용될 경우, 그리고 그 과정에서 강제의 개념이 그 시대의 사회문화적 맥락을 근거로 혹은 특정 인물의 신념을 근거로 정당화된다면, 과연 어떠한 일들이 발생하게 될까요? 때로 그것은 특정 국가의 시민들의, 특정 피부색의 사람들의, 특정 성별과 특정 연령의 사람들의, 특정 취향과 성향의 사람들의, 그리고 포괄적으로는 인류 전체의 안녕을 위협하는 결과로 이어지게 될 것입니다. 제8장에서 고찰한 바 있는 다양한 유형의 타락한 이상주의가 저지른 만행의 역사들이 이를 증명하고 있으며, 특정 성별 중심적 권위주의의 문화들이 이것을 증언하고 있습니다. 나아가 우리가 살고 있는 21세기에는 오랫동안 누적되어 온 인간중심적·인간우월적 생각이 지구생태계를 총체적으로 위협하고 있다는 점도 주지의 사실입니다.

이런 맥락에서 위 인용문 속 발덴펠스와 마이어-드라베의 지적은 진지하게 성찰해 볼 가치가 있습니다. 인간이 동식물에 대해서 갖는다는 그 권리는 물론이거니와, 성인이 아동에 대해서 갖는다는 그 권리,

---

1 Waldenfels, B. & Meyer-Drawe, K. (1988). Das Kind als Fremder. Vierteljahrschrift für wissenschaftliche Pädagogik 64, 273.

문명인들이 원시인들에 대해서 갖는다는 그 권리, 건강인들이 병자들에 대해서 갖는다는 그 권리, 인간이 비인간에 대해서 갖는다는 그 권리의 개념이 터하고 있는 모종의 우월주의와 구분주의와 배제주의와 차별주의는, 때로 그것이 선한 취지에서 비롯되고 의무감과 책임감으로 추동되며 국지적·잠정적 진보를 가능하게 할 수는 있겠으나, 총체적으로는 개인의 불행과 인류의 비극을 초래할 수 있다는 사실을 기억하는 것은 중요합니다.

교사가 행하는 교육도 그러합니다. 칸트가 말하는 그 아직-아닌-인간을 상대로 미숙과 결핍과 오류를 보완해 주고자 하는 교육적으로 선한 동기는 칭찬받아 마땅한 덕목입니다. 그러나 나의 깊은 측은지심과 커다란 책무성의 기저에 내가 나의 관점에서 인간학적 결핍존재라고 규정한 타자를 향한 우월의식이 자리하고 있다면, 이러한 기획은, 그것이 교육의 이름으로 행해진다 하더라도, 엄밀한 의미에서 '윤리적'이라고 보기는 어렵습니다. 그리고 이러한 교육의 기획이 소기의 목적을 달성하였다 하더라도, 이것을 성공적이라고 단정할 수도 없습니다. 과연 그러한가 그리고 그 근거는 무엇인가에 대한 명확한 대답이 여전히 마련되지 않았기 때문입니다. 아울러 그 성공 역시 나와 우리의 관점에서 규정하는 성공이지, 그 타자의 입장에서도 마찬가지의 성공인지에 대해서는 확증이 불가능하기 때문입니다. 즉, 교사인 내가 마주하는 저들은 과연 결핍존재인가? 심지어 그 결핍성의 규정이 동물과의 비교에서 비롯된 것이라면, 우리는 충분히 인간적이지 않은 관점에서 이루어진 인간 규정에 동의할 수 있는가? 과연 우리는 교실에서 동물적 인간을 마주하고 있는가 혹은 인간적 인간을 만나고 있는가? 꼬리에 꼬리를 무는 이 의문의 끝에서 캄라와 릭켄은 다음과 같은 새로운 선언을 선보입니다. "우리는 그 인간, 그러니까 칸트가 말하는 그 인간에 굳이 다다라야 할 필요가 없다. 우리 자체가 이미 인간이기 때문이다!"2

교육학적 인(간)종(류)주의

제9장과 10장에서 우리는 인간을 "아직-아닌-인간_{결핍존재}"과 "자유와 자율의 인간_{계몽된 인간}"이라는 두 종류의 인간으로 구분하는 칸트의 이원적 인간론을 고찰하였습니다. 아울러 "아직-아닌-인간"은 오로지 교육을 통해서만 인간이 될 수 있다는 그의 선언적 명제도 접한 바 있습니다. "교육은 인간이 그로부터 만들어 낸 것에 다름 아니다"라는 그의 선언에서 우리는 교육이 얼마나 강력하고 중요한 기제인지에 대한 칸트의 신념도 확인할 수 있었습니다. 그런데 과연 그렇기만 한 것인가요?

우리는 모두 인간으로 태어났습니다. 즉, 우리 중 누구도 아직-아닌-인간으로 태어난 사람은 없을 것입니다. 그런데 그 인간을 아직-아닌-인간과 완성된 인간으로 나누고 그 개념을 분화하는 순간, 이것은 일종의 교육학적 인간종류주의가 됩니다. 이것은 아직-아닌-인간을 인간으로 완성하려는 교육적으로 선한 취지가 전제된다고 하더라도, 정당성과 타당성을 인정받기 어렵습니다. 앞서 사용하였던 용어를 활용하여 표현하자면, 우리는 비록 누군가가 교육을 받지 못하였다 하더라

---

2 Kamlah, W. (1973). Philosophische Anthropologie. Sprachkritische Grundlegung und Ethik (p. 30). BI-Hochschultaschenbücher; Ricken, N. (1999b). Subjektivität und Kontingenz. Pädagogische Anmerkungen zum Diskurs menschlicher Selbstbeschreibungen. Vierteljahrschrift für wissenschaftliche Pädagogik 75, 208-237.

도 그를 이른바 'Before-인간'으로 비하하지 않으며, 교육을 받은 상태라 하더라도 'After-인간'이라고 자부하지도 않습니다. 어떠한 과장 없이 확언할 수 있는 것은, 교육의 수혜 여부와 무관하게, 우리 모두는 처음부터 인간으로 태어났다는 사실입니다. 즉, 모든 인간은 인간으로 태어난 이래 한 순간도 아직-아닌-인간이었던 적이 없었던, 언제나 완전한 인간이었다는 사실입니다. 이 사실을 염두에 둔다면, 전통적 교육학에서 회자되어 온 결핍존재론과 이원적 인간학, 그리고 이에 근거하여 여러 형태로 전개된 인간-만들기-이론의 논거가 얼마나 인위적이고 불안정하며 심지어 비인간적일 수 있는지에 대해서도 공감이 될 것입니다. 이제 이런 관점에서 다시 한번 "인간은 교육을 통해서만 인간이 될 수 있다. 인간은 교육이 만들어 낸 것에 다름 아니다"라는 칸트의 주장에 자연스럽게 동의가 되는지를 반추해 보기를 제안합니다. 그럼에도 불구하고 이러한 통찰이 사변적이라거나 혹은 오히려 지나치게 이상적인 것으로 느껴진다면, 아래 예시를 참조해 보시기를 바랍니다.

괴리 — 일상의 언어와 이론의 언어

여러분은 이 사진 속 초록색 보에 쌓여 있는 사람을 보면서 어떤 생각이 드시는지요. 초록색 보로 쌓여 있다는 것은 이 사람이 이제 방금 분만의 과정을 거쳤다는 것을 의미하니

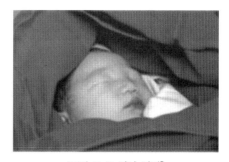

[그림 XI-1] 갓난 아기[3]

3 그림출처: 필자 소장

다. 그야말로 '갓난' 아기입니다. 엄마의 몸으로부터 세상에 나오면서 지친 나머지 잠시 휴식을 갖는 것 같습니다. 만약 이 아이를 품에 안을 기회가 잠시 주어진다면, 여러분은 그녀에게 어떤 인사를 건네시겠습니까? 아마도 대부분은 아래와 같은 인사와 덕담을 건넬 것입니다.

"반갑다, OO야! 우리에게 이렇게 와 줘서 고마워. 네가 이렇게 잠든 것을 보니, 우리 곁에 오느라 많이 힘들었나 보다. 그래, 잠시 휴식하렴. 나뿐 아니라 우리 모두는 너의 행복을 바라는 마음으로 너와 우리가 함께 행복할 수 있는 세상을 만들기 위해 최선을 다할 거야. 그러니 너도 그 행복의 여정을 씩씩하게 그리고 성실하게 걸어 나가기를 바란다. 지금은 눈을 감고 있어서 잘 보이지는 않지만, 네 눈이 크든 작든, 쌍꺼풀이 있든 없든, 그리고 손가락 발가락이 각각 열 개이든 혹은 그보다 적거나 많든, 이 모든 것에 상관없이 너는 완벽한 사람이라고 나는 생각해. 너는 이렇게 완벽한 모습으로 태어났고, 지금도 너는 완벽한 모습으로 자고 있구나. 그리고 앞으로 네 키가 얼마나 크게 되든 혹은 아담하게 머물게 되든, 운동을 잘하든 못하든, 노래를 잘하든 못하든, 또는 공부를 잘하든 못하든, 너는 네 있는 모습 그 자체로 완벽해! 그러니 너만의 그 완벽함을 소중히 간직하고 가꾸어 나가기를 바란다. 그리고 앞으로도 이렇게 완벽한 모습으로 행복하게 살아주기를 진심으로 바란다! 너를 진심으로 환영하고, 너의 행복을 기원할게."

우리 모두는 언제나 위와 같은 인사를 건넬 마음의 준비가 되어 있습니다. 그리고 이것이 우리가 이 세계로 새롭게 오는 모든 존재를 대하는 일상의 언어입니다. 그런데 우리가 이 책에서 다루었던 주요한 교육사상가들을 떠올려 보면, 그들의 언어가 우리의 일상 언어와는 사뭇 다르다는 점을 발견할 수 있습니다. 약간은 과장되고 우스꽝스럽게 느껴질 수도 있겠지만, 그들의 개념과 논리를 기반으로 갓난 아이에게 건네는 인사말을 다음과 같이 재구성해 보려고 합니다.

우선 코메니우스를 대입해 보겠습니다. 『세계도회』에 나타난 대화를 통해 유추할 수 있는 그의 인사말은 다음과 같습니다. "아가야, 네가 어려서 잘 모르겠지만, 신의 피조물인 사람은 지혜를 배워야 한단다. 그러니 이리 와서 지혜를 배우거라. 지혜가 무엇이냐고? 올바르게 이해하고, 올바르게 행동하고, 올바르게 말하는 것이란다. 그런 것을 누가 가르쳐 주냐고? 내가 신과 함께 너를 인도해 주마. 저기 태양을 보아라. 네가 지금은 눈을 감고 있어서 잘 보이지 않겠지만, 저 태양빛이 너의 머리에 가 닿도록 내가 에두카치오와 인스티투치오를 수행해 주겠다." 만약 이 아이의 부모가 곁에서 이 광경을 목격한다면, 과연 부모는 어떤 반응을 보이게 될까요?

두 번째, 플라톤입니다. 동굴의 비유에 나타난 그는 아마도 이런 인사를 건넬 것입니다. "반갑다. 그런데, 초면에 실례되는 말일 수도 있겠지만, 그리고 네가 무슨 죄를 지었는지 내가 확정할 수는 없지만, 너는 지금 죄수의 상태에 있단다. 너의 몸은 결박되어 있고, 너는 앞을 향해서만 볼 수 있어. 그리고 네가 보는 모든 것들은 그림자와 환영일 뿐일 것이야. 그 독사doxa의 세계로부터 지혜sophie의 세계로 이제 내가 너를 인도해 줄게. 내가 너의 쇠사슬을 풀고, 네가 원하든 원하지 않든 내가 강제로 너의 방향을 전환시키고 저 위로 인도해서 마침내 동굴 밖 세상을 경험하게 할 거야. 처음에는 힘들고 이해가 잘 되지 않겠지만, 일단은 그냥 믿고 따라주기를 바란다. 그리고 동굴 밖으로 나가게 되면 우선은 눈이 부셔서 힘들겠지만, 잘 참고 견디면서 태양을 직시할 수 있을 때까지 버텨야 해. 그래야만 이데아를 경험할 수 있단다. 그래야 좋음善을 이해할 수 있고, 그래야 고위공직자가 되고 통치자도 될 수 있는 거란다. 아, 그리고 너는 그후에 너의 옛 동료죄수들에 대해 측은지심을 느껴야 할 거야. 그래서 어쩌면 생명의 위협을 감수하고서라도 다시 그들이 있는 동굴 속으로 들어야가 할거야. 그게 너의 사명이야." 마찬가지로 아이의 부모가 이 장면을 목격하게 된다면, 과연 부모님은 플라톤의 품에 아이를 잠시라도 맡겨 두실까요?

이제 마지막으로 칸트입니다. 칸트는 아마도 이런 대사를 읊을 것입니다. "아가야, 너는 인간으로 태어난 것이 맞지만, 미안하게도, 너는 아직-아닌-인간이야. 훈육을 받기 전인 너는 아직은 야만성이 제거되지 않은 동물성 그 자체야. 교육받기 전의 너라는 존재는 야만적이고, 아직 덜 됐어. 동물들과 비교해 보자면, 너는 여러 모로 결핍존재일 뿐이야. 태어난 지 몇 십 분이 지나도록 눈도 못 뜨고, 일어 서서 걸을 수도 없지 않니? 그러니 당분간은 이 결핍을 메워 줄 누군가가 필요해. 그 대리인이 지금은 나이고 너의 부모님이지만, 결국에는 너의 그 결핍이 이성이라는 본유관념으로 채워질 것이고, 교육을 통해서 너는 인간으로 만들어질 거야. 훈육, 문화화, 문명화·시민화, 그리고 도덕화라는 이 네 가지 교육의 단계를 거치면 너도 자유롭고 자율적인 인간이 될 수 있어. 그때까지는 강제도 좀 참아야 할 거야. 자유인으로 양성되기 위해서는 당분간의 부자유는 참아야 해. 어쩔 수가 없단다."

갓난 아이에게 위와 같은 인사말을 건네는 누군가가 있다면, 그분의 명성이 얼마나 대단하든 혹은 그분의 사상이 얼마나 심원하든, 우리는 이들에게 더 이상 아이를 맡겨두지 않을 것입니다. 위대한 교육사상가들에게 조금은 불공정하고 불경스럽게 진행한 시뮬레이션이지만, 그럼에도 불구하고 큰 의문이 한 가지 남습니다. 즉, 왜 교육학의 언어는 일상의 언어와 이렇게 큰 괴리를 보이는 것일까요?

교육의 시작점 — 일상적 인간 이해

교육학자인 제가 굳이 그 이유를 찾아보자면, 앞서 언급한 바 있는 그 '이론의 유혹'제10장 [그림 X-2] 때문입니다. 더 매끄럽고, 탄탄하고, 효율적이게 보이도록 교육이론을 설계하고 싶은 그 유혹 말입니다. 교육의 가능성과 필연성을 더욱 그럴싸하게 포장하고 싶은 이론가의 유혹 말입니다. 물론 왁자지껄한 교실 속에서 단번에 통용될 법한 마법의 언어를 갈구하는 교사들의 현실적 갈증은 교사와 교육자로 하여금 일상과 유리된 매혹적인 교육이론의 언어에 매료되게 만들기도 합니다. 이것은 흡사 Before와 After의 대조가 극적일수록 더욱 강력한 광고 효과를 발휘하는 상업의 이치를 생각해 보시면, 금방 와 닿을 것입니다. 이른바 교육의 가능성과 필연성이 더 강조되어 보이게 하기 위해서는 동굴이라는 극적 대조의 무대 장치플라톤, [그림 VII-1]가 필요하고, 어둠의 왼쪽 세계와 밝음의 오른쪽 세계라는 유사 동굴코메니우스, [그림 VI-13]이 필요하고, 또한 아직–아님의 결핍존재 그리고 자유와 자율의 완성 존재라는 이원적 인간학칸트[그림 X-1]이 필요할 것입니다. 이런 고전적인 이원적 인간학은 본질적으로 복잡다단한 교육의 구도와 과정을 단선적인 것으로 보이게 하는 착시현상을 불러일으킵니다. 그래서 교육의 경험이 없거나 혹은 무관심한 사람들에게 교육이 무엇인가라는 질문을 던지면, 일반적으로 '동굴 속에서 동굴 바깥으로 향하는 화살표, 왼쪽에서 오른쪽으로 향하는 화살표'를 연상하게 되는 것입니다. 교직이 무엇인가라는 질문에 대하여 범인은 '교육은 인간 만드는 일'이라는 단순담백한 답변을 하는 것과 유사한 이치입니다.

그러나 교사들은 위와 같이 지나치게 단순화된 고전적 도식으로부터 탈피한 교육적 사유를 감행할 필요가 있습니다. 과연 인간은 어떤 존재인가? 교사인 내가 교실에서 만나는 학생들은 도대체 누구이며 어떤 사람들인가? 이들은 과연 아직-아닌-사람들이고, 결핍존재들이며, 훈육이라는 이름의 교육을 통하여 그 동물성이 억제되어야 할 존재들인가? 혹은 그들은 이미 사람으로 태어나서 인간적 삶을 영위하고 있는 나와 다른 사람들인가?

앞서 보셨던 그 사진 속 사람을 향해 "아직-아닌-인간"이라고 말할 사람은 아무도 없을 것입니다. 그는 우리 곁에 온 이래 지난 10여 년 동안 하루도 빠짐없이 완벽한 인간이었고, 오늘도 완벽하게 자신의 삶을 살아내고 있는 인간입니다. 제가 관찰한 바로는, 그는 아직-아닌-인간이었던 순간이 한 번도 없었으며, 그야말로 완벽하지 않은 날이 없었습니다. 어느 순간에 그는 완벽하게 울었고, 어느 새벽에 그는 완벽하게 열감기를 앓았으며, 또 어느 날에 그는 완벽하게 웃고 기뻐하며 노래하였고, 그 어느 날에 그는 자전거 타기에 완벽하게 성공하였고, 또 어느 새로운 날에 그는 난생 처음 마주한 음식을 완벽하게 음미하였습니다. 그는 어느 날 안경을 착용하게 되었지만, 안경이 있어도 혹은 없어도 그의 완벽함에는 변함이 없습니다. 그리고 지금은 1미터와 2미터 사이의 어느 눈높이에서 자신의 일상을 매일 새롭게 그리고 다르게 경험해 나가고 있는 완벽한 인간입니다. 그는 여느 동물과도 비교될 필요가 전혀 없었고, 따라서 여느 동물보다 우월하지도 열등하지도 않은, 있는 그대로 완전한 사람이었습니다. 심지어 사람들은 그를 그의 친구들과 비교하는 일이 가능하지도 그리고 유의미하지도 않다며 여하한 비교의 시도를 만류하기도 합니다. 그리고 이것이야말로 인류가 오랫동안 다듬어 온 보편적 인간학이자 교육을 위한 가치로운 언어일 것입니다.

교육인간학적 사유의 출발점은 바로 이러한 보편적 인간학 그리고 상식적 교육의 언어여야 합니다. 그리고 교사의 일상도 바로 여기에 터해야 합니다. 교사인 여러분은 교실에 들어가는 순간, 나는 지금 동물과 비교해서 결핍된 존재들이 있는 곳으로 들어가고 있다고 생각하시겠습니까? 혹은 나는 각자 다른 모습의 완벽한 사람들 속으로 들어가고 있다고 생각하시겠습니까? 완벽하되, 어제와는 다른 오늘의 모습으로 여러분과의 만남을 기대하며 기다리고 있는 젊은이들 속으로 들어가는 교사의 모습이 더욱 현실적이고 근사해 보이지 않을까요? 때로는 사육사와 정원사의 도구를 들고, 결핍의 보완이라는 교육적 책무성의 짐을 어깨에 짊어진 교사의 모습을 의도적으로 연출하여야 할 경우도 있을 것입니다. 그리고 때로는 학생들을 웃기고 울리며 감화에 이르게 하는 광대의 분장과 연기자의 대사를 준비하여야 할 날도 분명 있을 것입니다. 그리고 그 어느 날 사육사이자 정원사인, 그리고 광대이자 연기자인 교사의 모습을 어떤 학생은 절대적 존재로 인식하는 순간이 있을 수도 있을 것입니다. 그러나 본질적으로 교육은 사람과 사람들이 함께 빚어내는 동행의 동선이자 발자국들이라는 점을 기억하는 것은 교육의 성공을 위해서도 그리고 교직의 보람과 행복을 위해서도 중요합니다.

호모 에두칸두스(Homo Educandus)에 관하여

마지막으로 교육인간학의 목표이자 대전제인 Homo Educandus에 대하여 간략히 말씀드리고자 합니다. 교육인간학에 관한 논문의 한 대목을 인용하겠습니다.

"인간이 교육적 동물(Homo Educandus)이라는 주장에는, 인간은 교육을 통해서만 인간이 된다라는 '교육의 필요성'과 인간만이 교육을 통해서 인간이 된다는 교육의 가능성이 내포되어 있다. 따라서 이 인간 이해는 여러 인간 이해들 중의 한 가지에 불과하지만, 교육학 내에서 이 인간 이해는 다른 다양한 인간 이해들을 규정하고 제한하는 메타(meta)적 성격을 갖는다. 즉, 교육적 동물로서의 인간은 학문으로서 교육학의 인간학적 전제로서, 이 전제가 부정될 경우 교육이라는 행위 자체가 부정되고 교육학의 성립도 불가능하다."4

위 인용문은 인간에게 교육이 필요하고 인간은 교육을 통해서 인간이 될 수 있다는 전통적 관점의 교육인간학을 충실하게 소개하고 있습니다. 여기에는 몇 가지 명제들이 연결고리를 이루고 있는데, 다음 네 단계가 바로 그것입니다. ① 인간은 교육적 동물이라는 명제는 교육학의 학문적 전제이다. ② 교육행위가 성립 가능하기 위해서는 ①번항이 긍정되어야 한다. ③ ②번항이 긍정되어야 교육학이 성립가능하다. ④ 그러므로 인간은 교육적 동물이다라는 명제는 긍정되어야 한다.

그런데 위 논리를 역으로 뒤집어 보면 다음과 같은 모습이 될 것입니다. 즉, 교육학의 성립이 가능하려면 교육행위라는 개념이 성립가능해야 하고, 이것이 가능하기 위해서는 한 가지 전제가 긍정되어야만 하는데, 그것은 곧 '인간은 교육적 동물이다'라는 명제라는 것입니다. 논리만 놓고 보자면, 교육학이 성립가능하기 위해 인간은 교육적 동물이어야만 한다는 것입니다.

그리고 이 맥락에서 Homo Educandus라는 학명이 등장합니다. Homo는 일반적으로 현생 인류의 특징을 나타낼 때 사용하는 학명입니다. 예를

---

4 최종인 (2005). 교육인간학에 근거한 교육학의 학문적 성격. 『교육문제연구』 23, 34-35.

들면, Homo Sapiens는 지혜의 인간, Homo Faber는 도구의 인간, Homo Ludens는 유희의 인간, Homo Erectus는 직립인간, Homo Politicus는 정치의 인간, Homo Economicus 경제의 인간 등으로 우리는 이해합니다. 그런데 이 용어들의 한국어 번역에는 한 가지 공통점이 있습니다. 즉, Homo가 '인간'으로 번역된다는 사실입니다.

그런데 위 인용문에서 사용된 Homo Educandus는 왜 "교육적 동물"이라고 번역되어 있을까요? Homo는 언제나 인간을 지칭함에도 불구하고, 유독 교육학에서만, 그것도 교육인간학을 해설하는 장면에서 이것이 '동물'로 번역되는 일이 발생한 것입니다. 대단히 이례적이라 할 수 있습니다. 그 이유는 무엇일까요?

오래된 습관과 결별하기 ─ 인간은 만들어지는 것이 아니라 태어나는 존재

제가 이해하기에 그 이유는 바로 교육학의 오래된 습관 때문입니다. 앞서 여러 차례 강조한 바 있던 그 전통적 교육학의 이론적 습관, 즉 인간의 인간임을 동물이라는 거울을 통하여 파악하고자 했던 교육인 간학적 관성이 21세기에도 여전히 그리고 부지불식간에 작동하고 있는 것입니다. 결핍존재론과 이원적 인간학이라는 개념으로 대표되는 이러한 사유의 작동 메커니즘을 처음부터 다시 설명할 필요는 없을 것입니다. 아울러 이에 관한 비판적 통찰들발라우프, 하이데거, 마스켈라인, 릭켄 등: 제10장 참조에 대해서도 이미 소개한 바 있습니다.

나아가 우리는 교육(학)과 인간의 우선순위에 대해서도 성찰해 볼 필요가 있습니다. 인간은 교육받기 위해 태어나는 것일까요? 그렇지 않습니다. 인간은 교육이라는 목적을 위하여 태어나는 것이 아닙니다. 우리는 생물학적 존재로 잉태되어 태어나 보니 자동으로 사회적 존재가 되어 있는 것입니다. 이 사회적 존재는 곧 교육적 존재의 다른 이름이기도 합니다. 사회적 존재이자 교육적 존재로 규정되는 순간, 인간은 교육적 관계에 들어서게 되고, 이로써 교육적 경험은 인간적 삶의 필수 요소가 되는 것입니다. 그러므로 인간은 교육받기 위해 태어난다는 목적론적 규정은 인간 탄생의 사실성에 부합하지 않습니다.

이런 맥락에서 인간을 피제작물이 아니라 행위자라는 관점에서 파악하는 아렌트H. Arendt의 탄생성 개념은 시사하는 바가 큽니다. 그녀는 이렇게 말합니다.

"말과 행위로서 우리는 인간세계에 참여한다. 이 참여는 제2의 탄생과 비슷하다. 이 탄생에서 우리는 신체적으로 현상하는 우리의 본래적 모습을 확인하고 받아들인다. 이 참여는 노동처럼 필연성에 의해 강요된 것이 아니고 작업의 경우처럼 유용성 때문에 추진된 것도 아니다. 이 참여는 우리가 결합하기를 원하는 타인의 현존에 의해 자극받는다. 그러나 이 참여가 타인에 의해 제약받는 것은 아니다. 참여의 충동은 태어나서 세상에 존재하게 되는 그 시작의 순간에 발생하며, 우리 자신의 주도로 새로운 어떤 것을 시작함으로써 이 시작에 대응한다. 가장 일반적 의미에서 행위한다는 것은 '선수를 치다', '시작하다', '어떤 것을 움직이게 하다'를 의미한다. 사람들은 태어남으로써 새로 온 자, 시작하는 자가 되기 때문에 주도권을 쥐고 행위하게 된다. "하나의 '시작'이 존재한다. 이 때 인간은 창조되었고 이 창조 이전에 누구도 없었다"라고 아우구스티누스는 자신의 정치철학에서 말했다. 이 시작은 세계의 시작과 같지 않다. 이것은 어떤 것의 시작이 아니라, 누군가의, 즉 시작하는 자 자신의 시작이다. 인간의 창조와 더불어 시작의 원리도 세상에 존재하게 되었다. 이것은 인간이 창조되었을 때 비로소 자유의 원리도 창조되었다는 것의 다른 표현이다."5

5 Arendt, H. (1958). The Human Condition. Chicago; Univ. of Chicago Press. 이진우·태정호 옮김 (2001). 『인간의 조건』(pp. 237-238). 한길사.

"제작과 달리 행위는 고립되어서는 결코 가능하지 않다. 고립되는
것은 행위능력을 박탈당하는 것이다. … 행위와 말은 타인의 행위 및
말의 그물망에 둘러싸여 그것과 끊임없이 접촉하면서 이루어진다. 타
인과 고립하여 자신의 힘을 오직 자신의 존재에서만 구하는 '강한 사
람'에 대한 일반적 믿음은, 우리가 인간사의 영역에서 무엇을 '만들 수'
있다 --탁자나 의자를 만들 듯이 제도나 법률을 '만들 수' 있으며 사
람을 '더 낫게' 또는 '보다 못하게' 만들 수 있다-- 는 환상에 기인하는
단순한 미신이거나 아니면 다른 '재료'를 취급하듯이 인간도 그렇게
다룰 수 있다는 공상적인 희망과 연관되어, 정치적이든 비정치적이든
간에 모든 행위를 의식적으로 포기하는 것이다."6

　　이렇듯 탄생성의 관점에서 조명된 인간과 교육은 전통적 교육학의
관점에서 본 그것과는 분명 질적 차이를 보입니다. 즉, 탄생적 존재로
서 인간은 제섭의 표현처럼 "새로운-인간이자 새롭게-되어가는-인
간"7이지 만들어지는 존재는 아닙니다. 동일한 맥락에서 "아동의 실재
는 (아직)-말할수-행위할수-없음이 아니라, … 새로운-행위함과-새
로운-말함"입니다. "인간은 만들어지는 것이 아니라, 태어나는 것입니
다".8

　　'만듦의 교육'에는 새로운 인간이 등장할 자유의 가능성도, 새로운
세계가 열릴 희망의 가능성도 없습니다. 아렌트의 개념으로 달리 표현
하자면, 만듦의 교육학은, 그것의 교육적으로 선한 취지에도 불구하

---

6 Arendt, H. (1958). The Human Condition. Chicago; Univ. of Chicago Press.
　이진우·태정호 옮김 (2001). 『인간의 조건』(pp. 249f). 한길사.

7 Jessop, S. (2011). Children's Participation. An Arendtian Criticism.
　Educational Philosophy and Theory 43, 991.

8 Masschelein, J. (1996). Die Frage nach einem pädagogischen Grundgedanken
　-gang. Masschelein, J. & Wimmer, M. Alterität Pluralität Gerechtigkeit (p. 1
　21). Akademia.

고, 개인으로부터는 자유를 그리고 사회로부터는 희망을 박탈하는 결과로 귀결됩니다. '만듦'은 다수의 참여자라는 측면에서 양적으로는 복수적 개념이기는 하지만, 탄생적 존재성과 탄생적 사회성의 근본적 새로움이 원천적으로 차단되기 때문에 질적 측면에서는 다원성의 차단 또는 통제된 다원성으로 이어집니다. 아렌트의 주장대로 "사람들 간의 행위와 반작용은 결코 폐쇄된 원 속에서 진행되는 것도 아니고 양편에만 한정되는 것도 아니기 때문"[9]입니다. 행위는 항상 관계 속에서 이루어지고, 이 관계는 탄생의 공간, 즉 다원성과 우연성의 공간입니다. 탄생성의 이러한 특성이 간과될 때 교육적 인간은 기계나 동물로 전락하고, 결과적으로 인간의 존엄이 상실에 이르는 위험에 처하게 됩니다.[10]

아울러 인간은 교육학의 성립가능성을 위해 존재하는 것일까요? 이 또한 그렇지 않습니다. 인간이 있고, 인간에 의해 그리고 어쩌면 인간을 위해 그리고 인간이 함께 살아가고 있는 생태계 구성원 모두를 위하여 교육학이 있는 것이지, 교육학이 있기 위해 인간이 있는 것이 아닙니다. 그러므로 인간이 교육학의 출발점이 되는 것이 합당합니다. 즉, 교육학을 기준으로 혹은 교육학의 성립과 존립을 위하여 인간의 현재적 그리고 미래적 존재성을 구상하고 해명하려는 시도는 본말이 전도된 것입니다.

---

9 Arendt, H. (1958). The Human Condition. Chicago; Univ. of Chicago Press. 이진우·태정호 옮김 (2001). 『인간의 조건』(p. 252). 한길사.
10 아렌트의 "탄생성" 개념을 교육학적 관점에서 집중적으로 조명한 사례는 다음 문헌의 제II-V장을 참조할 것. 우정길·박은주·조나영(2020). 『한나 아렌트와 교육의 지평』. 박영스토리. [제II장: 탄생성의 교육적 의미 / 제III장: 탄생성의 교육인간학 / 제III장: 탄생적 상호주관성과 교육 / 제IV장: 교실 – 탄생성의 공간]

교사와 교직도 마찬가지입니다. 학생이 존재하기 위하여 교사가 있는 것이 아닙니다. 그리고 학생도 태어날 때부터 학생으로 태어난 것이 아닙니다. 그들 모두가 인간으로 태어나서 인간으로 살다가 인간으로 운명하게 됩니다. 교사는, 인간으로 태어나서 인간으로 살다가 인간으로 운명하게 될 누군가를 그들 삶의 어느 특정 시기에 교육적 전문성과 책무성을 동원하여 동행하고, 그들 삶에 필요한 가치와 규범을 안내하고 공유해 주는 존재들입니다. 때로는 무엇인가를 적극적으로 소개하고 가르쳐야 하겠지만, 또 때로는 한 걸음 물러서서 있는 그대로의 존재와 삶의 방식을 존중하여야 할 시점들도 있을 것입니다. 제1장에서 간략히 인용되었던 교사2의 담백한 독백, 즉 "교육이 아이들에게 미치는 힘은 어느 정도일까? 아, 아이들은 가르친다고 배우는 것이 아니라 스스로 배우는 것이구나"라는 깨달음 속에 담겨 있는 통찰이 이를 잘 드러내고 있습니다.

이러한 교육적 행위들의 시점과 상황과 기준은 우리 사회가 터한 문화적 맥락과 제도적 테두리 속에서 그리고 교사 개인의 경험과 지식과 전문성에 의거하여 결정될 것입니다. 그러나 그 시작과 끝이 바로 인간이라는 사실은 언제라도 기억되어야 할 교육의 기본입니다. 교육의 본령은 신으로부터 연역된 인간도 아니고, 동물과의 비교를 통해 유추된 인간도 아니며, 나아가 AI와의 경쟁에서 살아남아야만 인정받을 수 있는 포스트휴먼도 아닌, 인간 그 자체입니다. 교사인 여러분 역시 교사이기 이전에 한 사람의 독립적인 인간입니다. 동물과 비교해서 우월하고 고등한 인간이라서 훌륭한 교사인 것이 아니라, 이미 처음부터 가치로운 인간이었고 지금도 존중받고 존경받을 만한 인간인 교사입니다. 그래야 교사도 학생도 그리고 이들이 공존하는 교실도 충분히 인간적인 공간이 될 수 있습니다.

  그러므로 이제는 결별할 때입니다. 전지전능하려는 교육적 취지와 노력은 존경받아야 마땅합니다. 그러나 전통적 교육학의 이론들이 명시적으로 그렇게 표현하지는 않았지만 잠재적으로는 지속적으로 제안하여 온 그 전지전능이라는 덕목은 교사 개인으로 하여금 밑빠진 독에 물을 붓는 것과 같은 노력의 소진 그리고 윤리적 연민의 늪에 빠지게 합니다. 아울러 이것이 사회적 차원에서는 인간으로서 원천적으로 감당하기 힘든 사회적 책무성의 짐을 교사에게 지웁니다. 이 짐을 기꺼이 지는 것도 그리고 이것을 거부하는 것도 교사에게는 쉽지 않은 선택입니다. 이 짐을 지자니 인간의 한계를 넘어서야 하고, 지지 않자니 사회적 비난을 감내하여야 할 것이기 때문입니다. 교육학을 공부하는 동안, 교원 양성과 재교육의 과정을 거치는 동안, 그리고 호모 에두칸두스로 우리 사회의 교육적 연결망 속에서 살아가는 동안 부지불식간에 내면화할 수밖에 없었던 그 전지전능 교육관은 전통적 교육학의 다채로운 제안들 중의 하나로, 그리고 형식 이론의 범주 내에서만 매끄럽게 작동하는 이상적 기제라고 이해하는 것이 오히려 세계의 사실성에 부합할 것입니다. 이 오래된 짐을 과감히 내려놓고, 이제는 교실과 학교와 여느 교육적 공간 속에서 인간인 교사로, 인간의 교사로, 그리고 공존재들과 호흡을 공유하는 인간적 교사로 교육적 일상을 영위하시라는 것이 21세기의 교사들에게 위로와 응원의 마음을 담아 제가 드리는 고언입니다.

참고문헌

김상봉 (2005). 『도덕교육의 파시즘 – 노예도덕을 넘어서』. 도서출판 길.

김상섭 (201). 칸트의 교육문제: '강제 속에서 자유의 계발'. 『교육사상연구』 26(2), 43-61.

김영진 (2016). 아우구스티누스와 펠라기우스의 대립과 논쟁: 자유의지를 중심으로. 『철학연구』137, 81-108.

김재호 (2004). 칸트『순수이성비판』. 『철학사상』 별책3(16), 52.

김정환 (1987). 『교육철학』. 박영사.

김정환 (1988). 『현대의 비판적 교육이론』. 박영사.

김정환 (1995). 『인간화 교육 어떻게 할 것인가』. 내일을여는책.

김창훈 (2019). 칸트의 '영구평화론'은 왜 폭력적인가. (https://www.pressian.com/pages/articles/228997)

김 철 (2018). 에라스무스와 루터의 교육사상에 나타난 인간관 비교. 『교육의 이론과 실천』23(1), 25-45.

김호현 (2009). 『우생학, 유전자 정치의 역사』. 아침이슬.

박남기 · 박점숙 · 문지현 (2008). 『교사는 어떻게 성장하는가』. 우리교육.

박흥식 (2019). 루터의 95개조 논제에 대한 로마 교회의 대응. 프리에리아스를 중심으로. 『서양중세사연구』44, 293-323.

서명석 (2022). 천인심성합일지도로 본 태극도설의 의미와 교육적 함의. 『퇴계학논집』40, 163-186.

송순재 (2024). Eduard Spranger의 교육학적 깨우침 개념. 한국교육사상학회 · 한국교육철학학회 2024 하계연합학술대회 자료집(pp. 3-21).

양금희 (1996). 마틴루터의 교육사상. 『신학과 목회』10, 177-229.

양금희 (1999). 『종교개혁과 교육사상』. 한국장로교출판사.

오인탁 (1996). 플라톤. 『위대한 교육사상가들 I』(pp. 43-108). 교육과학사.

우정길 (2007). 부자유를 통한 자유와 교육행위의 지향성. 탈주체성 또는 상호
주관성의 교육이론을 위한 일 고찰. 『교육철학』38, 139-164.

우정길 (2009). 두 개의 세계, 두 개의 인간학 그리고 하나의 교육. 코메니우스
의 기독교 우주론적 보편주의에 대한 소고. 『한국교육학연구』15(2), 5-29.

우정길 (2019). 『포스트휴머니즘과 인간의 교육』. 박영스토리.

우정길·박은주·조나영 (2020). 『한나 아렌트와 교육의 지평』. 박영스토리

김정환 저·우정길 편저 (2021). 『김정환의 민족과 종교와 교육』. 박영스토리

이돈희 (1983). 『교육철학개론』. 교육과학사.

임병철 (2021). 육체, 현세, 그리고 문명: 마네티와 르네상스의 세속적 인간관.
『청람사학』34, 91－137.

정철희 (2024). 『교사의 고통』. 휴머니스트출판그룹.

주영흠 (1995). 『서양교육사상사』. 양서원.

최서윤 (2020). 『참된 어린이－생태 문명을 여는 어린이날의 역사와 참뜻』. 공명.

최종인 (2005). 교육인간학에 근거한 교육학의 학문적 성격. 『교육문제연구』23,
34-35.

현상필 (2021). 『소크라테스 헬스클럽』. 을유문화사.

Adelung, J.C. (1785). Geschichte der menschlichen Narrheit oder
Lebensbeschreibung. Wengandsche Buchhandlung.

Alt, R. (1970). Herkunft und Bedeutung des Orbis Pictus. Akademie Verlag.

Arendt, H. (1958). The Human Condition. Chicago; Univ. of Chicago Press.
이진우·태정호 옮김 (2001). 『인간의 조건』. 한길사.

Aries, P. (1960). L'Enfant et la vie familiale sous l'Ancien Régime. 문지영
옮김 (2003). 『아동의 탄생』. 새물결.

Ballauff, T. (1962). Die pädagogische Unzulänglichkeit biologischer
Anthropologie. Neue Deutsche Schule Verlagsgesellschaft.

Ballauff, T. & Schaller, K. (1970). Pädagogik (vol. II). Karl Alber.

Benner, D. (1982). Bruchstücke zu einer nicht-affirmativen Theorie
pädagogischen Handelns. Zeitschrift für Pädagogik 28, 951-967.

Biesta, G. (2014). Beautiful Risk of Education. Routledge.

Bollnow, O.F. (1959). Existenzphilisophie und Pädagogik. Kohlhammer.

Bollnow, O.F. (1965). Anthropologische Betrachtungsweise in der
Pädagogik. Neue deutsche Schule Verlagsgesellschaft. 오인탁·정혜영 옮

김 (1971). 『교육학에 있어서 인간학적 고찰 방식』. 형설출판사.

Boyd, W. (1964). The History of Western Education; 이홍우 · 박재문 · 유한구 옮김 (1994). 『윌리암 보이드 - 서양교육사』. 교육과학사.

Brubacher, J.S. (1969). Modern Philosophies of Education. McGraw-Hill.

Capková, D. (1970). J.A. Comenius's Orbis Pictus in its conception as a textbook for the universal education of children. Paedagogica Historica 10(1), 5-27.

Cavallar, G. (1996). Die Kultivierung von Freiheit trotz Zwang (Kant). Vierteljahrschrift für wissenschaftliche Pädagogik 72, 87-95.

Cipolla, C.M. (1967). Clocks and Culture. 최파일 옮김 (2013). 『시계와 문명』. 미지북스.

Comenius, J.A. (1657). Opera didactica omnia. Amsterdam. Übers. von Lateinisch ins Deutsch und hrsg. von A. Flitner (라틴어－독어: 1992). Große Didaktik. 7. Aufl. Klett－Cotta.. 정일웅 옮김 (독－한: 2002). 『대교수학』. 창지사.

Comenius, J.A. (1658). ORBIS SENSUALIUM PICTUS. Endter Verlag. 남혜승 옮김 (1999). 『세계 최초의 그림교과서 ORBIS SENSUALIUM PICTUS』. 씨앗을 뿌리는 사람.

Comenius, J.A. (1658). The Orbis Pictus of John Amos Comenius. Transl. by Hoole, C. & Bardeen, C. W. Bardeen Publisher.

Comenius, J.A. (1668). Via Lucis. 이숙종 옮김 (1999). 『빛의 길』. 여수룬.

Descartes, R. (1677). L'Homme de Renē Descartes. Transl. by Hall, T.S. (2003). Treatise of Man. Prometheus Book.

Descartes, R. (1997). Von der Methode des richtigen Vernunftgebrauchs und der wissenschaftlichen Forschung. Übers. und hrsg. von Lüder Gäbe. Meiner. 이현복 옮김 (1997). 『방법서설』. 문예출판사.

De Chapeaurouge, D. (1987). Einführung in die Geschichte der christlichen Symbole. WBG.

Dt. Reichstagsakten. Jüngere Reihe, Band II, n. 80, 581-582.

Erasmus, Desiderius (1524). De Libero Arbitrio Diatribe, Sive Collatio, Desiderij Erasmi Roterodami. Apvd Ioannem Beb.

Erasmus (1524). De Libero Arbitrio Diatribe Seu Collatio(자유의지에 관하여. 강론 혹은 담화). 이성덕 · 김주한 옮김 (2011). 『루터와 에라스무스: 자유의지와 구원』. 두란노아카데미.

Fleming, W.L. (1908). Jefferson Davis, the Negroes and the Negro Problem. The Sewanee Review 16(4), pp. 407-427.

Gailer, J.E. (1979). Neuer Orbis pictus für die Jugend (1835). Die bibliophilen Taschenbücher.

Galton, F. (1909). Essays in Eugenics. Eugenics Education Society.

Goethe, J.W. (1811/1974). Dichtung und Wahrheit. Inselverlag.

Gunkel, C. Stadt ausgeplündert. Habe als Beute ein hübsches Mädelein bekommen. SPIEGEL Geschichte (2023.10.17.).

Heesakkers, C.L. (1996). Descartes and Comenius. Colloquium Comenius and Descartes 8-17. Comenius Museum.

Heidegger, M. (1967). Wegmarken. Vittorio Klostermann. 이선일 옮김 (2005). 『이정표2』. 한길사.

Hellemans, M. (1984). Pädagogische Verantwortung. Danner, H. & Lippitz, W. Beschreiben-Verstehen-Handeln. Phänomenologische Forschung in der Pädagogik (pp. 107-121). Gerhard Röttger Verlag.

Henry R. M. (1981). Immanuel Kant and the Royal Castle Library in Königsberg. The Journal of Library History 16(3), 517-522.

Herrllitz, H.-G. & Rittelmeyer, C. (1993). Exakte Phantasie. Juventa.

Hoffmann, F. (1975). Jan Amos Comenius. Lehrer der Nationen. Urania-Verlag.

Jessop, S. (2011). Children's Participation. An Arendtian Criticism. Educational Philosophy and Theory 43, 979-996.

Kamlah, W. (1973). Philosophische Anthropologie. Sprachkritische Grundlegung und Ethik. BI-Hochschultaschenbücher.

Kant, I. (1781). Kritik der reinen Vernunft. 최재희 옮김 (1972). 『순수이성비판』 박영사. 백종현 옮김 (2006). 『순수이성비판1』. 아카넷.

Kant, I. (1998a). Beantwortung der Frage: Was ist Aufklärung (Dez. 1784). Immanuel Kant. Bd. VI (pp. 53-61). Hrsg. von Wilhelm Weischedel. WBG.

Kant, I. (1998b). Über Pädagogik(1803). In: Immanuel Kant. Band VI (pp. 695-778). Hrsg. von Wilhelm Weischedel. WBG. 김영래 옮김. 『칸트 교육학강의(1803)』. 김영래(2003). 『칸트의 교육이론』(pp. 193-222). 학지사.

Keim, W. (1988). Das nationalsozialistische Erziehungswesen im Spiegel neuerer Untersuchungen. Zeitschrift für Pädagogik 34, 109-130.

Kron, W.F. (1996). Grundwissen Pädagogik. UTB.

Krüger, H.-H., Helsper, H. (2000). Einführung in Grundbegriffe und Grundfragen der Erziehungswissenschaft. UTB.

Lachmann, R. (Hrsg.)(1983). Slavische Barockliteratur II. Gedenkschrift für Dmitrij Tschižewskij (1894-1977). Fink.

Lamprecht, S.P. (1995). Our Philosophical Traditions: A Brief History of Philosophy in Western Civilization. Appleton-Century-Crofts.

Litt, T. (1927). Führen oder Wachsenlassen. Ernst Klett Verlag.

Lippitz, W.(1993). Kind und Technik. Phänomenologische Studien in der Pädagogik(pp. 144-171). DSV.

Lippitz, W. (2003). Differenz und Fremdheit. Peter Lang.

Luther, M. (1520). An den christlichen Adel deutscher Nation. 원당희 옮김 (2010). 『독일 기독교 귀족에게 고함』. 세창미디어.

Luther, M. (1908). Martin Luthers Werke. Kritische Gesamtausgabe. Band 18 (pp. 600-787). Böhlau.

Luther, M. (1925). De Servo Arbitrio (노예의지에 관하여); 이성덕 · 김주한 옮김 (2011). 『루터와 에라스무스: 자유의지와 구원』. 두란노아카데미.

Masschelein, J. (1991). Kommunikatives Handeln und Pädagogisches Handeln: die Bedeutung der Habermasschen kommunikationstheoretischen Wende für die Pädagogik. Übers von Peter Welchering, Michael Astroh. Leuven University Press.

Masschelein, J. (1996). Die Frage nach einem pädagogischen Grundgedankengang. Masschelein, J. & Wimmer, M. Alterität Pluralität Gerechtigkeit (pp. 107-126). Akademia.

Merleau-Ponty, M. (1966). Phänomenologie der Wahrnehmung. De Gruyter.

Meyer-Drawe, K. (1991). Das „Ich als die Differenz der Masken". Zur Problematik autonomer Subjektivität. Vierteljahrschrift für wissenschaftliche Pädagogik 67, pp. 390-400.

Mirandola, P.D. (1486). Oratio de hominis dignitate. 성염 옮김 (2009). 『인간 존엄성에 관한 연설』. 경세원.

Mollenhauer, K. (1976). Theorien zum Erziehungsprozess. Juventa.

Mollenhauer, K. (1983). Streifzug durch fremdes Terrain: Interpretation eines Bildes aus dem Quattrocento in bildungstheoretischer Absicht. Zeitschrift für Pädagogik 29(2), 173-194.

Mollenhauer, K. (1986). Umwege. Über Bildung, Kunst und Interaktion. Juventa.

Mollenhauer, K.(2003). Vergessene Zusammenhänge. Juventa.

Nohl, H. (1933). Die Theorie und die Entwicklung des Bildungswesens. Nohl, H. & Pallat, L. (Hrsg.). Handbuch der Pädagogik. Bd. I (pp. 3-30). Beltz.

Peters, J. (2012). Peter Hagendorf — Tagebuch Eines Soldners Aus Dem Dreissigjahrigen Krieg. Vandenhoeck & Ruprecht.

Plato. 박종현 역주(1997). 『플라톤의 국가 政體』. 서광사.

Prierias, S. (1518). Dialogus in praesumptuosas Martini Luther conclusiones de potestate papae (『교황권에 대한 마르틴 루터의 주제넘은 논제들에 대한 대화』).

Reble, A. (1952). Geschichte der Pädagogik. Klett—Cotta. 정영근·임상록·김미환·최종인 옮김 (2002). 『서양교육사』. 문음사.

Ricken, N. (1999a). Subjektivität und Kontingenz. Königshausen & Neumann.

Ricken, N. (1999b). Subjektivität und Kontingenz. Pädagogische Anmerkungen zum Diskurs menschlicher Selbstbeschreibungen. Vierteljahrschrift für wissenschaftliche Pädagogik 75, 208-237.

Rittelmeyer, C. & Wiersing, E. (Hrsg.)(1991). Bild und Bildung. Harrassowitz.

Rousseau(1762). 민희식 옮김 (2000). 『에밀』. 육문사.

Rutschky, K. (1977). Schwarze Pädagogik. Ullstein Materialien.

Schaller, K. (1958). Die Pampaedia des Johann Amos Comenius. Quelle & Meyer.

Scholtz, H. (2009/1985). Erziehung und Unterricht unterm Hakenkreuz. Vandenhoeck & Ruprecht.

Schulze, T. (1990). Das Bild als Motiv in pädagogischen Diskursen. Lenzen, D. (Hrsg.). Kunst und Pädagogik. Erziehungswissenschaft auf dem Weg zur Ästhetik? (pp. 97-119). WBG.

Schulze, T. (1993). Ikonographische Betrachtungen zur pädagogischen Paargruppe. Herrlitz, H.-G. & Rittelmeyer, C. (Hrsg.). Exakte Phantasie (pp. 147-171). Juventa.

Smith, D. (2000). Gates Unlocked and Gardens of Delight: Comenius on

Piety, Persons, and Language Learning. Christian Scholar's Review 30(2), 207-232.

Spranger, E. (1957). Vom Wissenschaftscharakter der Pädagogik. Gesammelte Schriften Bd. II. (pp. 367-368). De Gruyter.

Stumpf, S.E. & Fieser, J. (2003). Socrates to Sartre and Beyond. 이광래 옮김 (2004). 『소크라테스에서 포스트모더니즘까지』. 열린책들.

Toischer, W. (1913). Zur Entstehungsgeschichte des "Orbis pictus". Zeitschrift für Geschichte der Erziehung und des Unterrichts III(3), 69-193.

Tomlin. G. (2002). Luther and his world. 이은재 옮김 (2006). 『마르틴 루터. 정신의 자유와 평등을 주장한 종교개혁의 투사』. 즐거운 지식여행.

Waldenfels, B. & Meyer-Drawe, K. (1988). Das Kind als Fremder. Vierteljahrschrift für wissenschaftliche Pädagogik 64, 271-287.

Waldenfels, B. (1998). Antwort auf das Fremde. Grundzüge einer responsiven Phänomenologie. Waldenfels, B. & Därmann, I. (Hrsg.). Der Anspruch des Anderen. Perspektiven phänomenologischer Ethik. WFink. pp. 35-29.

Wintersteiner, W. (2022). Von der Unmöglichkeit des Verstehens und der Notwendigkeit der Verständigung: Philosophie, Politik, Literatur. Zagreber germanistische Beiträge 31(1), 29-48.

Wedgewood, C.V. (1938). The Thirty Years War. 남경태 옮김 (2011). 『30년 전쟁』. Humanist.

Wimmer, M. & Schäfer, A. (Hrsg.)(2003). Machbarkeitsphantasie. Springer.

Woo, J.-G. (2008a). Konfuzianismus im pädagogischen Alltag Südkoreas. Zeitschrift für Erziehungswissenschaft 3, 1-17.

Woo, J.-G. (2008b). Ikonographie der Interkulturalität. Lieber, G. (Hrsg.). Lehren und Lernen mit Bildern (pp. 172-182). Schneider.

Woo, J.-G. (2014). Teaching the unknowable Other: humanism of the Other by E. Levinas and pedagogy of responsivity. Asia Pacific Education Review 15(1), 79-88.

Woo, J.-G. (2016). Revisiting Orbis Sensualium Pictus: An Iconographical Reading in Light of the Pampaediaof J.A. Comenius. Studies in Philosophy and Education 35(2), 215-233.

Wünsche, K. (1991). Das Wissen im Bild. Zur Ikonographie des

Pädagogischen. Zeitschrift für Pädagogik 27, 273-290.

Zweig, S. (1958). Triumph und Tragik des Erasmus von Rotterdam. 정민영 옮김 (2006). 『에라스무스 평전』. 아롬미디어.

https://www.welt.de/geschichte/article150024642/Umtriebiger-Scharlatan-provozierte-die-Reformation.html

찾아보기

73, 74, 75, 76, 77, 78, 79, 177

저자약력

우정길 (Jeong-Gil Woo)

독일 Justus-Liebig-University Giessen (Dr. Phil.)
독일 Justus-Liebig-University Giessen 연구강사 · 강의전임 역임
(現) 경희대학교 교육대학원 교수
(現) 한국교육철학학회 회장

주요저역서

Responsivität und Pädagogik (2007, Dissertation)
Lehren und Lernen mit Bildern (2008, 공저)
Lernen und Kultur (2010, 공저)
『마틴 부버의 교육강연집』(2010, 번역)
『포스트휴머니즘과 인간의 교육』(2019, Monographie) [세종도서 우수학술도서]
『비판적 실천을 위한 교육학』(2019, 공저) [세종도서 우수학술도서]
『일제강점기, 저항과 계몽의 교육사상가들』(2020, 편저) [세종도서 우수학술도서]
Phänomene der Bildung und Erziehung (2019, 공저)
Confucian Perspectives on Learning and Self-Transformation (2020, 공저)
『한나 아렌트와 교육의 지평』(2020, 공저) [대한민국학술원 우수도서]
『김정환의 민족과 종교와 교육』(2021, 공저) [세종도서 우수학술도서]
『포스트휴머니즘과 교육학』(2021, 편저)
『독일교육학의 전통과 갈래』(2023, 편역) [대한민국학술원 우수도서]

Journal Articles

국내 교육학 전문학술지 『교육철학연구』, 『교육의 이론과 실천』, 『교육사상연구』, 『교육문화연구』 및 국제 교육철학 전문학술지 Zeitschrift für Pädagogik, Vierteljahrschrift für wissenschaftliche Pädagogik, Studies in Philosophy and Education, Educational Philosophy and Theory, Asia Pacific Education Review 등에 연구 성과를 발표하고 있다.

전지전능 판타지와 교육의 길

초판발행   2025년 2월 16일

지은이   우정길
펴낸이   노 현

편 집   윤혜경
기획/마케팅   조정빈
표지디자인   이영경
제 작   고철민·김원표

펴낸곳   ㈜ 피와이메이트
            서울특별시 금천구 가산디지털2로 53, 210호(가산동, 한라시그마밸리)
            등록 2014. 2. 12. 제2018-000080호
전 화   02)733-6771
f a x   02)736-4818
e-mail   pys@pybook.co.kr
homepage   www.pybook.co.kr
I S B N   979-11-7279-055-4 93370

정 가   25,000원

박영스토리는 박영사와 함께하는 브랜드입니다.